Nils Minkmar

DER ZIRKUS

EIN JAHR IM INNERSTEN DER POLITIK

S. FISCHER

Erschienen bei S. FISCHER

© S. Fischer Verlag GmbH, Frankfurt am Main 2013

Satz: Dörlemann Satz, Lemförde
Druck und Bindung: CPI books GmbH, Leck
Printed in Germany
ISBN 978-3-10-048839-8

INHALT

1

DAS GEDICHT

Im Eingangsbereich des Willy-Brandt-Hauses gibt es einen
kleinen Souvenirshop mit allerlei SPD-Merchandising. Darunter ein Toaster aus rotem Plastik, der innen eine Vorrichtung
hat, mit der die drei Buchstaben des Parteinamens auf der
Brotscheibe vom Röstvorgang ausgespart bleiben und so weiß
auf goldbraun zu lesen sind. Amerikanische Touristen wird es
hier zum Glück nicht hinverschlagen und wenn doch, müssten
sie lachen: »He's toast« ist ein Spruch für einen, der ganz und
gar erledigt ist.

Tritt man in das Foyer des Gebäudes, erfasst einen ein Gefühl der Beklemmung. Dies dürfte das schlimmste Feng-Shui
der Welt sein: Der ganze Bau ist ein vergrößerter Keil, aber
weil man nach vorne nichts sehen kann, entsteht ein Schwin-
delgefühl. Dynamisch soll es hier zugehen, aber die Richtung
ist nicht erkennbar. So entsteht ein omnisensorisches Vertigo,
das nun auch gut zur politischen Gesamtlage passt. Und dann,
wie um das ganze Haus zu erden, steht da der Willy.

Der Bildhauer Rainer Fetting hat einen überlebensgroßen
Brandt aus Bronze gefertigt. Das ist ihm zu gut gelungen. Die
Plastik verströmt eine unheimliche Dynamik, fast meint man,
Willy habe eben eine Geste gemacht, als man nicht geguckt
hat. Man steht vor einem Willy Brandt, der noch größer ist als
der große Willy Brandt und im Gegensatz zu ihm auch noch
unverwundbar, so solide und ganz und gar massiv ist er. Ein
Super-Willy, der keine Depressionen und keine Müdigkeit
kennt. Das hat Folgen. Man muss kein Ethnologe sein, um zu
erkennen, dass es die lebendigen Menschen vor solch einem

Totem schwer haben. Ist es Zufall, dass die Jahre, in denen der Willy unten im Foyer steht und alle Blicke und alle Kraft auf sich zieht, auch die der schwachen Vorsitzenden waren? Wie wäre es wohl, wenn Merkel bei ihren Auftritten immer einen gewinnend lächelnden und tanzenden Avatar von Obama neben sich stehen hätte? So etwas kann nicht gut ausgehen. Der gute Geist ist in der Bronze gefangen, er hat den großen Keil jedenfalls verlassen.

Das Willy-Brandt-Haus hat noch keinem Glück gebracht. Als der Vorstand der SPD 1999 feierlich einzog, war Oskar Lafontaine der mächtige und an der Basis beliebte Vorsitzende, stellte die Partei den Bundeskanzler und schickte sich an, nachdem dies den Altersgenossen Clinton und Blair schon gelungen war, mit der Kraft der Babyboomer die Republik aufzufrischen und ins neue Millennium zu führen. Der ökologische Umbau der Industriegesellschaft stand auf dem Programm. Die sauberen und pfiffigen neuen Branchen, also Internet, Finanzdienstleistungen und Medien, versprachen Geldgewinne in einer nie gekannten Größenordnung und Arbeit ohne körperliche Pein. Die internationale Ordnung stand ganz auf Entspannung, die Demokratie war auf dem Vormarsch, Mandela war frei, Arafat und Rabin hatten sich die Hand gegeben. Die Horizonte waren offen wie nie zuvor in der Geschichte der Menschheit.

Seit die Nachfolger Bebels und Brandts in diesem Haus residieren, ging alles wieder verloren: erst dieser Vorsitzende, dann die Macht im Bund, schließlich auch der Schwung und die Hoffnung, die von einer ganzen Generation ausgehen können. Mehr noch: Die Partei spaltete sich und lebt nun im feuchten Keller weit unterhalb des Tageslichts der 30 Prozent Wahlabsichten in den Sonntagsumfragen.

Es ist, hat man mit der SPD zu tun, wie verflixt. Die Genossinnen und Genossen sind reizend, engagiert, intelligent, nie ist einer Einzelnen, einem Einzelnen ein Vorwurf zu machen. Dennoch ist es komisch und ganz anders als in allen anderen mir bekannten deutschen Institutionen oder Firmen, in denen es ja auch immer wieder Pannen gibt (große Tageszeitungen eingeschlossen). Aber nicht solche seltsamen, fast systemischen Fehlleistungen, die aus verworrenen Strukturen und unklarer Kommunikation resultieren. Als würde sich ein übermütiger Politgeist, ein Trickster, einen Jux machen.

Es kann vorkommen, dass eine Assistentin am frühen Morgen auf dem Mobiltelefon anruft, weil sie nun dringend mal die Mailadresse braucht – eine Adresse, die ihre Kollegen und Kolleginnen seit langem fleißig anschreiben, aber egal. In der Mail, die dann kommt, wird höflich und leicht geheimnistuerisch nach meiner Mobiltelefonnummer gefragt, also genau nach jener, die am Morgen mehrfach angewählt wurde.

Es kommt vor, dass Termine verschoben, dann dramatisch abgesagt werden und der, den man treffen wollte, verdutzt anruft, wo man denn bleibe. Die Absage war irgendwie entstanden. Die Gesichter wechseln im unvorhersehbaren Takt, und man ist für die einen ein unbeschriebenes Blatt, während man für deren Kollegen ein Zimmer weiter ein alter Bekannter ist. Man wird von einem hochgestellten Mitarbeiter angerufen, der das Gespräch ganz humorvoll damit eröffnet, er habe ja »so seine Spione« überall, und da habe er etwas herausgefunden: »Wir sind Nachbarn!« Und dann bezieht er das triumphierend auf eine zwölf Jahre alte Adresse. Es kann vorkommen, dass sich jemand treffen möchte, um mal einen heiklen bis geheimen Punkt zu besprechen, der unter keinen Umständen am Telefon verhandelt werden könne, und als Ort für das Treffen schlägt seine Mitarbeiterin das Café Einstein Unter den Linden vor, wo die gesamte Berliner Republik an eng zusammenstehenden Tischen beisammensitzt und man gar nicht anders kann, als zu hören, was am Nebentisch so besprochen wird.

Und während man sich alltäglich einer Flut unerwünschter

Werbe- und Infomails erwehren muss, ist die SPD die einzige mir bekannte Organisation, die einem völlig unaufgefordert die Abmeldung vom elektronischen Pressebenachrichtigungsdienst bestätigt und für das Interesse dankt. Das Büro Steinbrücks arbeitet für sich effizient und fehlerfrei, die Büros der anderen tun es auch – aber die Interaktion der Systeme ist ein Problem. Und jeder kann sagen: Wenn es nur so ginge, wie es bei mir klappt, wäre alles in Butter. Es halten sich die falschen Adressen und die losen Bezüge, die toten Links und die Fehleinschätzungen wie Irrlichter auf dem Moor.

Das erste Treffen zur Vorbesprechung dieses Buchs findet im fünften Stock des Willy-Brandt-Hauses statt, der Vorstandsetage. Ich hatte schon immer einen Wahlkampf begleiten wollen und kannte Steinbrück von seiner Zeit als Finanzminister in der Krise, damals hatte ich ihn für die FAZ einen Tag lang nach Brüssel begleitet. Ich war fasziniert von der Tatsache, dass die ganzen Märkte, all das Geld, im Wesentlichen nur von Worten abhängig waren, die Akteure wie Notenbankchefs oder der deutsche Finanzminister äußern, es hatte etwas von sprachmagischen Praktiken. So war es ja auch bei seinem historischen Doppelauftritt mit der Kanzlerin gewesen: Ihre Worte genügten, um alle zu beruhigen und den Run auf die Geldautomaten zu beenden. Das ganze Geld der Deutschen war durch wenige Sätze, durch eine Art Zauberspruch gerettet worden, dessen Wirkung nur so lange anhielt, wie niemand an ihr zweifelte. Diese Art, mit den Deutschen zu reden, war eine hohe Kunst und setzte eine extreme Beherrschung voraus. Damals beobachtete ich Steinbrück als Staatsmann, in einem Biotop, in das er bestens passte. Und als einen Mann des Wortes, der gerne und viel las und darüber nachdachte.

Irgendeine kumpelhafte oder gar verschwörerische Beziehung ist dabei wohlgemerkt nicht entstanden, Peer Steinbrück ist nicht der Typ für unziemliche Absprachen oder das Aushecken von geheimen Plänen, und das trifft sich gut, denn ich bin es auch nicht. Alles, was ich mit ihm erlebt habe, steht in diesem Buch.

Nun würde Steinbrück nicht mehr als Staatsmann, sondern als Parteipolitiker agieren müssen. Zwei erfahrene Genossen hatte ich kurz nach der Ausrufung Steinbrücks auf der Straße getroffen, sie bemerkten mit Sorge, dass er den Wahlkampf nicht aus einem Amt heraus führen würde, sondern allein mit der Unterstützung der Partei. Ich dachte mir, das wird die SPD schon noch hinkriegen, so einen Wahlkampf. Aber es stellte sich bald heraus, dass meine Gesprächspartner recht behielten, sie kannten den Laden einfach besser.

Das »Büro Kanzlerkandidat« ist von demonstrativer Karg- und Biederkeit. Die Filiale meiner Krankenkasse in Wiesbaden ist dagegen ein saudischer Palast. Ein paar Grünpflanzen, die Möbel wie gemietet, als solle niemand auf die Idee kommen, dies sei von Dauer oder man habe es sich hier nett oder gar teuer eingerichtet. Da war gerade die allererste Welle der Empörung wegen der hohen Vortragshonorare des Kandidaten über ihn hinweggespült, und niemand wollte etwas Luxuriöses riskieren.

Ich hatte einige Bücher über Wahlkämpfe mitgebracht, Yasmina Rezas »Frühmorgens, abends oder nachts« und natürlich den Klassiker, die sozialdemokratische Odyssee: Günter Grass' »Tagebuch einer Schnecke«, für mich eines der schönsten seiner Bücher. Es geht dann um Bedenken, um antizipierte Komplikationen und aus dem Kreis der Mitarbeiter geäußerte Bedenken. Alles wird besprochen, aber es gibt noch keine Entscheidung. Die fällt erst einige Wochen später, auch nach internen Konsultationen im Willy-Brandt-Haus. Am Ende gibt es keinen Vertrag, wird kein Prozedere zur Autorisierung von Zitaten oder beobachteten Szenen verabredet und auch kein Recht, das Manuskript vor allen anderen zu lesen, bloß eine Abmachung: Ich solle das Buch so schreiben, wie ich es mit meinem Gewissen vereinbaren könne.

Während der Diskussion greift sich Steinbrück den Band der Grass-Werkausgabe, blättert kenntnisreich zum Anfang des Buches und findet, was er sucht, auf Seite 32. Er nennt es »eines der schönsten deutschen Gedichte«. Es ist das Ermutigungsgedicht des Autors an den Sohn Franz: »Später mal, Franz, wenn du enttäuscht bist ...« Im »Tagebuch einer Schnecke« dokumentiert Grass einen Wahlkampfeinsatz für Willy Brandt im Jahre 1972. Er hält Reden, Pressekonferenzen, versammelt Künstler, kocht und fährt im VW-Bus durch das Land. Doch es findet sich auch ein persönlicher Strang, das Ende der Ehe. Und es gibt eine Episode, die den damaligen Lesern unverständlich geblieben sein muss, weil sie mit der SS-Mitgliedschaft des Autors zu tun hat. In dem Gedicht jedenfalls kreuzen sich die Kraftlinien von Grass' wundervollem Buch: Das sozialdemokratische Standardmotiv des in und an der Welt leidenden Sisyphos, die Arbeit an der Optimierung der Welt und das Scheitern darin und die komplizierte private Situation des wahlkämpfenden, also reisenden Vaters. Steinbrück kann es auswendig. Doch er weist nicht bloß darauf hin, begnügt sich nicht damit, eine, die letzte Zeile aufzusagen, er nimmt sich das Buch und rezitiert das Gedicht vollständig. Das ist ein Erlebnis.

Politiker arbeiten mit ihrer Stimme. Wenn gewöhnliche Leser, Amateure wie Sie und ich, ein Gedicht vortragen oder etwas vorlesen, verliert sich der Klang leicht, und wenn man sich anstrengt, wirkt das schnell albern oder affektiert. Theaterschauspieler und Politiker modulieren die Worte so, dass sie mit einer besonderen Kraft auf die Welt treffen. Es ist gar nicht so einfach, dagegen zu bestehen, wenn man darin nicht geübt ist. Während einer Diskussion zum Fall Wulff saß ich einmal Björn Engholm gegenüber, und obwohl er nicht die besten Argumente hatte und nicht wirklich offensiv gegen mich auftreten wollte, ist mir der kleine Moment in Erinnerung, als er zu einem kurzen Monolog gegen mich ausholte und die Worte

nur so auf mich einprasselten. Es war, als würde ein pensio-
nierter Boxer austeilen. Man ist bloß froh, ihm nicht auf der
Höhe seiner Kraft gegenüberzustehen.

Steinbrücks Stimme trug die Worte von Grass weit aus dem
Zimmer: »wenn es dir schiefzugehen beginnt und du die Mit-
gift Glauben verzehrt, die Liebe im Handschuhfach liegenge-
lassen hast ...« Der Autor erspart dem Sohn keine Schilderung
drohender Nöte und Qualen: »wenn du fertig bist, wenn man
dich fix und fertig gemacht hat: flachgeklopft entsaftet zer-
fasert«, und dann erst biegt er in die Zielgerade ein: »wenn du
(...) für immer aufgegeben hast, dann – Fränzeken – nach einer
Pause, die lang genug ist, um peinlich genannt zu werden, dann
stehe auf und beginne dich zu bewegen, dich vorwärts zu bewegen.«

Steinbrück wiederholte noch einmal anerkennend diese
Wendung: »die lang genug ist, um peinlich genannt zu werden«. Dann schwieg er einen Moment.

Und es konnte keiner der am Tisch versammelten Genossen ahnen, dass sich die von Grass beschriebene Lage so bald
schon einstellen würde. Dass beim Kandidaten angefangen
jeder hier genau so etwas durchmachen würde, bloß noch
schlimmer. Und dass sie, die am Beginn dieses Wahlkampfs
noch so zuversichtlich beisammensaßen, viel früher, als selbst
die Pessimisten vermutet hätten, bald schon von ihrer allerletz-
ten Ressource zehren müssten: die noch so langsame, noch so
zögerliche Bewegung in eine Richtung, von der man hoffte, sie
könnte vorwärts sein. Davor aber hatte der Dichter die Peinlichkeit gesetzt.

2

WINTERZIRKUS

Einige Monate zuvor hatte eine ganz andere Szene, die mit dem deutschen Wahlkampf nichts zu tun hatte, meine Neugier am Geschehen in den Kulissen des politischen Zirkus geweckt und das Merkwürdigste war, dass sie sich wirklich in einem Zirkus abspielte.

Im Cirque d'Hiver im elften Arrondissement von Paris sind die Tribünen steil, die Sitze schmal und die Gänge eng, ein Gebäude, das für die Unterhaltung der Vielen konzipiert wurde. Der Bau stammt aus dem Jahr 1852, jener Phase der europäischen Geschichte, in der, zunächst noch ganz langsam, alles zeitgleich entsteht: Die Industrialisierung, die Kultur zur Unterhaltung der Massen, der Parlamentarismus, das Showbusiness und die Parteien.

An jenem Tag im März 2012 bevölkern Artisten anderer Art die Gassen hinter der Bühne, es ist das Treffen der europäischen Sozialisten und Sozialdemokraten. Die Luft in Paris ist politisiert und elektrisiert, denn in wenigen Wochen könnte zum ersten Mal seit 1981 ein Sozialist einen bürgerlichen Präsidenten ablösen. Der Amtsinhaber Nicolas Sarkozy ist unbeliebt, die Meinungsumfragen sprechen seit langem und ganz eindeutig gegen ihn. François Hollande hat einen fehlerfreien Wahlkampf absolviert, und die Sozialisten scheinen geeint. Das gelang dem streitsüchtigen und konfusen Verein aber nicht kraft innerer Besinnung und politischer Einsicht, es war das Ergebnis eines Schocks, des spektakulären Crashs des Favoriten Dominique Strauss-Kahn nach seiner Festnahme wegen sexueller Nötigung. Hätte das Zimmermädchen aus dem Sofi-

tel in New York keine Anzeige erstattet – eine mutige Tat, die
sie teuer zu stehen kam – hätte die Parti Socialiste den IWF-
Chef zum Kandidaten gemacht und ihn weiter – ohne Rücksicht auf das bei vielen vorhandene Wissen über seine frauen-
verachtenden Neigungen und Gepflogenheiten – in das Amt
des Staatspräsidenten befördert. Doch nun ist der Champion
in vollem Fluge explodiert, nicht einmal die ihn beratende Wer-
befirma Euro-RCSG konnte da noch etwas drehen, obwohl sie
es versucht und ihm ein Comeback mit öffentlicher Entschul-
digung aufgeschrieben haben, das aber alles nur verschlim-
merte. So wurde Hollande Kandidat, der zwar bereit war, aber
es war eben auch nur er bereit, sein Umfeld, angefangen bei
seiner twitternden Lebensgefährtin, war es nicht.

An jenem Märztag 2012 spielte das alles aber noch keine
Rolle, da flirrte die Luft vor Revolutionsstimmung und Säge-
mehl. Ich war auf Dienstreise in Paris, am Vorabend hatten
Kollegen von der Libération und ich für die FAZ ein Doppel-
interview mit Sigmar Gabriel und François Hollande geführt.
Letzterer hatte sich ganz ruhig gezeigt, als sei ihm der Sieg
kaum zu nehmen. Das musste alle jene nervös machen, deren
Platz in einem zukünftigen sozialistischen Kabinett noch nicht
ganz sicher war, wie Pierre Moscovici. Er war, nach der Sofi-
tel-Sache, ein politisches Waisenkind, und sein Platz war an
jenem Morgen unklar, in der Partei, im Wahlkampf und im
Ablauf des Politfestes an diesem Märztag im Cirque d'Hiver.
Reden oder nicht, vor oder nach wem?

Ich stolperte, einen falschen Vorhang durchschreitend, versehentlich in eine intime Szene: Mosco stand ganz nah vor
einem anderen Mann, den ich vom Vorabend kannte. Während
des Interviews hatte er direkt neben Hollande und Ayrault,
dem designierten Premierminister, gesessen, dem er oft Papiere hinschob und etwas zuflüsterte. Er hatte sich mir nur
mit Vornamen vorgestellt, und den hatte ich schon wieder vergessen.

Moscovici steht da, ganz bleich und aufgewühlt, schnaubt und schwitzt. Der jüngere Mann berührt ihn, mit blitzschnellen, kurzen Berührungen. Er streicht ihm über die Wange, dann über den Oberarm, ein kurzer Griff in den Nacken. Er murmelt etwas, Kosenamen, noch irgendwas. Es sind keine Trostgesten, sondern magische Berührungen, die Spannung ableiten sollen. Mosco droht in die Luft zu gehen, der andere hält ihn auf der Erde, auf dem tatsächlich mit Stroh bedeckten Boden des Zirkus.

Draußen spielt Musik, man hört die Stimmen von den Rängen voller Genossen aus ganz Europa, und hier, hinter einem dicken roten Vorhang, der Tanz zweier Männer, das spektakuläre Landsäugetier und der Dompteur. Klar, dass ich störe. Moscovici blickt nicht abweisend oder wütend, sondern fast flehentlich, als könne dieser Journalist, ein großes Plastikschild weist mich als solchen aus, einen Hinweis geben, wie es weitergeht, ein Stichwort flüstern für den vergessenen Text. Dann widmet der Berater mir eine Geste, eine kurze und deutliche, nicht unfreundliche Bewegung mit dem Kopf: Raus und du hast nichts gesehen. Wir sind vom Zirkus, und du verstehst das nicht.

Es waren Gesten, die ich im Laufe des folgenden Jahres noch oft bemerken sollte: Das rasche Berühren der Oberarme, das deutliche Streichen über den Rücken, die blitzschnell auf die Wange gelegte Handfläche, die bärige Umklammerung mit zwei Armen, die Hand auf der Schulter beim Blick in die Augen, der um die Schulter gelegte Arm beim gemeinsamen Bild.

Es sind politische magische Gesten, die einen körperlichen Bund stiften sollen, der nichts Erotisches hat, er ist von einer anderen dominierenden Leidenschaft inspiriert, dem Kampf um die Macht. Jede dieser Gesten ist auch ein Abtasten nach versteckten Waffen.

* * *

Politiker sind Stars. Sie werden erkannt, umringt, bevorzugt behandelt und auch lange nach ihrem Ausscheiden aus dem Amt nicht vergessen. Sie nähren die Medien: Angela Merkel steht jeden Tag in jeder Zeitung – kein Sport- oder Popstar schafft das. So wird ihre Regentschaft, ihre Präsenz auf der Bühne, zu einem Zeichen der Zeit unseres Lebens. Wir charakterisieren die Epochen unseres Landes und unseres Lebens anhand der Regierungschefs, das war schon in der Antike so und hat sich nicht wesentlich geändert. Sie sind Ordnungshilfen und Gedächtnisstützen. Wir sprechen in Westdeutschland schon umgangssprachlich vom Muff der Adenauerzeit, dem Aufbruch der Willy-wählen-Jahre, von der bleiernen Zeit unter Schmidt in seinem Kampf gegen den Terror und vom Wunder der Einheit in den Kohljahren.

Aber mehr und mehr stellt sich die Frage, ob das heute noch zulässig ist, wo so viele andere, von der nationalen Politik nicht beeinflussbare Faktoren unser Leben gestalten. Fahren nicht Länder, in denen Politiker keine solchen Stars oder gar wie in Frankreich Götter werden, nicht besser oder mindestens ebenso gut? Man denke an die skandinavischen Länder oder an Finnland: Nach allen Indikatoren ist es ein lebenswertes, wohlorganisiertes Land, aber ich würde keinen finnischen Politiker nennen oder erkennen können. Und in Belgien gab es gar keine funktionierende Regierung, über Monate und Jahre, aber Belgien gibt es weiterhin. Wird Politik also überschätzt?

Zugleich ist, trotz allen Medienwahnsinns, trotz der Berichte und Porträts und Biographien und Langzeitbeobachtungen, unser Wissen um das Leben, die Kultur an der politischen Spitze mehr von Mythen und Ahnungen durchzogen denn aus Anschauung informiert. Berichterstattung ist punktuell und momentbezogen, oder besser: auf andere Berichterstattung bezogen und bloß ein Schnappschuss, jede Information vielfach gefiltert. So schwankt die Meinung von der hohen Politik zwischen der Zuschreibung einer Allmacht, wo man sich um den Frieden in der Welt ebenso kümmern kann und muss wie um verkehrsberuhigende Maßnahmen vor dem Kindergarten – und der Feststellung kompletter Ohnmacht.

Dann wieder sind alle einverstanden, wenn es heißt, die da oben seien Nieten in Nadelstreifen, korrupt und unfähig. Und es stimmen auch wieder alle zu, wenn ein Analyst feststellt, die wahre Macht sei der Politik entglitten, abgewandert zu den globalen Konzernen, den digitalen Playern oder einfach in andere, aufstrebende Weltregionen.

* * *

Dies ist die Geschichte eines Versuchs – des Versuchs, Geschichte zu schreiben. Es ging darum, die mächtigste Frau Europas mit gewaltfreien Mitteln zu stürzen, eine Übung, die zum Kern unserer Verfassung gehört, aber selten praktiziert wird und, aus der langfristigen historischen Perspektive betrachtet, erst seit ganz kurzer Zeit überhaupt möglich ist. Der gewaltfreie Regimewechsel am Sonntag ist eine bemerkenswerte zivilisatorische Errungenschaft und ein faszinierender Prozess von historischer Bedeutung – der gleichwohl schon vor vier Jahren die meisten Zeitgenossen kaltließ. Und auch diese Indifferenz ist interessant.

In diesem Jahr ging es darum, eine Politik zu beenden, für die der Soziologe Ulrich Beck den durchaus bewundernd gemeinten Begriff des »Merkiavellismus« gefunden hatte. Eine Politik, die ihre Ziele nicht benennt und auch nicht die Fahrzeuge, mit denen sie uns dorthin mitnehmen möchte. Eine Politik, die auf das Ausstrahlen von Ruhe setzt und nicht auf Diskurs, auf permanentes Weiter-so statt auf die Aufklärung des mündigen Bürgers. Ein Kern dieser Politik ist das geschickte Vermeiden von Skandalen durch die Regierungschefin: Es gibt bei Angela Merkel nicht den Anflug eines Verdachts von Machtmissbrauch, Korruption oder übermäßiger Kumpanei mit Männerfreunden, die es mit Menschenrechten nicht so genau nehmen.

Es ist auch eine erfolgreiche Politik, denn trotz aller Sonntagsreden folgt unser System marxistischen Prinzipien: Die wirtschaftliche Lage muss stimmen, dann sind die Leute zufrieden. Und so ist es unter Merkels Kanzlerschaft: Die Wirtschaftsdaten sind gut, die Steuereinnahmen auch, die Menschen fühlen sich wohl. Die Deutschen. Denn Merkels Politik hat zu einer Spaltung Europas geführt. Zu manchen Aspekten ihrer Politik gab es keine großartigen Alternativen: Man hätte den griechischen Politoligarchen nicht einfach weitere Milliarden überweisen können, und Finanzhilfen ersetzen keine funktionierende, nachhaltige Volkswirtschaft. Aber erklärt hat diese deutsche Position niemand, die Diplomatie fiel weitgehend aus. Die Bürger machten sich einen anderen Reim: Seit dem Ausbruch der Immobilien-, Banken- und Staatenkrise hat keine Regierung den Wahltag überstanden: Gordon Brown, Zapatero, Berlusconi, Papandreou, schließlich Nicolas Sarkozy – sie mussten alle gehen, ohne dass die jeweiligen Nachfolger mit größerer Zuversicht auf den jeweils anstehenden Wahltermin blicken könnten.

In Deutschland ist das anders. Die deutsche politische Kultur hütet sich vor Regimewechseln. Es verloren überhaupt nur zwei Kanzler am Tag einer Bundestagswahl ihr Amt, zum ersten Mal Helmut Kohl 1998. Hier war der Wechsel überfällig, eigentlich hätte die SPD im Westen ihn Ende der achtziger Jahre ablösen müssen, doch es kam die deutsche Einheit dazwischen und mit ihr die Frage nach dem Verhältnis von Nation und Europa, eine Frage, auf die die SPD nicht vorbereitet, sondern über die sie aus weit in die Historie zurückreichenden Gründen tief gespalten war. Es hätte spätestens 1994 klappen müssen, als Rudolf Scharping gegen einen Kanzler antrat, dessen Versprechen, im Osten blühende Landschaften anzulegen, zu einem geflügelten Spottwort verkommen war, ungerechterweise, denn heute blüht es doch an vielen Stellen. Doch Scharping verlor, scheiterte an zwei ganz dummen Punkten: Er hatte sich verrechnet bei den Abschlagsgrenzen der Besteuerung der Besserverdienenden, und er hatte kein Konzept für den Umgang mit den ehemaligen Kommunisten. In diesen Pannen und nichtdurchdachten Punkten glich dieser Wahlkampf dem, den Steinbrück führte.

Und womöglich auch in dem Effekt, ein Regime über das Mindesthaltbarkeitsdatum hinaus zu halten. Es brauchte dann die versammelte politische Power von Schröder, Fischer und Lafontaine, um den Kanzler zu stürzen, zum ersten Mal seit Bestehen der Bundesrepublik.

Sieben Jahre später war Schröder der Kandidat für den Wechsel. Nach der Niederlage in Nordrhein-Westfalen hatte Schröder die Bundestagswahl vorziehen lassen, in einem verfassungsrechtlich wackligen Akt, der politisch nur als suizidal bezeichnet werden kann. Die Regierungszeit der rotgrünen Koalition wurde unter vielen Mühen künstlich verkürzt, genau um jene Monate, in denen sich die Wirtschaft erholte und das Land im Sommermärchen der Fußballweltmeisterschaft zu seiner Euphorie und guten Laune zurückfand.

Bei all ihrem selbstgefälligen Gehabe und ihrem unerträglichen Bekenntnis zu Machtbewusstsein und Machtgenuss gaben die Helden von Rotgrün permanent Macht ab, mal schneller, mal langsamer und mitunter aus edlen Gründen, vielleicht aber auch, weil sie noch etwas haben wollten vom Leben nach der Politik. Nach Rotgrün fand eine neoliberale Wende nicht statt. Angela Merkel wurde nicht triumphierend auf den Schild gehoben, sondern im Gegenteil von ihrem Lager eher mit halber Kraft befördert. Die Mobilisierung ihrer Anhänger gelang nur mäßig, es reichte nur bis zur Mitte des Wegs, und so folgten die Jahre der Großen Koalition. Dann erst konnte Merkel ihren Koalitionspartner wechseln. Doch die FDP hatte nur ein einziges Thema anzubieten, nämlich Steuersenkungen, und die waren nach der großen Finanzkrise erstmal ausgeschlossen. So ging sie ohne eigene Agenda in die Regierung, und ihr Personal erwies sich bald als Belastung, bald als zu leichtgewichtig. Es gab im gesamten schwarzgelben Personal Ausfälle und Pannen, bis hin zum Bundespräsidenten, viele stolperten und blieben am Wegesrand zurück.

Es war mit Kanzlerin Merkel und ihrem Kabinett wie in alten Folgen von »Raumschiff Enterprise«: Wenn Kirk und Spock auf einen fremden, unheimlichen Planeten gebeamt wurden und zwei Offiziere dabeihatten, die noch nie zuvor aufgetaucht, deren Namen noch nie genannt worden waren – nicht sehr schwer zu raten, wer von der Expedition wieder lebendig auf die USS Enterprise zurückkehren würde. Spock und Kirk wären jedenfalls auch die Helden der nächsten Folge.

So fliegen wir mit Angela Merkel durch die unendlichen Weiten, und keine Ablösung in Sicht.

Das mag auch damit zusammenhängen, dass die Kanzlerin ihre Macht nicht offen demonstriert, nicht mir ihr spielt und nicht damit angibt, sondern ganz im Gegenteil so tut, als habe sie keine. Um dies zu verstehen, gibt es keine bessere Quelle als die Memoiren des ehemaligen französischen Ministers Bruno Le Maire. Er schildert in »Jours de pouvoir«, Tage der Macht, wie der französische Präsident Sarkozy von den Treffen mit Merkel ganz bestürzt zurückkam, denn all seine guten Vorschläge konnte sie gar nicht annehmen: »Ich bin nicht so mächtig wie du, Nicolas« sagte sie ihm bedauernd, er hatte aufrichtiges Mitleid. Und während sie dies bekräftigte und wiederholte, nahm ihre Macht zu, während seine dahin schwand. Erledigt hatte Sarkozy dann ein gemeinsames Fernsehinterview mit der Kanzlerin, das eigentlich zu seiner Unterstützung arrangiert worden war. Sie trug ein tristes graues Kostüm und erschien den Franzosen als Versprechen eines tristen Lebens unter einem hyperaktiven Vater und einer strengen Mutter. Sarko verlor, während Merkels Macht davon unbeschädigt blieb. Und damit diese nicht so ins Auge sticht, wendet sie eine List an: Um von sich abzulenken, bevölkert sie die Bühne mit

immer neuen Pappkameraden, denen angeblich eine besondere politische Bedeutung zukommt, oder erfindet stets neue
Akteure: Mal soll der Europäische Gerichtshof die Regierungen beaufsichtigen, mal der Rettungsschirm einen politischen
Arm bekommen, letztlich entscheidet stets sie. Besonders beliebt ist die Zuweisung einer dominierenden Rolle für das Bun-
desverfassungsgericht in Karlsruhe. Dabei kennt das Gericht
keine Putschgelüste, es ist die Ausnahme, dass es eine Politik,
die von den anderen Verfassungsorganen gewollt ist, mit
Aplomb kippt. Je mehr die Macht verteilt scheint, desto kon-
zentrierter hält die Kanzlerin die Fäden in der Hand. Konzentriert ist die Gestaltungsmöglichkeit, verteilt werden die Kritik
und die Verantwortung. So kann sie bis zuletzt manövrieren
und sich jener Seite zuschlagen, die die Menschen ohnehin
präferieren. Wie kann man solch eine diffundierte Herrschaft
ablösen? Merkel selbst betritt kaum je die Arena, sie vermeidet
ganz getreu den Lehren des asiatischen Strategen Sun Tzu den
politischen Zweikampf und hat damit schon gewonnen.

Aber unser Regierungssystem wurde in Zeiten konzipiert, in
denen es noch keine virtuelle Mediendemokratie gab, und es
tut sich schwer damit, eine Person allzu lange mit allzu viel
Macht auszustatten. Überhaupt lohnt es sich, die tiefere Funktionsweise der politischen Systeme zu bedenken und sich nicht
nur von der personalisierten und sensationalisierten Drama-
turgie der Duelle unterhalten zu lassen. Und da hilft ein Blick
in die Vereinigten Staaten: Das ganze Jahr 2012 ergaben die
Umfragen ein Kopf-an-Kopf-Rennen zwischen Amtsinhaber
Obama und Herausforderer Romney. Aber Umfragen entscheiden keine Wahl. Wenn man sich die Zusammensetzung des
Wahlmännerkollegiums ansah, das der demographischen Zusammensetzung der Bundesstaaten entsprach, und Faktoren
wie Migration und Altersentwicklung berücksichtigte, hatte
Obama schon sehr früh im Jahr eine nicht einzuholende Mehrheit. Aber wer schaut noch Nachrichten, wer kauft Zeitungen,

wer abonniert Webseiten, wenn die Lage so klar ist? In der Bundesrepublik hingegen war sie über weite Monaten hinweg unklarer, als die Berichterstattung von der ewigen Kanzlerin glauben machte. Angela Merkel braucht eine Mehrheit der Abgeordneten im Bundestag, und der Abstand zwischen den Fraktionen und Lagern ist weit geringer als jener zwischen den Personen.

Es bedurfte nur einer Verschiebung von ein oder zwei Prozent, eigentlich eines demoskopischen Windhauchs, dann wäre Peer Steinbrück der vierte sozialdemokratische Bundeskanzler der Nachkriegszeit und wegen der strategischen Dominanz des Landes im Euroraum und der Verwobenheit aller Währungs- und Wirtschaftsräume einer der mächtigsten Männer der Welt geworden. Und er wäre, selbst die Kanzlerin hat daran keinen Zweifel, ein guter Kanzler. Aber der Weg dahin war von einer geradezu absurden, nie zuvor erlebten oder beschriebenen Schwierigkeit. Steinbrück wirkte in den ersten Monaten seines Wahlkampfs wie ein erfahrener Admiral, der einen Flottenverband auf eine erfolgreiche Mission quer über die sieben Weltmeere führen kann und auch zurück, der aber weder Schiff noch Mannschaft hat und im Landesinneren festsitzt.

Die Frage, die sich aufdrängte, lautete, ob dies nur eine konjunkturelle Schwäche der Sozialdemokraten war, die vielleicht durch den »falschen Kandidaten« und andere interne Probleme noch verstärkt wurde, oder ob sich hier nicht ein größerer historischer Wandel zu erkennen gab.

Nach dem Zweiten Weltkrieg und im Kalten Krieg hatte sich eine schockierte Menschheit hehre moralische Institutionen geschaffen, die einen Rückfall verhindern und den Weg in eine gute globale Zukunft begleiten sollten, etwa die Vereinten Nationen, die Europäische Gemeinschaft, die Nato, die Welthandelsorganisation und entsprechende große Institutionen in den einzelnen Staaten: Kirchen, Verbände, Diplomatie und politische Parteien. Es gab eine Zeit des Wachstums, der Industrialisierung, der Urbanisierung, die Welt änderte ihr Gesicht in nie dagewesenem Ausmaß. Heute diskutieren Forscher, ob sie unser Erdenzeitalter darum das Anthropozän, die vom Menschen gestaltete Erdenzeit, nennen sollten.

Getragen war der Schwung dieser Institutionen durch eine junge und große Bevölkerungsgruppe, heute allgemein als Babyboomer bekannt. Sie erreichen nun langsam das Rentenalter, ihre Kinder und Enkel wurden weitgehend individualisiert, materiell komfortabler und freier erzogen. Nachfolgende Generationen sind weitaus fragmentierter. Sie haben ihren eigenen Kopf, zergliedern sich in Milieus und Submilieus, die es vor wenigen Jahrzehnten noch gar nicht gab, tradierte hingegen zerfallen.

Nichtstaatliche Akteure wie die großen Internetfirmen, die Märkte und sogar Terrorgruppen ohne politische Repräsentation spielen eine wichtige Rolle und profitieren von der Schwäche nationaler Politik in transnationalen Fragen. Die Gesellschaft ändert sich weit schneller als die politische Repräsentation. Darum ist man da oben immer wieder überrascht von der Geschwindigkeit und Wechselhaftigkeit der Bürger, die sich morphen und verflüssigen, dann wieder flashmobartig bestimmte Entscheidungen angreifen und gerne mal einen »Shitstorm« lostreten, Richtung und Anlass stark wechselnd.

Die Stimmenanteile der beiden großen Parteien gleichen einem Gletscher in Al Gores Film über den Klimawandel, sie schmelzen immer schneller. Von der SPD sind im Laufe der Jahre und Jahrzehnte zwei Blöcke abgebrochen, der ökologische und spontihafte mit den Grünen und die Linke mit dem ehemaligen SPD-Vorsitzenden. Übrig blieb eine optimierte Teilpartei der gouvernementalen Linken, Profis des Regierens in Bund und Ländern, Virtuosen aller Geschäftsordnungen, die diese Arbeit als eine intellektuelle Herausforderung begreifen und als einzigem philosophischen Trost mit Camus' Lesart des Mythos von Sisyphos auskommen müssen. Es ist eine Partei mit einer Führung aus Intellektuellen, die die Politik als Profession gewählt haben – leider hat die Partei aber ein ganz anderes Bild von sich selbst: das eines Vereins von Kameraden, die miteinander schweigen und kämpfen können, für die Loyalität der höchste Wert ist.

Dann ist Steinbrück mit ehrenwerten, von der politischen Konkurrenz sofort kopierten Ideen – dem Primat der Bildung, einem urbanen, sachlichen Umgangsstil und dem Vertrauen auf das Mittel der Rede und der Schrift, also einem durch und durch bürgerlichen Arsenal – in die Arena gezogen. Ein vollendeter Artist trat leibhaftig und solo vor ein Publikum, das längst die überwältigenden Sensationen digitaler Effekte gewohnt war. Die Ersten begannen zu lachen. Und Steinbrück sollte es bald bereuen.

3

DER ZOMBIE

Als ich ihn das nächste Mal Mitte Januar 2013 in Kamen treffe, tut Peer Steinbrück genau das, was das Gedicht aus dem ›Tagebuch einer Schnecke‹ als allerletzte Ressource beschreibt: Er bewegt sich vorwärts. Es ist bemerkenswert, wie schnell Politiker sich bewegen, wenn sie sich mal bewegen. Man weiß gar nicht, wer dieses Tempo vorgibt, die Artisten oder ihre Beschützer, der Zeitplan, den die Büros komponiert haben, oder die Veranstalter des jeweiligen Termins mit ihrem allmächtigen Ablauf. Es geht rasch und wie von Zauberhand. Die provinzielle Mählichkeit verfliegt: Wagentüren öffnen sich, Kameras werden beiseitegeschoben, Türen gehen auf, endlich erste bekannte Gesichter. Der Kandidat macht erst einmal ein Kamerateam fertig: »Würden Sie sich bitte vorstellen, damit ich entscheide, ob ich Ihnen ein Interview gebe?« Dann aber beantwortet er doch ganz brav alle Fragen. Es ist kalt, heute hält die Gewerkschaft IG BCE (Bergbau, Chemie, Energie) ihren Neujahrsempfang in der Stadthalle Kamen. Es ist Steinbrücks alter Wahlkreis.

Ich begrüße, wenige Wochen nach dem eigentlich gut verlaufenen Nominierungsparteitag in Hannover, einen Zombie. Peer Steinbrück ist da bereits ein politischer Wiedergänger. Er ist gestorben. Erledigt und fertiggemacht von der größten und unwiderstehlichsten Kraft, die es in seinem politischen Biotop gibt, von sich selbst.

Der Parteitag in Hannover hatte die Wende bringen, die Debatte um die Vortragstätigkeiten beenden sollen. Steinbrück hielt eine große Rede, persönlich, witzig und voller Demut und

Dankbarkeit für die Solidarität der Partei während der Debatte um seine gutbezahlten Vortragstätigkeiten. Einen Augenblick konnte man sogar die Führungsfrage für gelöst halten; das war, als Steinbrück dem Parteivorsitzenden Sigmar Gabriel dankte und der Tränen in den Augen hatte. Wer für geleistete Arbeit dankt, muss der Chef sein, dachte man. Beim Verlassen der Messehalle gab es ein kleines Schneetreiben. Das Expo-Gelände war groß und schlecht beschildert, jedenfalls lief ich einer Gruppe von Genossen nach, die eine entlegene U-Bahn-Station ansteuerten, aber das merkte ich zu spät. Die Stimmung in der Bahn war grandios. Dies war nun schlagartig die Kanzler-U-Bahn, ohne Halt würden wir von Hannover Messe bis ins Berliner Regierungsviertel fahren. Doch die Bahn fuhr nicht los. Zwei ältere behinderte Männer gerieten in einen Streit über die Qualität einer Pflegeeinrichtung. Die Bahn stand lange, die Gespräche der anderen Genossen ebbten ab, die beiden Männer waren jetzt sehr deutlich zu hören. Viel zu deutlich. Ein höherer Funktionär oder Mandatsträger, der eben noch mit den beiden geplaudert hatte, blickte nun angestrengt in eine ganz andere Richtung. Einer der beiden brüllte fast: »Als ich mich vollgepisst hatte, haben sie mich nackt in die Badewanne gelegt und da bis zum Morgen liegen lassen.« Schweigen des ganzen Waggons bis zum Hauptbahnhof Hannover. Zu viel Sozialprosa und eine U-Bahn, die ohne Ansage, ohne Grund nicht losfährt, so endete der Tag des triumphalen Aufbruchs.

Peer Steinbrück hatte bald darauf sein Schicksal mit einem Interview in der »Frankfurter Allgemeinen Sonntagszeitung« besiegelt. Das Gespräch führten Kollegen des politischen Ressorts, ich habe aus den Vorabmeldungen davon erfahren und es am Erscheinungstag gelesen. Steinbrück kam dort, neben vielen anderen Themen, auch auf das Gehalt des Bundeskanzlers zu sprechen und erklärte: »Ein Bundeskanzler oder eine Bundeskanzlerin verdient in Deutschland zu wenig – gemessen an der Leistung, die sie oder er erbringen muss, und im Verhältnis zu anderen Tätigkeiten mit weit weniger Verantwortung und viel größerem Gehalt.«

Das hatten die Kollegen aufgegriffen, in einer Vorabmeldung verbreitet und auf die Titelseite gehoben. Es war einer jener Sätze, von denen sich ein deutscher Politiker gewöhnlich nicht erholt oder für die er lange, lange zahlt. Vergleichbar ist der Satz von Oskar Lafontaine, mit »Sekundärtugenden« wie Pünktlichkeit und Zuverlässigkeit könne man »auch ein KZ betreiben«. Dieser Satz wurde ihm von Helmut Schmidt und seinen Anhängern, also einer breiten Mehrheit des deutschen Bürgertums linksliberaler Observanz, nie verziehen. Damit kostete er ihn die strategische Mehrheitsfähigkeit, Oskar blieb seitdem immer ein Kandidat, der es nur einer Minderheit recht machen kann. Denn die Sekundärtugenden sind ja auch die deutschen Tugenden. Der Satz suggerierte einen Konnex zwischen kultureller Identität und den Verbrechen des Nationalsozialismus und markierte die Stellung des Sprechenden als ganz klar außerhalb der großen nationalen, auch schuldbeladenen Traditionsströmung. Er identifizierte ihn als linken, westrheinischen, ja kosmopolitischen Moralisten, der den Krieg nicht »eine große Scheiße« nennt, sondern ein von identifizierbaren, zahlreichen Personen begangenes Verbrechen. Und der keinen Trost gelten lässt, nicht mal den, beim Morden wenigstens anständig, sauber und pünktlich geblieben zu sein. Die historische Forschung würde Lafontaine eher recht geben, die Öffentlichkeit von damals hat ihn dafür ausgegrenzt.

Geld und Hitler, das sind die Bezüge, die deutsche politische Karrieren schlagartig beenden können. Erst in den letzten Jahren ist noch das akademische Plagiat hinzugekommen.

Worin lag das Problem dieser Aussage Steinbrücks, die ja so schon von vielen Politikern gemacht worden war? Steinbrücks Feststellung war banal. Jeder kann das nachvollziehen: Das Grundgehalt des Kanzlers liegt weit unter dem eines mittleren Händlers einer deutschen Bank. Doch der böse Denkfehler dieser Aussage liegt in der Verschiebung der Kapitalarten: Man wird nicht Kanzler, um ökonomisches Kapital anzuhäufen, man genießt die Gestaltungsmacht, das politische und administrative Kapital. Politik operiert wie viele andere Subsysteme der sozialen Welt mit einer Verschleierung der Kapitalinteressen: Wir möchten keinen Kanzler, der aufs Geld schielt, sondern einen, der helfen und verbessern will, der seine eigenen Interessen hintanstellt. Darum kann er eine Forderung nach einem höheren Gehalt beispielsweise für seinen Nachfolger erheben, aber niemals für sich selbst. Da gelten dieselben Gesetze der sozialen Austauschbeziehung wie am Kunstmarkt: Ein Künstler sollte auch nicht sagen, ich male Bilder, weil ich damit so schöne runde Millionenbeträge einnehme. Und ein Arzt wird dem Patienten einen Eingriff empfehlen und erläutern, aber er wird sich nicht händereibend auf die zu erwartende Überweisung von der Krankenkasse freuen, jedenfalls nicht vor den Augen des Patienten. Aus gutem Grund nimmt die bürgerliche Gesellschaft eine Differenzierung der Kapitalsorten vor und operiert mit solchen Verschleierungen. Steinbrück plädierte eigentlich für eine Stärkung des Staates, verteidigte die Klasse der professionellen Politiker und forderte eine entsprechende, auch ökonomische Anerkennung der Rolle derer, die dort Verantwortung tragen – aber er vergaß den Selbstbezug. Er klang so, als lüftete er mit der Äußerung den Schleier vor seinen wahren Absichten. Es hatte damit den Charme eines Mannes, der beim ersten Date darum bittet, Kontoauszüge vorgelegt zu bekommen. Es war der in Worte gekleidete Alptraum aller deutschen Bürger, der schlimmste Fall: einer, der es des Geldes wegen möchte. Schlimm genug, wenn das irgendein Kandidat zum Besten gegeben hätte, aber einer, der sich gerade gegen den Vorwurf zu wehren hatte, mit teuren Vorträgen allzu sehr dem Gelde nachzustreben, der will es den Bürgern wohl ganz deutlich sagen: Ich liebe das Geld mehr als euch.

Und da war es, autorisiert und schwarz auf weiß. Es erging mir wie den Mitarbeitern des demokratischen Präsident-schaftskandidaten und heutigen Außenministers John Kerry, der im Wahlkampf 2004 zu seinem Stimmverhalten bezüglich der Kredite für den Irakkrieg live im Fernsehen geantwortet hatte: »Ich habe dafür gestimmt, bevor ich dagegen gestimmt habe.« Das war's. Der ohnehin schon als Finassierer und we-nig entschlossener Kandidat aus gutem Hause geltende Kerry stand als Wetterfähnchen da, das sich nach dem Wind dreht und es auch noch zugibt. Da wussten selbst die engagiertesten Unterstützer, dass Kerry seinen Wahlkampf beenden konnte, er selbst hatte den Gegnern die beste Waffe geliefert, eine die Vorurteile gegen ihn voll bestätigende Aussage. Vier weitere Jahre George W. Bush mitsamt der am Ende kommenden Fi-nanzkrise folgten.

Dumm an der ganzen Geschichte war auch, dass Peer Stein-brück es tatsächlich gar nicht so hat mit dem Geld. Er erschien in einem falschen Licht und vermochte nicht, den Eindruck zu korrigieren. Es gibt für Politiker viele Wege, zu etwas Geld zu kommen. Sie können sich ganz in den Dienst gewisser Klienten stellen, können beraten und Mandate sammeln, dann weiß kein Mensch, was sie eigentlich treiben und wer ihre Ge-schäftspartner sind. So halten es Gerhard Schröder, Joschka Fischer und Otto Schily. Man weiß nicht, für wen sie arbeiten, was sie verdienen, wie sie ihre früheren Kontakte nutzen. Der transparentere Weg, noch etwas Kasse zu machen – und seit wann ist bei uns das Geldverdienen verboten? –, ist es, Reden zu halten und Bücher zu schreiben. Willy Brandt kam auf diese Weise spät zu etwas Geld, Oskar Lafontaine tat es – beide übrigens für den Springer-Konzern. Es ist eine Tradition in an-gelsächsischen Demokratien, Winston Churchill erschrieb sich ein Vermögen als Journalist und Autor, alle amerikanischen Präsidenten sind stolz auf Millionenhonorare für ihre Me-moiren. Es ist eine transparente Art, Geld zu verdienen: Menschen können lesen, hören und bewerten, was man sagt und schreibt. Auch wenn nicht jede Veranstaltung öffentlich ist, in der heutigen Zeit mit ihren Möglichkeiten der digitalen Mikroaufzeichnung wird jedes falsche Wort den Weg in die Presse und die sozialen Medien finden. Hätte Steinbrück in seinen Vorträgen vor Banken und Versicherungen gute Tipps zur Steuerhinterziehung vermittelt, man hätte davon noch während der Veranstaltung erfahren. Aber es fand sich niemand, ihn wirksam zu verteidigen. Er war, vom Licht der Arena geblendet, in den erstbesten Wasserbottich geplumpst. Und nun? Tun, was Grass rät: Bewegen, vorwärts.

So kam er also nach Kamen, zur Gewerkschaft. Am Nachmittag sollte es noch einen seiner Wohnzimmerbesuche geben, eine Aktion, die kurz zuvor zum sogenannten »Eierlikörgate« mutiert war, als jemand herausfand, dass die Tochter des besuchten Ehepaars SPD-Mitglied war. Der Begriff bezog sich dann auf Steinbrücks Spruch, er werde dann selber den Eierlikör mitbringen. Man müsste vielleicht noch mal in Erinnerung rufen, dass der »Watergate«-Skandal nichts mit Wasser zu tun hatte. Aber egal, es war wie ein Fluch, alles, was Steinbrück unternahm oder nicht unternahm, wurde gegen ihn verwendet.

In der Stadthalle beobachtete ich den Einzug verspäteter Gewerkschafter. Einer der wenigen jüngeren Anwesenden wirkte besonders schneidig, trug einen dieser modischen karierten Schals eng um den Hals gebunden und federte leicht aggressiv mit deutlicher Verspätung in den Saal. Auf ihn stürzten sich die beleibten Funktionäre im Zweireiher: Umklammerung mit beiden Armen, Klaps auf die Schulter, männliches Abtasten. Mit kaum verhohlener Überlegenheitsgeste nahm der junge Gewerkschafter Platz, verfolgte das Geschehen mit vor der Brust verschränkten Armen vor einem Glas Mineralwasser, die Augenbrauen skeptisch nach oben gezogen. Auf

der Bühne wehten die roten Federbüsche, der Chor der Ruhr-
kohle AG war auf der Bühne, Industriefolklore. Sie sangen das
Lied von den Caprifischern und der untergehenden roten
Sonne. Am langen Tisch für die örtliche Presse zischte mir ein
verwitterter Lokalreporter zu: »Wäre sie nur je aufgegangen,
die rote Sonne.« Am Morgen war bekannt geworden, dass die
dominierende Regionalzeitung mit einem Schlag ihre Lokal-
büros schließen musste, 120 Journalisten waren davon betroffen. Lange daran gewöhnt, den Strukturwandel und die Des-
industrialisierung aus sicherer Warte zu beschreiben, fanden
sich in diesem Jahr plötzlich die Medien selber auf der Bank
der ökonomischen Sorgenkinder.

Zunächst sprach der stattliche Chef der örtlichen Gewerkschaft, Lothar Wobedo. Er begrüßte auch Vertreter der RAG,
der Arbeitgeberverbände und die Manager örtlicher Unternehmen. Das hätte es in Frankreich nicht gegeben, dort pflegen
die vielen Gewerkschaften scharf antagonistische Beziehungen
zu den Patrons, die froh sein können, auf so einem Gewerk-
schaftsfest nicht geteert und gefedert zu werden. Seine Rede
war ein Lob des gelingenden Strukturwandels. Neue Firmen
wie 3M, die mit den gelben Klebezetteln, bemühten sich und
besonders die lokalen Manager. Dennoch habe man die Schlie-
ßung des Bergbaus nicht ganz verwunden. Das nannte er »eine
tiefe Narbe auf unserer Seele«. Und rief dramatisch aus: »Wer
sie uns zugefügt hat, werden wir nie vergessen!« Er meinte damit die FDP. Auch Bürgermeister Hupe lobte das Manage-
ment von 3M, den Zusammenhalt der Menschen, es war eine
historisch hochspannende Momentaufnahme dieser oft beschriebenen, selten fassbaren und bedrohten Spezies, des rhei-
nischen Kapitalismus.

Kein Klassenkampf, kein Neidreflex, kein entlastendes Wet-
tern gegen die da oben, gegen Berlin oder das eine Prozent –
einfach der lebenspraktische Zusammenhalt gewichtiger Männer, während geübte Kellnerinnen Tabletts voller Biergläser

durch die Reihen trugen, denn es war Frühschoppenzeit. Hupe schloss: »Und das Wichtigste in diesem Jahr: Bleiben Sie mir alle gesund.«

Steinbrück hält hier eine seiner besten Reden. Er äußert gleich zu Beginn eine seiner ganz seltenen Gefühlsbeschreibungen, bekennt einen »mittelstarken Anflug von Nostalgie«. Dies ist sein soziopolitisches und habituelles Biotop, obwohl er nicht von hier kommt und die Montanindustrie nicht sein ureigenes Themenfeld ist. Aber die Wortkargheit bei gleichzeitiger Sorge um die Textur der Gesellschaft liegt ihm. Er schätzt es, »dass es in den Hauptstraßen dieser Käffer noch Fachgeschäfte gibt und keine Daddelhallen« – treffendes Detail seines Begriffs einer guten Gesellschaft. Er kommt in Fahrt, setzt seine Akzente, dabei bewegt er seinen Körper wie in einem zurückgenommenen, sorgsam einstudierten Tanz. Die Arme werden in geübter Manier so eingesetzt, dass die Mitte verblüffend dynamisch wirkt, ohne dass er hampelt. Wie Brandt in der Statue hebt er die Arme etwas unterhalb der Schulterhöhe parallel zum Boden und lässt die Hände und Finger baumeln, halb Strippenzieher, halb Marionette.

Er kommt ganz nach vorne an den Rand der Bühne. Er spricht zum Thema Bildung und Chancengleichheit, erzählt von der Radiosendung, in der eine Mutter zu hören war, die ihrer Tochter beim Zoobesuch etwas zurief. Steinbrück: »Ich werde es zweimal sagen, denn beim ersten Mal werden Sie nicht wissen, was gemeint ist. Sie sagte: Schackeline, mach dem Mäh mal Ei.« Es ist ein sicherer Gag, die Halle lacht. Abgrenzung vom White Trash ist ein Reflex der Sozialdemokratie seit ihrem Beginn. Zugleich lobt er den Zugewanderten, der im selben Beitrag zu hören war: »Der sprach wie Sie und ich: Subjekt, Prädikat, Objekt.«

Er bringt auch seinen Sketch vom Mietaufschlag, in dem er drei Rollen spielt: Martin, der, nachdem er »einen festen Job ergattert« hat, nun auch eine Wohnung mieten möchte, oft in

Berlin-Kreuzberg. Die er über »das Internet« fand. Steinbrück gibt auch den derzeitigen Mieter, von dem wir wenig erfahren und vor allem nicht, warum er ausziehen möchte. Und schließlich den schurkenhaften Vermieter. Steinbrück spricht alle drei, den jungen Martin angemessen begeistert und naiv, den Schurken besonders gekonnt. 400 Euro habe die Miete bisher betragen, lernt das Publikum, der Vermieter sagt dazu aber mit kalter Verachtung: »Wie kommen Sie auf 400 Euro, die Miete beträgt nun 530 Euro?« Doch damit nicht genug, der Vermieter bringt noch einen weiteren, den größten Schurken ins Spiel: den Makler, der doch bisher mit der ganzen Sache nichts zu tun hatte, denn Martin hatte das Angebot – wir erinnern uns – »im Internet« gefunden. »Jahaa«, heult Steinbrück in seiner Rolle als Vermieter auf, der Makler sei nun mal beauftragt, und seine Courtage werde unabhängig von seinem Anteil am Zustandekommen des Mietverhältnisses fällig und sei vom Mieter zu zahlen. Steinbrück wechselt an dieser Stelle wieder in seine neutrale Ansagestimme und verspricht mit eisigem Understatement: Unter seiner Kanzlerschaft werde der, der den Makler bestellt, ihn auch zu bezahlen haben.

Für die Führung der drittgrößten Industrienation der Welt ist das bloß ein Detail und, vom Volumen des Problems her betrachtet, völlig irrelevant. Aber solche Details sind die Knoten der sozialen Textur, sind Pixel, die ein Gesamtbild ergeben.

Steinbrücks Dramolett interessiert und fasziniert das Publikum, auch wenn in diesem Saal niemand von Kamen nach Kreuzberg ziehen und so bald keine neue Wohnung anmieten möchte. Es ist eine symbolische Geschichte, eine Fabel ohne Tiere. Die Lebensregeln im Hier und Jetzt – die rechtliche Lage entspricht genau der als ungerecht empfundenen Geschichte – richten sich gegen die Martins, die sich einrichten möchten in der Welt. Steinbrück wird diese Regeln ändern. Er verspricht keinen Umsturz, kein Wohneigentum für alle, keine dramatische und nicht zu finanzierende Ausweitung des sozialen Wohnungsbaus. Er wird als Bundeskanzler vielmehr eine kleine Weiche umstellen, die den Lebenszug aller Martins, aller kleinen Mieter mit großen Sorgen, aller aufsteigenden Neubürger oder zum Umzug genötigten Arbeitnehmer schneller und weiter und reibungsloser fahren lässt, eine kleine, aber merkliche Befreiung von der Erdenschwere, ein bisschen mehr Fairness im Leben hienieden. Es ist ein Exemplum für seine Methode: Der Profi kennt die Stellschrauben und Ventile, mit denen das komplizierte, hier und da auch rostige und dysfunktionale System wieder so läuft, dass das Leben der Menschen in Kamen mit seiner Hilfe leichter wird. Er verspricht keine Revolution und den Himmel auf Erden, sondern das, was es schon mal gab in den ersten Jahrzehnten der Republik: Ordentlich bezahlte Arbeit, Mieten, die noch etwas vom Lohn übrig lassen, lebendige Vereine, sozialer Zusammenhalt, gepflegte Grünanlagen und gute Aussichten für die Kinder.

Als alles vorüber ist, kommen die Gastgeber und wollen Steinbrück bescheren, ein eigenartiges Ritual, denn dass eher er in der Lage wäre, dem Verein etwas zu spenden, ist ja nun bekannt, und dass er hier Wahlkampf in eigener Sache macht, auch. Warum also braucht er noch Geschenke? Er bekommt zwei große Bilder mit Fotos von Fördertürmen, gerahmt, und fragt, ob die auch in den Kofferraum passen. Er bekäme ja sonst immer den örtlichen Magenbitter. Nun trumpft Wobedo auf: »Du, den bekommst du hier noch obendrauf.« Und dann durchfährt es ihn, dann nimmt Steinbrück, für Sekunden nur, diese eine Pose der Verzückung ein: Stellt sich auf die Zehenspitzen, Rückgrat zu einem Bogen durchgedrückt, rechten Arm an die Stirn, Kopf weit in den Nacken und dann zum Publikum gewendet, als könne er das nicht fassen, als wäre es so *too much*, eine auf Anhieb passende Pointenpose, die nach Vorhang und Applaus verlangt.

Er ist in diesem kurzen Augenblick nicht mehr der Lenker der Finanzwelt oder der hanseatische Staatsmann, er geht ganz

auf in der Anerkennung dieses Milieus der Tüchtigen und dem,
was er alles für sie sein kann. Er ist hingerissen, während der
Saal jubelt, und verstärkt den Jubel so.

Wie gedopt bewegt er sich anschließend, jeden Kontakt ge-
nießend, durch diese Halle der ernsten Männer und tüchtigen
Frauen. Und es ist weise, den Moment auszukosten, das Jahr
so einzuleiten, mit diesem Bad in Deutschlands Mitte, die nicht
Berlins Mitte ist und nicht die neue Mitte, sondern die soziale
und kulturelle Mitte. Er schöpft hier etwas, was er am Abend
gut gebrauchen kann. Da muss er in Braunschweig sein, es ist
die letzte Versammlung vor der Niedersachsenwahl, die einfach gewonnen werden muss. Und es ist das Terrain und Terri-
torium von Sigmar Gabriel. Der ihn nach der Veranstaltung
schon in das Restaurant der düsteren Braunschweiger Halle
einbestellt hat, ein Gespräch, über dessen Deutung sich die
Lager noch Monate später streiten werden.

Gabriel hatte den Start des Wahlkampfs, nach seiner ersten Er-
griffenheit, mit wachsender Sorge begleitet.

Sein Gefühl war, es sei »etwas abgerissen« zwischen der Partei und den Bürgern, ohne dass er es genau zu benennen gewusst hätte. Und mehr noch: Er litt, wie einst Bismarck unter
dem »Cauchemar des Coalitions«, der Möglichkeit eines un-
günstigen, seine Partei dauerhaft ausschließenden Bündnisses
aller anderen. Er fürchtet ein Erstarken der Grünen in einer
Dimension, die sie zu einem strategischen Wechsel hin zur
Union befähigen würde. Dann wäre die SPD auf lange Sicht im
Abseits, »Merkel würde ewig regieren«. Er unterstützte Steinbrück, verlor auch kein schlechtes Wort über den Mann, wohl
aber über das Team des Kandidaten und den Versuch, eigene
Strukturen parallel zu denen der Partei aufzubauen. War das
nun das Resultat der Sturzgeburt, der mangelnden Vorbereitung der Partei und des Kandidaten, oder lag der Fehler im
System der im Wesentlichen von engagierten Amateuren be-

triebenen Volksparteien innerhalb einer hochprofessionalisier-
ten Mediendemokratie? Oder gar daran, dass niemand an
einen Sieg glaubte und die Strukturen darum gar nicht groß bemüht wurden?

Oder lag es an dem Grundwiderspruch, mit dem die SPD
zu ihrer Spitze steht: Alle sind Genossen, man duzt sich, es
herrscht eine noch aus den historischen Zeiten des Verbots
und des Kalten Krieges herübergerettete Verschwiegenheits-
kultur. Zugleich muss so eine Partei, die das ganze Land führen will, eine Persönlichkeit stellen, die sie in den Medien sym-
bolisiert und eine Regierung führen kann. Der typische linke
Weg, diesen Widerspruch aufzulösen, ist die säkulare Heilig-
sprechung: Man deckt diese Kluft mit Liebe zu. So wurden
Willy Brandt und Helmut Schmidt zu überlebensgroßen Figuren. Doch schon mit Schröder klappte das nicht mehr so recht,
zu umstritten war seine Amtszeit, in der er sich den Empfeh-
lungen der Medien und der Wirtschaftswissenschaftler mehr
beugte als den Gefühlen und Meinungen innerhalb seiner Partei, die sich daraufhin spaltete. Und mit seinem Abgang hat
er, der sich ohnehin schon gerne gegen die Partei profilierte,
gezeigt, dass er sie nicht braucht. Spätestens seit dem letzten
sozialdemokratischen Kanzler, der noch lebt und arbeitet, aber
als heiliger Obersozi nicht mehr zur Verfügung steht, ist völlig
unklar, wie ein erfolgreicher SPD-Chef oder Kanzlerkandidat
aussehen soll. Charismatisch, wie ihn sich Medien und demo-
skopisch erfasste Sonntagsbefragte wünschen? Oder skandina-
visch integer und blassrosa, wie es die Partei gerne hätte? Ein
Staatsmann oder ein Erneuerer aus den Ländern? Man irrt,
wenn man bei der Deutung der Ereignisse dieses Wahljahres
nach Schuldigen, nach Interessen und Defiziten von Personen
sucht. In Wahrheit wurde die SPD von einem Haufen unge-
klärter Geschichte, nicht gelöster Probleme und unbeantwor-
teter Fragen begraben, wie Nachkommen, die unbekümmert
die Bodenklappe im Speicher einer alten Villa öffnen. Danach

taumelten alle lange Zeit nur blinzelnd und konfus durch die Landschaft, es war über weite Strecken ein Jahr der großen Konfusion.

Die große Abschlussveranstaltung der Niedersachsen-SPD war jedenfalls gar nicht leicht zu finden, wenn man nicht dazugehörte. Die Halle lag im Niemandsland zwischen Bahnhof und Altstadt. An einem dunklen, kalten Januarsamstag war natürlich niemand unterwegs. So ein langer Gang über vereiste Bürgersteige begünstigte die Frage, welcher Mensch es auf sich nimmt, an solch einem Winterabend das warme Heim zu verlassen, Feierpläne aufzuschieben und Freunden und Familie abzusagen, um in die Stadthalle zu kommen. Besessene? Sektierer? Ehrgeizige?

Noch bis ich vor dem Saal stand, war ich davon überzeugt, mich verlaufen zu haben. Weite, leere Straßen, kein Plakat und auch vor der Halle weder Polizei noch Filmteams in nennenswertem Umfang. Im Publikum waren die Herren und Damen mit weißem Haar fast in der Mehrzahl, viele trugen einen roten Schal, um mit einem Tupfer Farbe dem Winter zu trotzen. In der ersten Reihe saß Gerhard Schröder. Hubertus Heil, der ehemalige Generalsekretär, machte die Bedeutung der Landtagswahl deutlich: »Es geht um die Repräsentanz von Braunschweig am Kabinettstisch in Hannover!« Und Schröder erklärte: »Das Geheimnis von Wahl und Wiederwahl ist mit einem Wort zu sagen: Kampf. Und nicht mehr.« Es klang leicht gemein, als wolle er jemand Speziellen damit brüskieren, aber um das zu verstehen, musste man wohl ein Intimus der hiesigen Verhältnisse sein.

Steinbrück ist keiner. An diesem Abend setzte man nicht auf ihn. Seine Rolle war auf die des Mietrechtsexperten geschrumpft, er stand mit Manuela Schwesig, der schönen Arbeitsministerin von Mecklenburg-Vorpommern, an einem Tresen und sollte nicht reden, sondern talken. Ihr wurde von einer wie im privaten Radio alles wegmoderierenden jungen Frau

auch die seltsamste Frage gestellt. Sie ist so faszinierend ver-
unglückt, dass man sie hinschreiben muss, einfach um sie loszuwerden: »Manuela, du kennst dich ja mit guten Leuten aus,
denn du arbeitest ja mit Erwin Sellering. Ist nun Stephan Weil
auch so ein guter Mann wie Sellering, wäre er auch so ein guter
MP?« Was sollte Schwesig darauf antworten? Och, also, das
sind beides blasse Typen, und ich könnte es besser?

Steinbrück fügte sich in das leicht neurotische Arrangement
des Abends und hielt sich an die Mietsache, die Sache mit der
Maklergebühr, es gab aber nur eine Kurzfassung des Sketches.
Dann kam er noch auf Steuern zu sprechen und deren Zusammenhang mit der Familienpolitik. Er kritisierte das Ehegatten-
splitting, und dann kam es: Dann brachte er – in der Reihe
vor sich Schröder, Glogowski und neben sich Sigmar Gabriel,
schnell noch unter, dass er ja – »für Sozialdemokraten untypisch« fügte er an – immer noch in erster Ehe verheiratet sei.
Und er beließ es nicht bei dieser hier ganz unerwarteten und
unerbetenen Aussage, sondern begleitete sie durch die Sieges-
geste mit dem rechten Arm, die sogenannte Becker-Faust.

Etwas später hatte Sigmar Gabriel das Wort und kam auf
diesen Moment zurück: »Und was die Mehrfachehe angeht,
Peer: Glogo, Gerd und ich – das merken wir uns.«

Kurz blitzte ein Clash der Sozenkulturen auf: Straßenkämpfer gegen Tennisspieler. Steinbrück lebt mit seiner Familie zusammen und wuchs in einer auf. Seine Karriere in der Partei ist
keine klassische Aufsteigergeschichte, er hätte auch woanders
eine beachtliche Laufbahn absolvieren können. Er braucht die
SPD nicht als Ersatzfamilie, als Hilfe zum sozialen Aufstieg.
Und er macht auch nicht den Eindruck, als brauche er unbedingt die Nestwärme eines genossenschaftlichen Vereins, in
dem man alle Feste immer gemeinsam feiert, um sich sicher zu
fühlen, die Minderwertigkeitskomplexe bändigen zu können.
Das ist ungewohnt, vielleicht sogar suspekt.

Und so leicht gibt keine Seite auf. Als schon die Ersten den

Saal wieder verlassen, hat Gabriel das Mikro in der Hand. Die beste, die wichtigste Rede hatte ja der Spitzenkandidat Stephan Weil halten dürfen, was er frei, mit viel Humor und sehr sympathisch tat. Doch nun gab es keinen mehr, der Gabriels Redezeit gestoppt hätte, also ließ er sich zu einem sehr langen, nahezu entgrenzten Riff hinreißen. Er nannte die Namen aller Kandidaten, der Wahlkreise und der einzelnen Stadtteile und Dörfer und stellte klar, wer hier alles über die Region wusste. Es geht eben nicht nur um oben und unten, um links und rechts, es geht auch um die Furcht der Provinz, ganz vergessen zu werden, abgehängt von der Weite und Indifferenz des Landes, der windigen Fläche ausgeliefert zu bleiben.

Schröder machte noch Witze über gewisse Kandidatinnen, die bis zuletzt mit Jusos in Hannover durch die Kneipen ziehen, er meinte natürlich seine Frau Doris Schröder-Köpf damit. So beantwortete sich, in vielen kleinen Beobachtungen, auch die Frage, die sich auf dem Hinweg zur Stadthalle gestellt hatte: Die Genossinnen und Genossen kehrten gar nicht Freunden und Familie, dem Vereinsleben den Rücken. Dies war ihr Verein, hier trafen sie Freunde und Familie. Peer Steinbrück gehörte nicht dazu. Er folgte dem schwer umringten Gabriel ohne viel Aufhebens und allein in den »Löwenkrug«. Ein Abend, der noch Monate später Gegenstand öffentlicher Mutmaßungen sein sollte, wo sich doch jeder denken kann, welche Stimmung herrschte und wie die Linien verliefen. Immerhin, die S P D lag am Wahlabend vorn, die Regierung in Hannover wechselte. So war die Kanzlerkandidatur ihrem Ende im norddeutschen Winter gerade noch entkommen und erlebte einen neuen Morgen. Der weitere Pannen brachte und noch mehr Peinlichkeit.

Ein Freund des Kandidaten am nächsten Morgen am Telefon: »Das ist eben eine neue Rolle für ihn.« »Die des Kanzlerkandidaten?« »Nein, die des Dödels der Nation.«

Dann ging Peer Steinbrück auf Reisen.

4

DIE KOMISCHE TOUR

Der Flughafen von Dublin ist wie alle neuen Airports dieses Typs eine komplexe Figur aus Shoppingmöglichkeiten in verschiedenen Dimensionen: Es gibt lange Korridore mit Boutiquen links und rechts, die auf eine große Halle führen, in der Läden rundherum auf die Kundschaft warten. Es gibt Shops oben und unten und auf der Seite. In der Mitte sind weitere Stände, und dazwischen werden Kreditkarten angeboten, damit man Geld kaufen kann, das man nicht hat für den Kauf von Waren, die man nicht braucht. Es gibt Filialen der üblichen großen Marken, eine Mischung aus Fußgängerzone und Nirgendwo. In einer Ecke sitzt unbehelligt ein Mann in den besten Jahren und schreibt. Er hat keinen Laptop, bloß Stift und Papier. Er legt dabei einen bemerkenswerten Eifer an den Tag, lässt sich weder von Gesprächen noch Gelächter stören, es sind die Haltung und das Handwerkszeug eines Studenten, der mittags vor dem Oberseminar ein Referat halten muss. Der Text ist die Vorlage einer Rede, die Steinbrück am Abend vor Studenten der London School of Economics hält. Steinbrück schreibt sich das Wesentliche noch mal raus, memoriert es wie einen Fahrplan für öffentliche Verkehrsmittel: Erst die großen Linien, dann die einzelnen Stationen. Wo will ich hin, wie lang soll es dauern, und was möchte ich unterwegs sehen?

Es wird ein mitreißender Auftritt, er schlägt den ganz großen Bogen von den Ursachen der Finanzkrise zu den Feinheiten der europäischen Antwort darauf, erwähnt die Lage in Südeuropa und die Ungerechtigkeit bei der Auswahl der zu rettenden Institutionen: »Gelegentlich möchte ich mich auch für system-

relevant erklären, insbesondere vor Wahlen!« Er spricht von
der Gefahr des Sparens im Abschwung und mahnt: »Not frisst
Demokratie!« Zum Schluss wendet er sich direkt an die Studierenden: »Der Punkt ist, dass ich von Ihnen erwarte, dass
Sie sich auch um das Gemeinwohl kümmern.« Er weiß: »Den
meisten von Ihnen sind politische Parteien suspekt, aber wer
soll es denn sonst machen? Wer soll demokratisch legitimierte
Mehrheitsentscheidungen herbeiführen? Bürgerinitiativen? Der
Ältestenrat? Jahrelang hat man uns eingeredet, die Parteipoli-
tik und der Staat brächten nichts zustande. Nun erwartet man
plötzlich neue Spielregeln für die Finanzmärkte. Und mit diesem Widerspruch lasse ich Sie jetzt allein.« Damit beendet er
seine Rede. In den Fragen kommt Kritik von links: Hat die
SPD nicht brav alles mitgemacht? Und dann wieder aus der
reinen Lehre des Neoliberalismus: Höhere Steuern würden
doch nur den Gang der Wirtschaft verfälschen.

Später am Abend wird es weit ungemütlicher, da nimmt die
Europatour Steinbrücks eine Kurve ins Aggressive und Absurde, aus der sie nicht mehr zurückfindet. Die Halle des Lon-
doner Hotels ist von allerlei Nachtschwärmern bevölkert, es ist
ein hektisches Kommen und Gehen, so dass man ständig das
Gefühl hat, im Hintergrund gehe eine Sache vor sich, von der
man aber nichts ahnt und dass es wohl besser so ist.

Steinbrück tourt fast allein durch Europa, nur zwei Mitarbeiter der Internationalen Abteilung der SPD begleiten ihn, aber
das sind nicht wirklich seine Mitarbeiter, es sind die Diploma-
ten der Partei, und sie haben schon viele Vorsitzende kommen
und gehen sehen. Besonders oft erwähnen sie Franz Müntefering. Sie sind effizient, sympathisch, sehr kenntnisreich, diskret und pflegen einen speziellen Humor. Eine ihrer Anek-
doten handelt von einem Generalsekretär der SPD, der erst
kurz im Amt und relativ unbekannt war. Er sollte Peter Mandelson empfangen, den EU-Kommissar, der als Berater von
Tony Blair berühmt geworden war, ein Meister der dunklen

Kunst der Medienbeeinflussung. Der lampenfiebrige Genosse war sehr eingeschüchtert, brachte die Begrüßung dann aber mit Bravour hinter sich, man bemerkte gar nicht, dass er beinahe umkam vor Nervosität – dann hörte jemand Mandelson anerkennend bemerken: »What a powerful man.« Darüber kugeln sich die beiden immer wieder vor Lachen. Man muss wohl dabei gewesen sein.

Ihre Sicht der Dinge, die Sicht des Apparats einer der ältesten und größten Parteien Europas, ist eine andere als die, die wir nur als Beobachter kennen: In Europa ist die deutsche Sozialdemokratie eine wichtige politische Kraft, schon allein wegen der Bundesratsmehrheit, der Regierung in großen Bundesländern und der Möglichkeit einer großen Koalition ist die SPD ein wichtiger Ansprechpartner. »In Europa wollen eigentlich alle was von uns.« Die Parteidiplomaten versorgen den Kandidaten mit den politischen Informationen zu den Ländern, aber sie sind weder seine Pressesprecher noch sonst Steinbrückianer. In der Öffentlichkeitsarbeit können sie ihm nicht helfen.

Peer Steinbrück sitzt in London einer nun merklich angewachsenen Zahl von Journalisten gegenüber. Eigentlich hat er gute Laune, denn Lord Turner, der Vorsitzende der britischen Finanzaufsichtsbehörde FSA, hat ihm erzählt, man werde wohl auch bald in England das Trennbankensystem einführen. Steinbrück hat es lange in Deutschland verteidigt, gegen die Widerstände der angelsächsischen Wirtschaftsliberalen. Damals galt es als gestrig – und nun diese ironische Wendung in der City.

Doch die Journalisten interessiert das kaum. Sie kommen nicht aus den Finanzressorts, sondern schreiben über die Sozialdemokratie oder eben über Steinbrück. Eine Veteranin der Berichterstattung fragt gleich zu Beginn und mit einer Miene, als wüsste sie mehr: »Darf man fragen, wie es zu der Reise eigentlich kam?« Er: »Ist das wichtig?« Und nun wird es kompliziert, an diesem Abend wie an allen folgenden.

Lafontaine und Schröder, erst recht Helmut Schmidt und Willy Brandt hatten echte Fans unter den Journalisten, auch solche, die Freunde und Kampfgefährten waren. Heute läuft das anders. Wer der SPD nahesteht, muss noch lange kein Steinbrückanhänger sein, es gibt Steinmeierfans und Gabrielfreunde, die Steinbrücks Kandidatur skeptisch sehen.

Es muss zwar irgendwo im Lande ein Steinbrückmilieu geben, etwa die Leute in der Kamener Halle, kulturell konservative Facharbeiter und linksliberale hanseatische Bildungsbürger, aber es ist scheues Wild, man hört und sieht sie nicht. Ich habe noch im Ohr, wie ein älterer Herr, vielleicht ein Verleger oder Buchhändler, auf einem Fest neben mir stand und einem ausländischen Gast, vielleicht einem Schriftsteller, mit einer mich überraschenden Überzeugung über Steinbrück sagte: »There is no other, there is absolutely no other.« Aber wann und wo? Ich habe es völlig vergessen, und das ist ein Zeichen der Zeit. Wer auch immer so sehr für ihn als Kanzlerkandidat war, in den entscheidenden ersten Monaten des Jahres seiner Kandidatur war nichts mehr von ihnen zu hören oder zu sehen.

Die Steinbrück begleitenden Journalisten sind weder Feinde noch Freunde. Sie wollen von ihm eine verwendbare Aussage, etwa die genaue Strategie der SPD im Umgang mit Zypern, aber nicht im Hinblick auf das, was für die Zyprer gut wäre, sondern im Hinblick auf den Umgang mit Merkel. Oder sie wollen, dass er etwas Verheerendes sagt, denn längst gibt es auch dafür eine Währung, Steinbrück-Patzer. Die abendlichen Runden während der Tour erinnern an einen Laborversuch: Man drückt dem Kandidaten so lang auf den Bauch, bis entweder eine Info oder wenigstens ein Spruch, eine Panne dabei herauskommt.

Peer Steinbrück kann diese Sucht nur bedingt bedienen. Er operiert ganz ähnlich wie in der Mietenfrage, nuanciert und realistisch. Er hat keine europapolitischen Bomben im Gepäck. Er will Irland nicht neu verhandeln, sondern sagt *pacta sunt servanda* – Verträge müssen eingehalten werden. Es sind keine Brandreden, es geht nicht um die kreative Zerstörung der europäischen Grundordnung, sondern um Weichenstellungen: die Exzesse sowohl der Märkte wie der Merkel'schen Austeritätspolitik vermeiden und in dem schmalen Korridor dazwischen das Leben besser machen.

Nur interessierte das im Februar außer ihm kaum jemanden. Die betroffenen Bürger und Konsumenten der unter den Sparvorgaben leidenden Eurostaaten kennen ihn nicht, und selbst wenn sie ihn kennten, könnten sie ihn nicht wählen. Die Deutschen vertrauen Merkel, und wenn sich die Krise verschärft, trauen sie ihr sogar noch mehr. Die deutschen Journalisten zucken mit den Schultern, und die europäischen Kollegen wollen von ihm auch etwas Konfrontatives über Merkel hören. Das ist immer heikel, denn Steinbrück zitiert gern die Regel, wonach es sich nicht gehöre, im Ausland die Politik der eigenen Regierung zu kritisieren. Wer nach der Quelle dieser Regel sucht, verliert sich schnell im Ungefähren. Sie stammt jedenfalls aus alter Zeit, bevor die Welt zusammenschnurrte. Doch Steinbrück beherzigt sie, und so bleibt es ihm versagt, zum großen Sturm auf die Bundesregierung zu blasen, er bleibt abwägend, präzise und technisch, wie es redlich ist, aber auch langweilig. Und seine Gesprächspartner, die ja auch heute und morgen etwas von der noch amtierenden Bundesregierung wollen, treten nicht mit ihm vor die Presse.

Die Abende werden lang. Niemand regelt den Gesprächsverlauf, alle Fragen sind zugelassen, die Antworten gibt Steinbrück spontan. Als würde er sich einem Tennisballautomaten stellen, als ginge es hier um eine sportliche Herausforderung. Das Thema kommt auf Peerblog, ein Internetportal, in dem die Steinbrückfreunde ihre Sicht des Mannes und seiner Anliegen verbreiten möchten. Angesichts der kommunikativen Desaster der vergangenen Monate eine naheliegende Idee, doch das

Portal selbst wird mehr und mehr zum Thema der Kommunikation, denn es ist nicht klar, wer das Geld dafür bereitstellt.
Auf diese absolut erwartbare und essentielle Frage kann der
Kandidat keine Antwort geben. An jenem Abend aber ist Steinbrück noch stolz auf diese Initiative: »Ich will nicht auf Ihren Onlinedienst angewiesen sein«, sagt er dem Kollegen des
»Spiegel«. Es kommen auch Fragen nach den Wohnzimmerbe-
suchen: Was soll deren politischer Nutzen sein, wenn keine
Presse zugelassen ist? Steinbrück sagt, wenn es sich nicht be-
währe, dann werde man es eben wieder bleibenlassen.

Manche der anwesenden Journalisten fassen sich an den
Kopf: Das besondere, strategische Instrument eines bürger-
nahen Wahlkampfs basierte vor allem auf dem Wohnzimmer-
format, nun wird der Abschied davon sang- und klanglos angekündigt? Der Effekt wäre desaströs. Ebenso hart wird über
Peerblog und die ungeklärte Frage der Finanzquellen geurteilt.
Ein anderer Kollege gibt achzelzuckend zu bedenken: Wenn
sie gar nichts in der Richtung unternommen hätten, würde man
sie bezichtigen, das digitale Zeitalter verschlafen zu haben.

Es wird spät und später, die Fragen betreffen nun alle möglichen Themengebiete, Steinbrück weicht nicht aus. Aber er
ärgert sich. Irgendwann beginnt er, der »Bild«-Zeitung anhand
einiger schlagender Episoden übergriffige Recherchemetho-
den vorzuwerfen. Nach einer Namibiareise, zu der Steinbrücks
Frau die Familie aus den Mitteln einer Erbschaft eingeladen
hatte, wartete eine Reporterin des Boulevardblatts am Flughafen und fragte Steinbrück, ob er eine geheime Farm in Namibia
besitze. Dem »Spiegel« warf er dann vor, eine Geschichte des
Verkaufs einer Wohnsiedlung durch den Bund in seiner Amtszeit als Finanzminister aufgeplustert und sensationalisiert zu
haben, mit einer Anfrage am Wochenende und Verpflichtung
zu sofortiger Stellungnahme, wobei die Unterlagen dazu alle
im Finanzministerium in Berlin lagen. Schließlich kam er wieder auf das Thema Bahncard, als man ihm vorwarf, sie zu nut-

zen, um zu bezahlten Vorträgen zu fahren. Nun hält er den Journalisten vor, sie hätten doch auch Rabatte beim Kauf einer Bahncard, machten ihm also Vorwürfe, obwohl sie doch selbst Privilegien genössen. Dass die Journalisten im Auftrag von Verlagen, also privaten Unternehmen, agieren und kein durch Wahlen verliehenes und aus Steuern finanziertes Mandat ausüben, darin liegt freilich die prinzipielle Differenz zwischen den Berufen. Dies ist kein Spiel, bei dem sich zwei Mannschaften mit gleichen Mitteln gegenüberstehen, und wenn man es so sieht, dann wäre es höchst gefährlich, ja leichtsinnig, in einer Hotelbar nach einem langen Arbeitstag Frage auf Frage zuzulassen. Die Fragen betreffen längst nicht mehr den Grund der Reise und die politischen Gespräche, sondern eigentlich alle Bereiche. Ich erwartete irgendwann die Frage, ob denn das Radio in Steinbrücks Studenten-WG auch angemeldet war.

Eine Journalistin fragt, wie viel Schlaf er denn so brauche, beispielsweise auf so einer Reise. Der Kandidat antwortet offen, hier komme er mit ganz wenig aus, einige Stunden würden genügen, und fügt an: »Aber ich freue mich, wenn ich am Wochenende mal neun Stunden ausschlafen kann.« Auf dem Weg aus der Bar freut sich die Journalistin über die Antwort: »Hast du das gehört? Neun Stunden, so viel hat die Kanzlerin nie. Er ist einfach nicht fit genug für den Job. Ein alter Mann eben!«

Am folgenden Tag steht eine Begegnung mit dem Vorsitzenden der Labour-Partei Ed Miliband an. Vor dem Eingang zu dem Gebäude mit den Abgeordnetenbüros gibt es eine leichte Konfusion, es dürfen nicht alle auf einmal rein. Steinbrück wird nicht abgeholt, sucht sich seinen Weg selbst. Wenige Minuten nach der Begegnung twittert Miliband ein Bild von der Begegnung, versehen mit einigen freundlichen Worten. Steinbrücks Team twittert nichts von der Reise. Das ist einfach vergessen worden, niemand hat dazu die Prokura. Die Reise führt nun zu einem brisanten Ziel, nach Athen.

Im Flugzeug kommt kurz vor der Landung in Athen eine

Flugbegleiterin auf mich zu, in der Hand eine Liste. Fragt nach meinem Namen, ich bestätige etwas besorgt. Ich möge ihr bitte gleich folgen, denn ich solle als Erster von Bord. Ich höre das spontan mit Sorge, vielleicht irgendeine Katastrophe zu Hause? Ich sehe keinen Zusammenhang zur Reisegruppe. Alle haben die Tickets selbst gebucht und bezahlt, wir sitzen über das ganze Flugzeug verstreut. Dennoch hat die Bitte mit der Steinbrückreise zu tun, es handelt sich um eine gutgemeinte Vorzugsbehandlung, aber sie geht völlig schief. Denn als wir uns unmittelbar nach der Landung erheben und nach vorne gehen wollen, erheben sich alle anderen auch – es kommt zu Stau und Rückstau, bald stehen alle, fuchteln mit den Taschen herum, und es dauert insgesamt weit länger, als wenn wir ganz normal ausgestiegen wären.

In Griechenland ist Steinbrück aus naheliegenden Gründen ein besonders wichtiger Gast, man ist dort ja kein Freund der Kanzlerin. Er braust mit einem besonderen Wagen mit Polizeischutz voran, die Journalisten in einem Kleinbus hinterher, auch zum bemerkenswertesten Termin der Reise, einem Besuch bei einem sogenannten Sozialknotenpunkt. Der wurde als erste Anlaufstation für jene, die gar nichts mehr haben, gegründet, untergebracht in einer alten Polizeiwache gegenüber einem Bahnhof. Der Bürgermeister von Athen nimmt teil, er hat seine Personenschützer dabei, breite Bullen, die zu viele amerikanische Serien geschaut haben. Und auch das BKA hat Beamte einfliegen lassen. Als die auf den Plan treten, werden einzelne deutsche Journalisten wach und erkundigen sich diskret bei den Beamten, was so ein Schutz für Steinbrück in Athen denn wohl insgesamt koste, mit Flug, Hotel und allem. Es fehlt bloß noch die im Plauderton vorgebrachte Überlegung, er habe doch eh keine Chance, Merkel bleibe auf ewig Kanzlerin, da könnte man das Geld für Personenschutz und Wahlkampf doch gleich sparen.

Es wird recht schnell sehr eng und unübersichtlich in der

alten Polizeiwache, in der es vor allem lange enge Flure und kleine Räume gibt. Das Interesse ist groß, die Beschäftigten stehen eingeschüchtert herum. Von den Bedürftigen ist niemand zu sehen, wer will sich schon von mehreren Fernsehkameras dabei filmen lassen, wie er oder sie Essen für seine Kinder abholt?

Die Zimmer sind voll mit Schulsachen, es gibt auch Kleidung und Spielzeug. Es ist die Ausstattung für Menschen, die nichts haben. Der Tross drängelt sich zum Lager für Lebensmittel, alles sauber auf Paletten gestapelt: Kichererbsen, Reis, Saft. Ein Bild, wie man es von der Hungerhilfe für Ostafrika oder der Soforthilfe nach Naturkatastrophen kennt. Nur ein Turm mit Snickers-Kartons fällt aus dem Rahmen. Es kämen auch Spenden von Reedern, wird erläutert, die laden die Paletten gleich vom Hafen kommend ab, ohne viel Papierkram. Weil nicht alle Fototeams durch den engen Gang gekommen und folglich nicht rechtzeitig vor Ort sind, gibt es Beschwerden, auch von der »Bild«. Hier ist sonst gar kein Motiv für uns dabei, beschwert sich der Kollege. Also muss die Szene noch einmal wiederholt werden, denn dass Steinbrück sich informiert hat, ist die eine Sache, die andere ist aber, dass auch alle den Fotobeweis haben wollen: Männer in Anzügen vor Kichererbsen. Und was sagen die da? Die große, tränenselige Compassion ist nicht Steinbrücks Fach, also bleibt er sachlich und zischt dem Verantwortlichen zu: »Sind doch Lebensmittel hier, musst du kühlen.«

Dann setzen sich alle ratlos an eine improvisierte lange Tafel, es gibt noch mehr Geschubse und eine Karambolage der Sicherheitskräfte. Es wird Saft ausgeschenkt, aber es hat niemand das Herz, den Saft der Armen anzunehmen. Dann gibt es Statements von einem Pult, und Steinbrück macht in knappen Worten klar, dass die Sanierung der Finanzen nicht um jeden Preis erfolgen dürfe. Die griechischen Journalisten und Mitarbeiter scheinen seine Worte zu schätzen, schon weil mal jemand die Misere zur Kenntnis nimmt. Dass einer überhaupt kommt. Dann brausen wir wieder los in jene Zone, in der sich der Kandidat sicherer bewegt, zu jenen beiden Gründerzeitvillen, in denen die Spitze des griechischen Staates residiert wie zwei Nachbarn, der eine manisch, der andere depressiv.

In der Residenz des Premierministers haben sie zu viel »The West Wing« geschaut: Jeder trägt Marken um den Hals, dicke Sonnenbrillen und Kaffee in Pappbechern. Samaras nimmt sich eine Menge Zeit für den deutschen Gast, jede Minute mehr ärgert ja die deutsche Kanzlerin.

In der Villa daneben wohnt der Präsident. Schwere Möbel, dicke Vorhänge – es ist wie der Besuch bei einem alten Verwandten. Hier streifen seltsame ältere Herren durch die Gänge. Einer spricht in perfektem Deutsch eine der jungen Journalistinnen an und schwärmt von seinem Ferienhaus auf einer Insel: »Sie müssen wissen«, schnurrt er, »eigentlich bin ich eine Lesbierin.« Allgemeines Augenrollen.

Ein Kollege greift sich eines der vollen Gläser, die auf einem Vertiko im Empfangszimmer stehen, und verursacht einen Eklat: »This is the juice of the president!« Steinbrück nutzt den Moment der Besprechung, um erst einmal die Rolle des greisen Präsidenten bei der komplizierten Regierungsbildung zu würdigen. Es ist die Art von Höflichkeit und subtiler Förderung der politischen Kultur, die ihm liegt. Es geht wieder um das Stellen kleiner Weichen, die später große Wirkung entfalten können, um Anerkennung und Respekt. So auch später, als er neben dem Finanzminister dazu aufruft, in Griechenland zu investieren, Vertrauen zu haben. Währenddessen berichtet ein Mitarbeiter der deutschen Botschaft, in den Supermärkten sei ihm und seiner Frau aufgefallen, dass die Einkaufswägen der meisten Griechen auch vor einem Wochenende fast leer blieben: »Die Leute haben einfach kein Geld mehr.«

Steinbrück bewegt sich durch Athen wie ein Staatsmann zwischen zwei Engagements, nicht als Wahlkämpfer. Eine

Schulklasse, die auf seinem Weg gerade eine kurze Rast beim Wandertag macht, lässt er links liegen. Inhaltlich bewegt er sich zwischen zwei Positionen: Einmal betont er, dass man Griechenland wie auch den anderen Südländern der Eurozone Sparprogramme in einem Ausmaß zumutet, wie man es in Deutschland nie wagen würde, und dass dieses Volumen gefährlich sei. Vor griechischen Journalisten in der festungsartig gesicherten Residenz des deutschen Botschafters betont er aber auch, dass es kein Zurück in die alten Zeiten und Verhältnisse geben könne. Er hütet sich, die Kanzlerin anzugreifen, betont aber seine Differenz: Tempo und Maß der Restrukturierung wären andere, aber die Verantwortung der reicheren Steuerpflichtigen muss bleiben.

Zweck und Botschaft der Reise bleiben reichlich subtil und ganz in der Nuance: Respekt bezeugen, Anerkennung aussprechen und Sensibilität für die Not der Griechen anmahnen. Aber es gibt kaum Bilder zu diesen Themen, und vor dem Aufbruch zum Flughafen drängeln sich die Kamerateams um die nun knapp werdende Zeit. Steinbrück muss die Stimme erheben und eine Reihenfolge und ein Prinzip festlegen.

Eilig und einsam zog Steinbrück durch Europa, musste als sein eigener Pressesprecher agieren und geriet häufig in Streit mit Journalisten. Die weise und wichtige politische Botschaft war sehr nuanciert und hatte keine Chance gegen diesen knallbunten, führerlosen Lastwagen mit der Aufschrift »Peerblog«, der zur selben Zeit in Deutschland durch die Kulissen bretterte.

Wieder Kolonne mit Motorradeskorte, blitzschnell landen wir in einem speziellen Abfertigungstrakt für VIPs und Staatsgäste, es geht schnell und ohne Mätzchen, dann ist man in einem Wartezimmer mit Sofa. Bloß nehme ich einen ganz anderen Flug, die Delegation fliegt direkt nach Amsterdam, ich über Zürich. Dazu muss ich an einen anderen Flugsteig. Ich schlage vor, einfach zur Tür hinauszugehen, weiter zum

Hauptgebäude und dann ganz normal zum Schalter. Das wäre aber viel zu einfach, es gibt viele Vorschriften, es wird telefoniert und abgewartet. Jemand muss mich abholen kommen, so einfach ist es nicht, aus einer solchen Sonderzone wieder herauszukommen.

In den Niederlanden wollte Steinbrück jemanden treffen, von dem er schon oft erzählt hatte, den führenden Sozialdemokraten dort. Der segelte lange unter dem Radar der Demoskopen, bis zu einer entscheidenden Talkrunde. Gegen den Rat seiner Kollegen und Spindoctors legte er dort dar, wie viel die Eurorettung den niederländischen Steuerzahler kosten würde. Und dass er solch eine Rettung unterstützen und betreiben werde. Am Wahlabend stand er als Gewinner da. Diese Geschichte erzählte Steinbrück sehr oft.

Eine ganz ungewohnte Begeisterung junger Sozialdemokraten sollte er erst wieder in Brüssel erleben. Sie galt bloß nicht ihm.

Party in Brüssel. Vor zwanzig Jahren haben sich die Sozialisten und Sozialdemokraten Europas zusammengeschlossen, das soll gefeiert werden. Das Untergeschoss eines alten Varietés ist voller junger, eleganter Leute, es gibt Drinks und Musik, schönste Clubstimmung, wie man sie auf keiner deutschen Parteiveranstaltung erwarten darf, schon gar nicht mit so vielen unter 40-Jährigen, so vielen jungen Frauen, die alle drei Sprachen beherrschen und sogar die diversen europäischen Präsidenten voneinander zu unterscheiden vermögen.

Steinbrück steht in der zweiten Reihe, die Regie hat für ihn einen bescheidenen Platz und einen kurzen Auftritt vorgesehen, es würde dennoch ein langer und schwieriger Abend fur ihn werden.

Doch erst einmal ist Showtime. Es gibt einen Film. Es ist ein kurzes, aber erschütterndes Dokument, eine Retrospektive der letzten beiden Jahrzehnte der Linken in Europa. Besonders aufwendig ist der Film nicht produziert, mehr so etwa wie Schweinerock zu alten Familienfotos, die uralt wirken, aber erst aus den 90er Jahren stammen. Und es ist ein schockierendes Dokument, weil man in diesem kurzen Film die ganze Brutalität des Geschäfts erkennt: Sowohl was die Unnachgiebigkeit bei Fehlern angeht wie die Möglichkeit, andere in echtes Unglück zu stürzen. Nur abgeschnitten erkennt man auf einem Bild Herta Däubler-Gmelin, deren brillante Karriere mit einem doofen Satz abrupt endete. Man sieht, öfter sogar, Rudolf Scharping, über den keiner mehr spricht. Was, wenn er hier hereinspazierte? Er ist ja kein Krimineller, dennoch fangen, wenn man seinen Namen nennt, alle an zu lachen, als habe man einen Witz gemacht. Man sieht Lionel Jospin, dessen eigene Zufriedenheit mit einer guten Bilanz zu Hybris und zu einem der unrühmlichsten Abgänge aus der Politik führte. Und dann sieht man Schröder und Blair, von denen jeder, wenn er anwesend wäre, die Manege dominieren würde. Seltsam, trotz großer Wahlsiege, gegenteiliger Positionen zum Irakkrieg und einem ähnlichen Wirtschaftsverständnis sind beide für ihre Parteien in gleichem Maße problematisch und zu schwefelhaltig geworden: beide quicklebendig und doch abseits, Zombies der Politik. Die beiden könnten ein Stadion füllen und bespielen, aber man ruft sie nicht und denkt nicht mehr gerne an sie. Die Vergangenheit der europäischen Sozialdemokraten ist auf eine dramatische Weise unbewältigt, die Kellertüren gehen gar nicht mehr zu vor lauter Leichen, die Geschichte ist nur in Gerüchten geschrieben, es wird aktiv und kräftig verdrängt.

Steinbrück schaut währenddessen auf die Uhr, steht einigermaßen gefasst bis gelangweilt in der Menge. Zum Schluss soll er reden, der Saal, vollgepackt mit jungen Profis und Genossen, die nun schon seit einer Stunde trinken und lachen, gleicht keiner SPD-Veranstaltung, es ist richtig Spannung in der Luft. Steinbrücks Englisch ist das beste aller Redner, aber er bleibt technisch. Nur beim Punkt Jugendarbeitslosigkeit kommt kurz

Applaus auf, aber er zündet keine weitere Stufe. Er hätte einen Hexenkessel aus diesem Saal machen können, alle mit einer unauslöschlichen Erinnerung an politischen Furor nach Hause schicken können, aber er bleibt bei seinem bewährten Repertoire. In seiner Generation gibt es noch eine Zurückhaltung gegen einen vor Emotionen tobenden Saal. Ganz im Gegensatz zu seinem Ruf als Panzernashorn ist Steinbrück sowohl im direkten persönlichen Kontakt wie auf einer Bühne eher von dem Wunsch nach Contenance geprägt. Bill Clinton hätte hier niemanden ohne ein Foto mit Widmung aus dem Saal gehen lassen, hätte die Menge zum Weinen und Lachen gebracht. Steinbrück braucht diese Art der Anerkennung, die Liebe eines ganzen Saals nicht, um glücklich zu sein. Das ist ein gutes Zeichen und ein Problem.

Doch der Abend ist noch nicht zu Ende, obwohl es spät ist und der Tag schon in aller Frühe begann. Abmarsch in Sekundenschnelle, Transfer zum Restaurant in Bestzeit. Jemand hat bei einem Italiener reserviert, dort soll Steinbrück die in Brüssel tätigen deutschen Journalisten treffen, und das sind sehr viele. Es geht die Stufen hoch, der Ort ist denkbar ungeeignet, die Räume sind zu klein. Chaos ist die Folge. Steinbrück wird am Kopf einer Tafel platziert, mit dem Rücken zu einem hyperaktiven Heizkörper. Neben ihm sitzt eine attraktive und komplizierte Journalistin seines Alters, die ihn an ein Interview erinnert, das er ihr einmal gegeben hat, als er noch Ministerpräsident in NRW war. Sicher habe er es vergessen, fügt sie an, die gegenteilige Beteuerung erwartend. Der überhitzte und dehydrierte Steinbrück erwidert eine Spur zu aggressiv: »Es hat sich mir für immer ins Herz graviert.« Sie erschrickt, er auch. Zum Glück findet er eine passende Modulation der Stimme und fügt hinzu:»Schön, dass es Ihnen damals gefallen hat. Nun versucht man mir ja, das Spontane auszutreiben, so macht das keinen Spaß mehr.«

Es folgt aber noch immer kein Glas Wasser, sondern sein Referat der europapolitischen Gespräche und also der Nuancen, die ihn von der Kanzlerin trennen. Es geht um Zypern und anderes mehr. Steinbrück agiert hier erneut fehlerfrei. Er macht auf die Lücken in der Berichterstattung etwa der Personalpolitik der Kanzlerin aufmerksam: Es sei doch aussichtslos gewesen, Schäuble als Chef der Eurogruppe ins Spiel zu bringen. Doch genau dafür habe die Kanzlerin schon früh, als Bauernopfer, gute Deutsche für wichtige Posten nicht mehr vorgesehen, etwa Thomas Mirow als Chef der Osteuropabank. Mehr noch: Die ganze soziale Wende der europäischen Politik nach dem Wahlsieg von Hollande mit dem Projektfonds für Infrastrukturmaßnahmen, das sei alles bloß Ankündigung geblieben.

Er referiert und leidet sichtbar unter der Hitze. Niemand schafft es, den Heizkörper abzustellen. Er solle doch einfach das Sakko ausziehen, ruft einer. Es dauert fast eine Stunde, bis ein Kellner den Weg nach oben findet und es schafft, ein verträgliches Arbeitsklima zu schaffen.

Das Pendant zum Peerblog ist an diesem Abend Stefan Raab und die Frage, ob er eines der Kanzlerduelle mit moderieren solle: Wäre es gut gewesen, sich nicht gleich so ablehnend zu zeigen, fragen die Journalisten. Steinbrück wird laut: »Freunde, ich will jetzt nicht in irgendwelche Sendungen gebombt werden, sonst sitzen wir morgen alle bald bei Raab und Bohlen.« Mit Grausen erzählt er von der Jauch-Sendung mit Johannes Ponader, der während der Sendung twitterte. »Ich hätte dann auch mein Telefon herausgeholt: Hallo Schatzi, ich sitze gerade beim Jauch, der hat vielleicht irre Vögel eingeladen, und die Gesprächsführung hat er auch nicht im Griff.« Natürlich sollen auch Politiker unterhalten, aber alles ist sehr verworren. Steinbrück lobt die Arbeit von Jean-Claude Juncker, den er sehr schätzt. Er formuliert einige freundliche Worte, dann fragt ein Mitarbeiter der »taz«: »Ist das jetzt Ironie?« Steinbrück echauffiert sich, was keine Kunst ist wegen der alten Brüsseler

Heizung in seinem Rücken: »So weit ist es gekommen. Das ist das Alarmierendste, was ich in den letzten fünf Monaten gehört habe!« Die Kommunikation ist so verflixt, dass sein Ernst als Ironie gedeutet und die Ironie ihm ernsthaft angekreidet wird.

Ernsthafte Fragen gibt es nicht mehr. Der Abend zieht sich, Steinbrück erhält unerbetene Tipps, wie bereits geschehene Pannen besser zu vermeiden gewesen wären. Die verbliebenen Journalisten sehen ihn an, als würde er schon in den Film vom Beginn des Abends gehören, eine verblassende Silhouette im Zweireiher. Bald zankt er sich wieder mit den Vertretern von »Bild« und »Spiegel« über die Berichterstattung zu seiner Bahncardnutzung. Heikel wird es, als die Journalistin neben ihm sich verabschieden möchte. Kokett bemerkt sie, sie gehöre ja altersmäßig gar nicht mehr zu der Zielgruppe, die ihn als Kandidaten interessierte. Eigentlich kann er da schon nicht mehr, aber er pariert mit der Versicherung, doch, genau ihre Generation liege ihm besonders am Herzen. Sie repliziert, es geht in eine seltsame Richtung und immer ganz nah am Spruch zu viel. Gemessen an den Arbeitsbedingungen – der Tag begann in aller Frühe, ohne Pause und sah aus wie ein Feldversuch in Dehydrierung –, gemessen daran ist es eigentlich ein Wunder, dass an jenem Abend der große Patzer ausblieb. Steinbrück soll durch Fehlleistungen unterhalten, in diese Rolle war er im März geraten. Es stellte sich die Frage, ob das jedem Kandidaten so gehen würde, der nicht von sich aus die ganz große Unterhaltungsmaschine zu füttern versteht.

Der Gegenspieler ernster Politik ist nur noch in Nuancen der andere ernsthafte Politiker, sondern es ist der Clown oder besser: die Trias aus Showbusiness, Mafia und Finanzbranche. Gegen Berlusconi, Depardieu und ihre Freunde wie den Tschetschenen Kadirow hat die Politik keine Argumente und keine Waffen. Es ist die Tea-Party- und Sarah-Palin-Falle: Wie soll man gegen hellen Wahn ankommen? Gegen den Glamour des Starsystems mit seinen frei fließenden Milliarden, den PR-Firmen und der kontrollierten Optik? Die Kräfte der parlamentarischen Demokratie haben ja schon Mühe, ihren Helden ein Wasser hinzustellen. Was nicht ganz gerecht ist, denn die großen Medienkonzerne setzen viel Geld um mit der Berichterstattung über die demokratischen Vorturner. Auch hier gilt: Rich Media, poor democracy.

Später, in Berlin, spreche ich Steinbrück auf diesen Abend an, der ein Symbol war für den schlechten Start und die miesen Bedingungen. Er sagt, man würde es als »snobby« werten, wenn er nach jemandem verlangte, der sich um Heizung und solche Dinge kümmert. Dann erzählt er von seinem privaten Umzug in Berlin. Als das Haus in Moabit, in dem er sich mit seiner Frau eine Eigentumswohnung gekauft hat, gerade renoviert wurde, hatte der Architekt dort einen »Spiegel«-Redakteur auf der Baustelle entdeckt und hinausbefördert. Über die Fastnachtszeit hatte Steinbrück die Regale angebracht. Und nun, nach der Rückkehr aus Belgien, war der Tag des Umzugs gekommen. Ausgerechnet an diesem Tag war im Gebäude der Lift defekt. Da habe er, weil die Männer vom Umzugsunternehmen so entmutigt wirkten, eben auch Kisten geschleppt. Eine demotivierte Truppe, streikende Beförderungsapparate und selbst ist der Mann – symbolisch treffend endete diese erste Phase des großen Wahlkampfs. Die Reise durch die europäischen Hauptstädte – und alle politischen Themen waren untergegangen in einem grotesken Tohuwabohu, das selbst zum dominierenden Thema wurde. Und dann kam es – noch schlimmer.

Bis zu den letzten Tagen der Legislaturperiode sollte Steinbrück wie einst Jonathan Pryce in Terry Gilliams Film »Brazil« in freiem Fall ein Stockwerk nach dem anderen durchbrechen, und man würde atemlos zusehen und irgendwann die Augen schließen wollen.

5

ABWÄRTS

Vor Karstadt in Wiesbaden haben sich in einigem Abstand voneinander zwei Gruppen älterer Menschen aufgebaut und hindern die Passanten am zügigen Vorbeigehen. Die eine Gruppe ist in Cordhosen, Windjacken und ähnlicher sogenannter Funktionskleidung gewandet, die andere trägt Lodenmäntel und cremefarbene Capes. Luftballons für die Kinder gibt es in Rot hier, in Orange dort. Übermüdet und bleich sind alle.

Es ist der Samstag vor der zweiten Runde der hessischen Kommunalwahl, und es ist, wie oft in Hessen und seit einem Jahrzehnt eigentlich immer bei Wahlen in der westlichen Welt, sehr eng.

Als Favorit gilt der Amtsinhaber Helmut Müller von der Union, ein zuverlässiger und beliebter Mann, der schon mal mit einem Plastikschaf auf den Wahlplakaten posiert. Sein Gegenkandidat ist Sven Gerich, ein jüngerer Mann, der relativ neu in der Politik ist, ein Unternehmer mit einer ungewöhnlichen Lebensgeschichte. Er wurde als Heranwachsender adoptiert und führt nun die Druckerei seines Vaters weiter. Und während in Frankreich erbittert und zum Teil gewalttätig um die HomoEhe gestritten wird, ist er mit einem Mann verheiratet. Das spielte im Wahlkampf aber keine Rolle.

Wiesbaden hat eine starke bürgerliche Mehrheit, die Union macht sich wenig Sorgen, auch diese Wahl gewinnen zu können. Am orangefarbenen Stand sieht alles besser aus, die Wahlhelfer gehen auf die Passanten zu, kein Kind bleibt ohne Ballon oder Gummibärchen. Die SPD-Traube hingegen löst sich nicht auf, die Leute sind in Dauergespräche verwickelt oder streiten sich gar. Und während Müller fröhlich und jovial Hände schüttelt, hat Gerich keine Stimme mehr und sieht aus, als würde er gleich umfallen vor Erschöpfung. Orange hat überdies Verstärkung aus Berlin bekommen, eine leibhaftige Bundesministerin macht Wahlkampf für Müller: Kristina Schröder steht vor dem Karstadtgebäude, wenn auch leicht abseits vom Strom der Passanten. Ein Rentner quasselt auf sie ein, sie wirkt genervt und ungeduldig. Neben ihr steht ein junger Mann, der aussieht wie ein Personenschützer. Er trägt ihre Handtasche. Das ist kein Bild, das das Wählerherz erfreut.

Als am folgenden Tag die Auszählung abgeschlossen ist, liegt die SPD mit wenigen tausend Stimmen extrem knapp vorn. Das dürfte in etwa die Zahl von Wählerinnen und Wählern gewesen sein, die gestern an Schröder vorbeigegangen sind und sich gefragt haben, ob sie ihre Handtasche nicht selber tragen kann. Aber vielleicht ist das auch nur meine persönliche Aversion.

Entscheidend für den Wahlsieg, heißt es später, seien die Hausbesuche des Kandidaten gewesen. Schon ein Jahr vor der Wahl hatte die Wiesbadener SPD damit begonnen, die Themen Mieten und soziale Stadt ins Zentrum des Wahlkampfs zu stellen, der damit für hessische Verhältnisse einigermaßen entideologisiert war. Lebensnahe Themen der Vororte brachten den Sieg, was sich in einer erhöhten Wahlbeteiligung ausdrückte.

Wiesbaden wurde zum Modell eines möglichen Wahlsiegs für die SPD in diesem Jahr. Der sollte auch gegen eine beliebte Amtsinhaberin gelingen, wenn nur die Wahlbeteiligung hoch genug ausfiele. Und dazu mussten jene mobilisiert werden, die vor vier Jahren nicht gewählt hatten und auch dieses Mal nicht zu gehen beabsichtigten. Es sollte also um Themen gehen, die das Leben der Menschen verbessern, damit die spätabends angestellten Haushaltsrechnungen auf der Rückseite von Briefumschlägen etwas günstiger ausfallen. Für die Sozialdemokraten hieß das: keine Plakate mehr, auf denen man die Erde vom

Weltall aus betrachtet sieht, keine Versprechen zur ökologischen Revolution, zu umfassender Abrüstung, Erlösung der Dritten Welt samt Trinkwasser für alle und zu endgültiger Befriedung der Menschheit.

In diesem Wahlkampf würde es um die kleinen Schritte gehen, an deren Ende es jene besser hätten, die durch Verzicht und ein Sich-Einlassen auf unsichere Verhältnisse den neuen deutschen Aufschwung mittragen. Doch Hausbesuche sind heutzutage ein aufwendiges Mittel der Kommunikation. Und wie soll so etwas bei einer Bundestagswahl gelingen? Wollte man es ernsthaft versuchen, setzte dies eine rekordträchtige Mobilisierung der eigenen Anhänger und eine absolute Geschlossenheit voraus. In einem 80-Millionen-Staat kann man nicht von Tür zu Tür, von Großstadt zu Großstadt ziehen, zumal die meisten Deutschen auf dem Land wohnen, in Kommunen oder Ortsteilen mit weniger als 60 000 Einwohnern. Wie Politiker so schön sagen: in der Fläche.

In der verbleibenden Zeit war für den Kanzlerkandidaten nur eines machbar: ein Besuch der sechzehn Bundesländer. Die sind zu schaffen, zumal einige davon nur die Größe einer Stadt haben. Ein Handicap blieb: So ein mit viel Wählerkontakt und in den regionalen Medien gespielter Wahlkampf muss lange vorher begonnen werden, ein Jahr vor der Wahl mindestens. Es schadet auch nicht, wenn er ganz zu Beginn unterhalb des medialen Radars beginnt, wenn es eine frühe Zeit gibt, in der die Wähler den Kandidaten für sich haben und, vielleicht ebenso wichtig, der Kandidat etwas über das Land lernt und über die Menschen, die in ihm leben. Denn es verändert sich rasend schnell. Für einen kurzen Wahlkampf taugt diese Strategie nicht. Und dieser Bundestagswahlkampf sollte einer der kürzesten überhaupt werden. Steinbrück handelte gemäß dem Spruch auf alten Witzpostkarten: Du hast keine Chance, nutze sie!

Immerhin hatte sich jemand besonnen und ihm eine Art Vorbereitung und Begleitung organisiert. Bei der Veranstaltung im Ofenwerk in Nürnberg war fast so etwas wie ein Eventcharakter zu spüren.

Damals zeichnete sich das schlechte Wetter des Frühjahrs und Sommers schon ab, es war kalt und gleichzeitig bedrohlich gewittrig. Ich weiß nicht, wie viele Pferde es gebraucht hätte, mich an diesem Abend aus dem Haus zu ziehen, die Elemente machten es schwer und die Örtlichkeiten auch. Der Ort der Veranstaltung war entlegen und die Fahrt dorthin maximal trist, in den Ausfallstraßen der Stadt standen wir im Stau, und ich konnte die Trostlosigkeit der Vororte genau studieren. Wieder ein Aldi, wieder ein Obi, dann eine Gewerberuine, deren Scheiben eingeworfen waren. Ein schmieriger dunkler Schneeregen setzte ein. Der Taxifahrer war ein Mann um die vierzig und schüchtern. Er fragte erst recht spät, ob ich zu der Veranstaltung mit dem Herrn Steinbrück wollte. Und als ich ja sagte, da leuchtete sein Gesicht auf, ich solle ihn herzlich grüßen, er solle ja gewinnen im September. Das hatte ich noch nie erlebt: ein sozialdemokratischer Taxifahrer. Ich hätte ihn am liebsten fotografiert.

Der Ort war eine ehemalige Industriehalle, man sah noch die Lasttransportmotoren und die Schienen unter der Decke. Einst war die SPD aus solchen heißen Hallen hervorgegangen, dringende Not und körperliche Bedrängnis zu lindern. Heute beschäftigte sie dort Eventplaner mit Klemmbrett und Smartphone. Doch ganz hat die Seele der Partei diesen Wandel nicht nachvollzogen. Ist die heutige Gesellschaft nicht schon in rein körperlicher Hinsicht humaner und schlicht schöner als jene zur Entstehungszeit der Arbeiterbewegung? Ist es nicht begrüßenswert, wenn diese Kulisse nun der Ort ist, so einen Abend zu veranstalten, zu dem alle frisch geduscht erscheinen? Die Antwort der Mehrheit der SPD-Mitglieder wäre nicht eindeutig. Die Nostalgie nach der heroischen Zeit, nach körperlicher Arbeit, Kameradschaft und Verschwiegenheit ist groß. Und es ist so ein leichtes Gefühl.

Es gab sogar eine Moderatorin mit Kärtchen, alles sah plötzlich durchdacht und komponiert aus, und für einen Moment konnte man sich einen echten professionellen und engagierten Wahlkampf träumen. Als Steinbrück hereinkam, drängelten sich Kamerateams, Reporter, seine Begleitung, örtliche Parteigrößen und einfache Schaulustige um ihn. Ein Politiker ist heutzutage neben allem anderen auch ein Promi, einer, der oft im Fernsehen ist und von dem man in den nächsten Tagen erzählen kann. Licht und Tempo umgaben Steinbrück nun. Bei allen Problemen hat so ein Wahlkampftermin auch einen unabweisbaren Charme und vermittelt eine sofortige Gratifikation durch Aufmerksamkeitszufuhr. Der Kandidat steht im Mittelpunkt wie die meisten Menschen nur selten in ihrem Leben und selbst Berufspolitiker wenige Male in ihrer Karriere. Alle Anwesenden strahlen um die Wette, teils wegen der Fotografen, weil alle anderen strahlen – teils aber auch, weil sie sich wirklich freuen. Darum war der selbstmitleidige, machistische Spruch von Gerhard Schröder in Braunschweig auch so irreführend, Wahlkampf ist nicht nur Kampf, er ist an vielen Abenden auch die reine Freude. Der Kandidat ist das Geburtstagskind, die Attraktion und der Artist.

»Klartext« war ein neues Format der politischen Show, inspiriert durch das amerikanische Townhall-Meeting. Das Publikum war an drei Seiten um Steinbrück herum gruppiert, es gab keine Rede, sondern Fragen. Die Übung hatte etwas Zirzensisches: Erst nahm er drei Fragen aus allen Bereichen, dann, gegen halb neun, rief er der Moderatorin zu: »Wir nehmen jetzt fünf auf'n Mal!« Wie ein Gewichtheber, der sich immer mehr Gewichte aufladen lässt. Die Fragen waren: Unterliegen auch Genossenschaften den Bestimmungen der BaFin? Sind Strafzölle auf chinesische Solarpanels sinnvoll? Seine Meinung zur Zypernrettung? Welche Zukunft hat die Bundeswehr? Und weiter – Fragen zu Waffenexporten, zu UN-Mandaten, zur Agenda, zur Breitbandversorgung auf dem Land, zum Nahost-Friedensprozess. Es gab auch die Frage, was er denn gegen die vielen LKW auf den Straßen zu tun gedenke? Da improvisierte er einen eigentlich sehr gewinnenden Aufruf an Verbraucher, sich im Laden bewusst für regionale Produkte zu entscheiden, dass man mit Sinn und Verstand kaufen und die Krabben nicht durch den halben Kontinent schicken soll, dass man durch sein Verhalten also die Welt beeinflussen kann – bis hin zum Stau auf den Autobahnen. Ein Thema, das er im Wahlkampf ruhig hätte entwickeln sollen, denn die Veränderung des eigenen Lebens und der Welt durch bewusste Supermarktentscheidungen war etwas, das viele beschäftigte.

Es kam eine Frage zu den hohen Mieten, da konnte er wieder den Sketch aufführen, und diesmal war Martin besonders gut getroffen, wenn er so naiv mit glockenheller Stimme fragte: »Wieso denn; welcher Makler?« Das Ganze hatte Zug, und der Kandidat war ein virtuoser Fragenbeantworter. Sein Spaß an dieser Form wirkte ansteckend, man sah in ihm nicht nur den Mann der Exekutive, sondern auch, dass er Freude hatte am Dazulernen, an der Interaktion mit den Leuten. Das brachte es mit sich, dass sich seine Sprache anpasste, es ging schneller, er konnte nicht erst viele Vorlagen auswerten, um eine Position zu formulieren. So kam es, dass er bei der vorigen Veranstaltung in Potsdam eine Äußerung zu den Wahlen in Italien formulierte, in der er seine Sorge darüber ausdrückte, dass dort mit Beppe Grillo und Silvio Berlusconi »zwei Clowns« gewonnen hätten. Später im Jahr sollte sich die Frage der politischen Stabilität Italiens erneut stellen, die Märkte aufscheuchen und die spontane Einschätzung Steinbrücks bestätigen. Aber weil der greise italienische Staatspräsident daraufhin ein Abendessen mit dem Kandidaten absagte und »Spiegel online« groß damit aufmachte, wurde daraus abermals ein Steinbrück-Flop. Erneut hatte sich der Fokus auf die Performanz des Kandidaten gerichtet – die Frage der italienischen Verhältnisse und wie sie zu bewerten seien und was das wiederum mit der Politik der Bundesregierung zu tun hatte, die wurde erst viel später gestellt. Ein großer Kenner Italiens, Dirk Schümer, sagte dazu, Clowns sei ein noch viel zu harmloser Begriff gewesen.

Zu den eigenartigen Einfällen der Regie dieses Abends gehörte, dass Steinbrück nach erfolgreich absolvierter Veranstaltung von den Leuten, den Wählern, weg und zu einem Treffen mit sogenannten Unterstützern geführt wurde. Das fand in einer dunklen Nebenhalle statt, zu der man nur auf Einladung Zutritt hatte und die mit sogenannten Loungemöbeln zugestellt war. Steinbrück organisierte höflich das Grüppchen, als sei es seine Party. Bloß, dass er kaum jemanden kannte. Man stellte ihm eine Museumsdirektorin vor, und der Kandidat kam auf die Frage: »Wie wird man eigentlich Museumsdirektorin?« Die Dame elaborierte und bot an, ihm und der ganzen Gesellschaft jederzeit ihr Museum zu zeigen. Sogar jetzt, sofort, denn sie habe ja einen Generalschlüssel. Als Steinbrück daraufhin leicht ausweichend bemerkte, er sei noch nie auf dem Nürnberger Parteitagsgelände gewesen, fiel ihr ein, auch dies lasse sich sofort realisieren! Das wäre die gerade noch fehlende Schlagzeile gewesen: Steinbrücks mitternächtlicher Marsch über das Nazi-Parteitagsgelände.

Unter den Unterstützern war eine sehr kleine, sehr attraktive junge Frau in einem knallroten Kostüm. Sie ließ sich mit dem Kandidaten fotografieren, der etwas irritiert bemerkte, ob sie sich nicht gerade eben schon mit ihm habe ablichten lassen. Nun schauten alle die Dame fragend an, die nur grinste. Endlich wurde sie ordentlich vorgestellt: Es handelte sich um eine ehemalige Fußballspielerin, die sich zur Spielervermittlerin und Fußballmanagerin ausbilden ließ und in dieser Branche bereits jetzt einen fulminanten Ruf besaß. Nun staunten alle, und sie grinste einfach weiter. Es standen auch der Chef einer

Regionalzeitung sowie der Verleger der Gelben Seiten beim Kandidaten, das Gespräch plätscherte so dahin. Irgendwann verließ ich den dunklen Saal, stieg dazu über eines der albernen Loungemöbel, die den Weg versperrten, und begab mich in Richtung Ausgang. Die Halle war nun, eine gute Stunde nach Ende der Veranstaltung, keinesfalls leer. Vor der Theke waren die Tische noch gut gefüllt mit einigen Dutzend Zuschauern, die beim Bier große Gespräche führten. Warum der Kandidat nicht bei diesen zum Teil auch jüngeren Leuten saß, sondern den Abend wenige Meter davon entfernt in einem düsteren Nebenzimmer ausklingen lassen musste, bleibt ein ewiges Rätsel der sozialdemokratischen Planung.

Doch die temporeichen Abende in der Klartextarena sind nicht die ganze Länderreise, es gilt auch, die stillen Vormittage in den Wohnvierteln der Republik kennenzulernen.

Das Viertel um den Nürnberger Nordostbahnhof war ein früherer Problembezirk, der durch intensive Sanierung befriedet wurde. Beinahe, sagt der Oberbürgermeister Maly, wäre das Viertel »gekippt«, aber die Wohnungsbaugesellschaft habe, um dies zu verhindern, sehr viel Geld ausgegeben. Sanierung von Gebäuden, das Thema elektrisierte alle anwesenden Männer. Es wird sehr schnell sehr detailliert, es geht um dämmende Fenster und Belüftungsschlitze, um Materialien und Techniken und ihre Tücken und die Vorbehalte der Mieter, die dem ganzen neumodischen Kram nicht trauen und immerzu bei der WBG auf der Matte stehen. Hier könnten alle ewig mit dem Thema fortfahren: die Verbesserung des Lebens mit den Mitteln des Baumarkts.

Es folgt ein Rundgang durchs Viertel, zwischen Teppichstangen und aufwendig inszenierten Mülltrennungsbatterien entlang. Man mag sich nicht ausdenken, welche Nachbarschaftsstreitigkeiten hier toben können. Die Straßen sind leer, es herrscht die gute alte bundesrepublikanische Idylle eines Werktagvormittags. Das Einzige, was wirklich nicht ins Bild passt, ist diese Gruppe von Männern in langen dunklen Mänteln, die an einem Werktagvormittag hier herumspaziert. Der Zug bewegt sich in Richtung eines Wohnprojekts, das angekündigt wird wie eine Truppe russischer Artistinnen: die Olgas. Steinbrück nimmt sich zuvor die begleitenden Journalisten zur Brust: Es dürfe bei den alten Damen keine Stampede der Berichterstatter geben, kein unwürdiges Drängen und keine Einschüchterung der Bewohnerinnen. Alle nicken artig. Dann kommt eine Radioreporterin und lobt ihre Fragen, bevor sie sie gestellt hat. Das soll nämlich ein großes Porträt von ihm werden, gefertigt in anderthalb Tagen. Der Kandidat staunt und bittet also um die Frage: »Mussten Sie für das Wahlprogramm nach links rücken, um der Partei zu gefallen?« Obwohl ich direkt daneben stehe und mich stets um Neutralität bemühe, muss ich auflachen. Die Diskrepanz zwischen dem Selbstlob der Ankündigung und der Schlichtheit der Frage ist zu überraschend. Sie wiederholt exakt den Steinbrück der Woche, das, was in jenen Tagen alle schreiben. Es löste den »Pannen-Peer« für kurze Zeit ab und wird nun überall wiedergegeben und als tiefe Analyse verkauft. Es ist aber eine Pseudoerkenntnis. Alle Politiker müssen wandelbar sein und sich veränderten Entwicklungen in der Gesellschaft, etwa der Zunahme des Billiglohnsektors, stellen. Und alle Kandidaten brauchen ihre Partei und müssen die Beschlusslage berücksichtigen, das sind nun einmal die deutschen Spielregeln. Einen Kandidaten, der sein Programm in Steintafeln mit sich führt, gibt es nicht.

In der Wohnung der Olga-Damen ist die Decke niedrig und die Stimmung euphorisch. Bei ihrem Projekt handelt es sich um ein Haus mit mehreren Wohnungen, das von der kommunalen Wohnungsbaugesellschaft eigens für diese Gruppe und nach ihren Vorstellungen gebaut wurde. Die Investition lohnt sich in jeder Hinsicht, denn Heimplätze würden ein Vielfaches kosten, die Lebensfreude der Damen aber steckt alle an und ist

unbezahlbar. Die Gruppe hatte sich schon vorher zusammengefunden und die Verantwortlichen so lange bearbeitet, bis es
zum Bau kam. Das war dann die »am besten überwachte Baustelle von ganz Nürnberg«, sagen sie stolz, jeden Tag seien sie
vor Ort gewesen und hätten die Details kontrolliert. Heute ist
das Haus ein beliebtes Vorzeigeprojekt, ihr Garten in der Sai-
son eine Augenweide, vor der die Passanten und Radfahrer ste-
henbleiben. Und die Olgas kümmern sich auch um die Fridas,
das ist ein Wohnprojekt für junge, alleinerziehende Mütter. Die
Damen reden ohne Pause, machen Witze und sind von bemerkenswerter Energie, die sich auf die Herren in den dunklen
Mänteln überträgt, die unsicher und leicht melancholisch hier
hereingekommen sind. »Männer meiner Generation«, sagte
eine von ihnen, »die können Sie zu nichts gebrauchen, die wollen nur bedient werden.«

Steinbrück erfährt, dass die jüngste unter den Damen mit
66 Jahren nur unwesentlich älter ist als er selbst.

Bald darauf würde ich die Damen aus der kleinen Wohnung in
einer ziemlich großen Halle wiedersehen. Während der Rede
Steinbrücks auf dem SPD-Programmparteitag in Augsburg waren sie der fröhliche, lebendige Glutkern einer alles in allem be-
klemmenden Großveranstaltung. »Größer als der Aufwand für
›Wetten, dass ..?‹ sei die Vorbereitung eines solchen Parteitags,
sagte der Bürgermeister im Radio. Steinbrück stellte die Olgas
mitten in seiner Rede vor, wie viele andere, die er auf den Klar-
textveranstaltungen kennengelernt hatte. Das war der Teil seiner Rede, der mir am besten gefiel, weil er die Öffnung des Kandidaten und seiner Partei zur bundesrepublikanischen Vielfalt
symbolisierte. Man lernte einen Jungen aus einer Migranten-
familie kennen, der durch Charme und gute Leistungen über-
zeugte, eine Unternehmerin, die nachhaltig und fair wirtschaf-
ten wollte, und viele andere, die ihre Energie mobilisierten, um
die sie umgebenden Verhältnisse zu verändern. Das war die

beste Antwort auf eine Regierungskoalition, die im Wesentlichen alles immer laufen ließ. Der Mietensketch war diesmal in Frankfurt angesiedelt, der gierige Vermieter benutzte plötzlich die Wendung »Hopp oder topp«. Besonders gut kam der gleich zu Beginn gesprochene Satz »Ich will Kanzler der Bundesrepublik Deutschland werden« an, obwohl solche Deklarationen bei mir persönlich eher Zweifel wecken, es könne genau umgekehrt sein.

Die sogenannte allgemeine Lage war trotz des Charmes der andauernden Länderreise nicht gut. Beim Einzug in die Halle hatte die Parteispitze sich gegen eine Aktion der »heute-show« wappnen müssen. Die Satiriker hatten einen Koffer mit Spielgeld dabei und wollten ihn Steinbrück so in die Hand drücken, dass es Banknoten regnet. Also zogen die Obergenossen eng eingehakt in die Halle und so, dass nirgends eine freie Hand baumelte. Wenigstens einmal sah man die so oft beschworene Geschlossenheit.

Unmittelbar vor dem Parteitag hatte es die x-te Panne gegeben. Der Slogan der ganzen Kampagne, »Das WIR entscheidet«, war schon vergeben, an eine Zeitarbeitsfirma. Aber weil das nur in einem pdf-Dokument veröffentlicht worden war, hatte es die Suchmaschine der SPD nicht gefunden. Die »tageszeitung« titelte »Zu blöd zum Googeln« und zeigte die SPD-Spitze in ganzer Pracht. Und das ganze Land lachte mit. Im Jahr ihres 150. Geburtstags hatte sich die SPD mit viel Geschick und trotz des besten Willens aller Beteiligten in die Sphäre der Lächerlichkeit manövriert.

Dabei war das mit dem Slogan gar nicht das größte Problem. Das Problem waren die Lieblosigkeit und Beliebigkeit der Parole. Wenn man sie sich nur lang genug betrachtete, offenbarte sie ein schweres Problem und wirkte wie ein schwarzer Zauberspruch, ein »Sesam öffne Dich« zu den fundamentalen Misslichkeiten des Wahlkampfs und, mehr noch, der SPD. Die

Aussage des Prädikats »entscheidet«, das dem Satz seine Kraft verleiht, wird durch das Subjekt neutralisiert. Die Wucht des Satzes wird also gleich zu Beginn gedämpft statt gerichtet. »Wir entscheiden« wäre dagegen ein deutlicher Satz, wenn auch sachlich falsch. Aber die Neutrumform des Artikels, der die erste Person Plural mit der Singularform des Prädikats verkuppelt, verunklart alles. Eine Sache kann nichts entscheiden, eine zur Sache erklärte Gruppe wird völlig abstrakt, und das nimmt dem Satz jede Brisanz. Es ist in diesem Satz also trotz seiner exekutiven Aussagekraft unklar, wer entscheidet. Gemeint war wohl: Das »Prinzip Wir« oder das »Wir-Gefühl« entscheidet, aber längeres Nachdenken über den Akteur solch eines Prinzips führt zu noch mehr Fragen: Gehören die Wähler der Union dann nicht zum Wir? Ist mit Wir ganz Europa, und auch die deutschen Interessen gegen korrupte Griechen, gemeint? Die Aussage würde deutlicher, hätte man den Satz umgedreht: »Entscheidend sind wir.« Entscheidungen sollen so getroffen werden, dass es dem Kollektiv nützt.

In gängiges Deutsch übersetzt, soll der Slogan sagen: Bitte treffen Sie Ihre Wahlentscheidung so, dass als Basis künftigen Regierungshandelns die Berücksichtigung der Interessen der Bevölkerungsmehrheit Vorrang hat. Jeder Sozialdemokrat kennt das Beispiel von Günter Grass für erfolgreiche Redigatur der Brandt'schen Ich-Schwäche. Der hatte in seinen Reden oft die verschraubte Formulierung verwendet: »Der, der hier steht, sagt«, und Grass hatte daraus gemacht: »Ich sage.« Wobei der Stolz des ehemaligen Waffen-SS-Mitglieds auf diese Verschmelzung mit einem neuen, moralisch unangreifbaren Subjekt wieder ein eigenes Thema wäre. Es stellt sich die Frage, ob die notorische Unklarheit des Subjekts bei den Sozialdemokraten nicht auf ein tiefes und strukturelles Problem schließen lässt. Eine Organisation, die das Prinzip kollektiver Aktion hochhält, deren Chefs und Mitglieder aus naheliegenden soziologischen Gründen immer Nobodys und Aufsteiger waren, keine Erben, ob solch eine Organisation nicht ein Problem damit haben muss, eine einzelne Person an der Spitze zu haben, die auch noch Genosse ist.

Der Ausweg aus diesem Dilemma liegt traditionell in einer Heiligenverehrung: Brandt, Schmidt und Wehner werden zu überlebensgroßen Figuren erklärt. Schwieriger ist das natürlich mit aktiven Politikern, die sich selten für solch einen entrückten Status eignen. Und selbst mit den noch lebenden Hoffnungsträgern im Ruhestand tut sich die Partei schwer: Björn Engholm, Rudolf Scharping, Oskar Lafontaine und Gerd Schröder sind gesund, aber jeder von ihnen löst mehr Bedenken und Konflikte aus, als sein Charisma überwinden könnte.

Der Letzte, der versucht hatte, die spezifisch sozialdemokratische Form charismatischer Herrschaft zu etablieren, war Franz Müntefering. Doch in diesem Jahr fällt vor allem seine Abwesenheit auf.

Unter den Führungsmännern 2013 steht für solche Verehrung und also für solch eine dominante Position niemand zur Verfügung. Wer ist stattdessen Akteur der Kampagne? Welche sozialen Trägerschichten werden angesprochen, welche sollen mitziehen, sich angesprochen und aufgefordert fühlen? Sind es die 99 Prozent? Soziologisch würde das passen, da liegt ein Thema. Nach all den Jahren der ungleichmäßigen Vermögensentwicklung soll sich wieder auf die Vielen besonnen werden. Doch das sagt der Slogan nicht, denn dazu brauchte er die Opposition zu dem einen Prozent. Aber es ist ein Slogan der Inklusion und Versöhnung, zu dem das starke Verb nun wieder nicht passt. Eigentlich sagt der Slogan: »Versöhnen statt spalten.« Dafür wiederum hat der Satz eine zu aggressive Syntax: Aufgehoben in Versöhnung, braucht es keine Scheidung, auch keine Entscheidung. Wir haben also einen gleichzeitigen Wunsch nach Kollektiv und nach einer distinktiven, ausschließenden Aktion in einem Satz, den diese beiden gegenläufigen Momente aus der Bahn werfen.

Wäre die Lösung, einen dominanten Akteur aus der Partei zu identifizieren, ein »Auf den Kanzler kommt es an« in der Opposition? Eigentlich passt die Figur, nach der sich viele Journalisten sehnen, der starke Mann, nicht mehr so recht in die Zeit. Brauchen die Kollegen so etwas, weil das die oft sehr hierarchischen Strukturen innerhalb einer Redaktion auch in der Politik abbilden würde?

Die Wähler haben heute ihren eigenen Kopf und sind es, nicht zuletzt als Folge der digitalen Revolution, gewohnt, alles selbständig oder mit Maschinen zu gestalten. Auf zentralen Lebensfeldern sind die Mittler weggefallen, man lebt, liebt und arbeitet so autonom wie noch nie. Es wohnen selbstbewusste und informierte Menschen im Land, das Bedürfnis nach einer alles erklärenden und entscheidenden Vaterfigur hat nachgelassen.

Und doch muss es jemanden geben, der nach Jahren des Zauderns mal etwas entscheidet, denn die Bürger können sich nicht um alles kümmern. Die Politik muss ihnen dienen und das Leben leichter machen, im Namen und als Anwalt der Vielen. So wäre »Ich entscheide in Ihrem Sinne« der bessere Slogan gewesen oder, in einer leichten Anlehnung an Herbert Wehner: »Wir kümmern uns.« Möglich auch: eine unpersönliche Konstruktion, das Herausstellen der exekutiven Kompetenz und eine reduzierte Ansprache auf das, was der Wähler eigentlich von diesem ganzen Betrieb erwartet und in den vier Jahren Schwarzgelb auch vermisst hat: »Gut regiert werden.« Oder halt länger, aber ehrlicher: »Wir regieren besser, als wir Wahlkampf machen!«

Das alles, zuletzt der Flop mit dem Slogan, hatte Steinbrück zugesetzt. Seine Parteitagsrede war eine Prüfung, wie er nun viele hatte: extrem bedrohlich, wenn sie nicht gelingt; wenn doch, bringt sie ihm keinen zusätzlichen Punkt.

Seine Rede war zwar gut angekommen, aber wer ihn sehr oft gehört hatte, konnte spüren, dass er sich durch Verve über große Unsicherheit rettete. Die Rede selbst war nicht strukturiert, er wechselte übergangslos von Thema zu Thema, kurz- und langfristige Ziele waren nicht zu unterscheiden, große Thesen wurden vernuschelt, Kleinigkeiten überdeutlich präsentiert. Einzig die auf den Reisen entdeckten Menschen waren ein Lichtblick.

Ansonsten schnurrte die Großveranstaltung einigermaßen reibungslos ab. Die große Partei hat nie nur eine Wahl im Sinn und im Herzen, auch nicht die Bundestagswahl. Auch in den Ländern geht es um viel und für die betroffenen Genossen im Zweifel um mehr. Der saarländische SPD-Chef Heiko Maas machte eine bestürzte Miene, als ich ihn frage, wie es geht. Er meinte damit aber nicht die Lage im Bund, sondern kam sofort auf den katastrophalen »Tatort« des Saarländischen Rundfunks zu sprechen, den ich in einer Rezension für die FAZ negativ besprochen hatte. Besonders die Auswirkung des einfallslosen und uncharmanten Machwerks auf den Tourismus bereiteten ihm Sorgen: »Ich bin ja auch der saarländische Tourismusminister!«

Bemerkenswert war demgegenüber der Auftritt von Claudia Roth, die wie immer ohne Angst vor Peinlichkeit und ironiefrei das Publikum umarmte und ausrief, das Leben sei »viel zu bunt, um es nur schwarzgelb zu sehen«. Solch politischer Vitalismus hält zwar keinem Nachdenken stand, aber zeigte doch, was dem Tag ansonsten fehlte, nämlich etwas Lebensfreude und Übermut. Konzepte und Gesetzesvorschläge haben die Sozialdemokraten genug, für die politische Emotion bieten sie nichts. Das Parteilied mit dem Refrain »Mit uns zieht die neue Zeit« findet keine Entsprechung im Habitus. Es gibt keinen Stil und keine Kultur der Freude am Fortschritt und der Zuversicht. Dabei gilt, wenn man etwas Großes vorhat, wie zum Beispiel die mächtigste Frau Europas abzulösen, immer noch die alte Strategenweisheit, dass man dann gewonnen hat, wenn es gelungen ist, die Idee von der Unaufhaltsamkeit des eigenen

Siegs in den Köpfen der Gegner einzupflanzen. Mitte April in Augsburg war dies nicht einmal in den Köpfen der Sozialdemokraten gelungen.

Bei einer Tasse Parteitagskaffee berichtete mir ein Steinbrück nahestehender Mann, der Kandidat sei am Vorabend nervös und niedergeschlagen gewesen. Und auch schon ein paar Tage zuvor, an einem Abend in Berlin. Er sei fertig gewesen und von Selbstzweifeln geplagt, mache sich Vorwürfe. Ihm als Freund habe er diese Depression ungeschützt offenbart, er habe sich da, gerade im Zusammensein mit einem Freund, einmal gehen- und fallenlassen können. Hätte man gern einen Freund, der solch eine Situation anderen Menschen erzählt?

Der Parteitag war ganz gut verlaufen, alle fragten sich, ob dies nun eine Wende sein könnte. Die Resonanz in den Zeitungen war zufriedenstellend, langsam brauchte man eine Umkehr der Abwärtsbewegung, sonst würden die Leute keine Nachrichten über die SPD mehr sehen wollen. Und es passierte tatsächlich etwas: Es ging noch weiter abwärts.

* * *

Sigmar Gabriel sitzt auf einer völlig leeren Terrasse auf dem leeren Marktplatz von Goslar in einem Fleck Sonne, die nicht wärmt. Es ist Mittwochvormittag, der Tag der Woche, an dem er sich um seine kleine Tochter kümmert. Gabriel trägt eine olivgrüne Jacke, ganz zivil, und will mir seine Heimatstadt zeigen. Er nennt die Kellnerin beim Vornamen, scherzt mit ihr und bekommt schon einen Cappuccino, obwohl offiziell noch gar nicht geöffnet ist. Die Touristen schlafen noch, eigentlich sind nur Rentner und Hausfrauen unterwegs.

Thema des Tages ist die Steuerfluchtaffäre des FC-Bayern-Präsidenten Uli Hoeneß. Der Skandal passt politisch sehr gut in das Thema der ungerechten Belastungen der Arbeitnehmer, denen die Steuern direkt vom Gehalt abgezogen werden, und der zahlreichen fiskalischen Vorteile für die sehr Reichen, aber die SPD kann die Affäre nicht zum Thema machen. Zwar ist der Manager ein ewiger Unterstützer der CSU, aber er ist eben auch ein Aufsteiger, ein Mann mit sozialem Gewissen und einer der beliebtesten Deutschen. Seine Steuerhinterziehung ist ein Verrat, aber man kann daraus keinen politischen Profit ziehen. Gabriel kennt Hoeneß, sie haben noch vor kurzem telefoniert. Ihn zum Symbol einer ungerechten Fiskalordnung zu machen, die Justiz wegen zu lascher Ermittlungen und eines Promibonus anzugreifen, all diese Optionen lässt die SPD ungenutzt. Letztlich dient die Erosion des Personals, dem die Leute noch Vertrauen schenken, niemandem, auch nicht der Opposition. Und es ist weder Gabriels noch Steinbrücks Stil, jemanden öffentlich auszugrenzen oder anzugreifen. Selbst mit Angriffen auf die Kanzlerin tun sie sich schwerer als mit Selbstkritik oder Kritik des jeweils anderen. Sie machen es sich überhaupt nicht leicht, man kann sogar sagen, dass sie es schwer haben, mit dem jeweils anderen, aber auch vor lauter Hadern mit sich selbst.

In den Monaten seit der Nominierung Steinbrücks hat die Öffentlichkeit viel mehr über Sigmar Gabriel erfahren. Dabei war er als Ministerpräsident von Niedersachsen Bundesumweltminister und Vorsitzender der SPD schon seit vielen Jahren eine öffentliche Figur, aber das Bild, das sich die Leute von ihm machen, ist nicht gut. In einem Artikel für die »Zeit« berichtete er dann von seinem verstorbenen Vater, der ein lupenreiner Nazi gewesen war. Als Erben fielen Sigmar Gabriel nun die vom Vater gesammelten Schriften, Akten und Karteikästen in die Hände, ein Archiv des zeitgenössischen Rechtsextremismus in unterstützender Absicht. Nicht nur politisch war der Mann ein Problemfall, auch als Vater war er eine echte Heimsuchung. Noch im hohen Alter nötigte er seine älteste Tochter, selbst schon im Rentenalter, dazu, einen DNA-Test zu machen, ob er auch der richtige Vater sei. Und er war es natürlich, niemand hatte je daran einen Zweifel gehabt außer er selber in seinem paranoiden Kampf gegen die Mutter. Die Kindheit Sigmar Gabriels dürfen wir uns als eine spezielle Hölle vorstellen, gegen die »Kramer gegen Kramer« eine Kindersendung ist. Der Krieg um die Kinder wurde hier mit sehr deutscher Gnadenlosigkeit geführt. Sieben Jahre blieb Gabriel bei seinem ungeliebten Vater, bevor seine Mutter vor Gericht recht bekam. Sieben Jahre, die in der Erinnerung wie ausgelöscht sind: An kein Weihnachtsfest und keinen Geburtstag kann er sich erinnern, so erzählte er es Bernd Ulrich für die »Zeit«. Als er endlich bei seiner Mutter leben durfte, musste sie einen Weg finden, den unruhigen Jungen tagsüber zu beschäftigen, nach der Schule, bis sie abends von der Arbeit kam. Einer davon waren die Falken, eine der SPD nahestehende, traditionsreiche Jugendorganisation. Hier ging es eher lebenspraktisch zur Sache, Zeltlager wurden im großen Stil organisiert, auch im Ausland. Man schrieb keine Papiere, die auf die Papiere der anderen antworteten wie bei den Jusos, der eigentlichen, amtlichen Jugendorganisation der SPD. In ihr geht es traditionell zu wie im Monty-Python-Film »Das Leben des Brian« in den Szenen mit den Mitgliedern der Volksfront von Judäa, die mit denen von der judäischen Volksfront zerstritten sind.

In Goslar, der Stadt seiner Mutter, wohnt Gabriel nach wie vor mit seiner Familie, kümmert sich um seine kleine Tochter ebenso wie um die hochbetagte Mutter. Es ging mir bei diesem Besuch auch darum, einen besseren Eindruck von diesem Mann zu gewinnen, über den alle schreiben, er sei »sprunghaft« – was aber so gar nicht zu seiner Bodenständigkeit und seiner politischen Kontinuität passen will. Ich konnte mir auch die schlechten Persönlichkeitswerte in den Umfragen nicht erklären. Er pflegt eine zeitgemäße Sprache, ist schnell im Kopf und hat ein waches politisches Gespür. Er wäre die ideale Ergänzung zum Kanzlerkandidaten, die Rollenaufteilung lag auf der Hand. Sie hätte allerdings rein von den Typen her besser

funktioniert, wenn Steinbrück der Vorsitzende und Gabriel der
Kandidat gewesen wäre. In der jetzigen Konstellation entspra-
chen die spezifischen Talente nicht unbedingt dem Charakter
der Funktionen. Lag darin der Grund für die Unterströmun-
gen, die das Verhältnis in eine ganz andere Richtung bewegten
und die schwer zu identifizieren waren? Politische Differenzen
waren es nicht, beide arbeiteten schon lange zusammen. Und
persönliche Animosität war es auch nicht, jedenfalls nicht zu
Beginn.

Politiker machen aus ihrem Herzen keine Mördergrube.
Wenn sie sich in Opposition zu einem anderen befinden, dann
sagen sie das auch. Doch weder Gabriel noch Steinbrück zogen übereinander her, jedenfalls nicht so, wie man es von anderen Parteifreunden kennt.

Doch mit dem ausbleibenden Erfolg wuchs der Frust. Das
hatten sie sich alles anders vorgestellt: Steinbrück hatte als
Medienfigur, als Liebling der Hamburger linksliberalen Blätter
die Punkte machen sollen, und Gabriel hätte ihn in der Partei
abgesichert. Nun aber gelang das Erste nicht, und das Zweite
wurde darum immer schwieriger. Gabriel war, wie er sagte,
»ratlos«. Genervt war er wohl auch von der Imagedifferenz, die
den Kandidaten als Mann von Geist und Bildung präsentierte,
ihn aber als eine Art politischen Straßenkämpfer. Es war auch
wirklich nicht ganz fair: Steinbrück war ein schlechter Schüler,
und Gabriel hat mal als Lehrer gearbeitet, ebenso gut könnte
man also die Männer ganz anders präsentieren.

In der Führung durch Goslar war er jedenfalls ganz Lehrer
und Stadthistoriker, und das nicht einmal, wie es sonst oft mit
Spitzenpolitikern ist, in eigener Sache. Eher zufällig ergeben
sich Begegnungen mit Menschen, die ihn respektvoll und voller aufrichtiger Freude begrüßen und sich dann als gestandene
Handwerksmeister und als Unionsmitglieder entpuppen. Der
Höhepunkt einer solchen Führung durch Goslar ist die Kaiser-
pfalz, in der Gabriel auch geheiratet hat. Es handelt sich um

eine mehr oder weniger imaginierte, historistische Rekonstruktion einer Pfalz. Im großen Saal hängen viele bunte Tafeln, die von Rübezahl bis zu Kaiser Wilhelm eine Kontinuität der deutschen Geschichte suggerieren sollen. Nur eine späte Nation und ein von Komplexen behaftetes junges Reich hatte es nötig, so in die historische Mottenkiste zu greifen, um Schlachten und Einigung in einem linearen Prozess abzubilden. Später besuchen wir die zahlreichen und völlig verschiedenen Kirchen und Museen.

Jede deutsche Provinzstadt ist auch eine kulturelle Hauptstadt. Der Föderalismus ist der beste Schutz gegen jeden Wahn, im Lande durchregieren zu können. Die deutschen Kaiser waren keine absolutistischen Herrscher, sie vermochten ja stets nur drei Dinge: Vermitteln, Vergessen und Verzeihen. Insofern ist Goslar ein ganz guter Ausgangspunkt für eine postheroische politische Karriere in Zeiten, in denen nicht mehr einer allein die Ansagen machen kann.

An jenem Tag stand Gabriels Entschluss fest, Steinbrück zu helfen. Mancher wird das als eine Art Drohung verstehen, wie wenn man als Kind »Dir werd' ich helfen!« zu hören bekam. Aber Gabriels Kritik ist nicht illoyal, er betont eher die Stärken des Mannes, den er ja zum Kandidaten gemacht hat. Es gibt große taktische Unterschiede: Wo Steinbrück auf eine methodische und nuancierte Distanzierung von der Politik der Koalition setzt, treibt es Gabriel zur deutlich wahrnehmbaren Profilierung. Ihm würde es gefallen, nun jeden Tag eine politische Initiative, eine Kritik der Bundesregierung zu formulieren, um die Medien und die eigenen Leute auf Trab zu halten. Nach dem Motto: Wenn wir eine Forderung erheben, eine Initiative starten und ein Problem aufgreifen, füllen wir den Raum, den die Medien der SPD einräumen, und es bleibt kein Platz mehr für Pannensuche und Kreml-Astrologie.

Klar ist ihm an jenem Tag auch, dass eine allzu deutliche

Niederlage Steinbrücks auch ihn hinwegfegen würde. Beinfreiheit hin oder her, der Vorsitzende der SPD hat niemanden, hinter dem er sich verstecken kann. Wenn es am Abend des 22. Septembers gar zu wenig ist, ertönt noch während des Abends die Parole: »Erneuerung aus den Ländern!« Und da steht seit diesem Jahr ein ganz neues Set an politischem Personal bereit: Thorsten Schäfer-Gümbel, Stefan Weil, Thorsten Albig, Olaf Scholz und nicht zu vergessen Hannelore Kraft. Die aber, mit ihrer aggressiven Biederkeit, steht für eine andere SPD.

Wir verabschieden uns, nachdem er noch weiter über seine Familie geredet hat. Er wirkt privat zufrieden, politisch unruhig. Er möchte nun wirklich etwas anstoßen, um der Partei und dem Wahlkampf zu helfen. Wenig später wird er aus dieser Motivlage heraus seinen Vorstoß zur Einführung eines bundesweiten Tempolimits formulieren. Das sollte die Grünen und manchen vernünftigen Menschen freuen, aber nicht die deutschen Autobauer, die den industriellen Kern des Landes bilden. Steinbrück muss ihm offen widersprechen. Aus der fulminanten Unterstützung wird der erste offene politische Zwist. Es ist der erste, sanfte Vorbote eines schweren Erdbebens.

6

BIS EINER HEULT

»Warum ist das denn jetzt noch so hell?«, fragt der Kandidat, als wir die Saarbrücker Kongresshalle verlassen. Es ist kurz vor 22 Uhr, und der Himmel im Westen, über Burbach, ist violett. Steinbrück fragt nach dem Datum und murmelt: »Nur noch einen Monat bis zum längsten Tag.«

Das erste halbe Jahr war fast um, die Zeit, noch etwas zu drehen, wurde knapp. Nach wie vor glichen die Umfragen einem teuflischen Sudoku. Als die Deutschen jetzt, in den verregneten Wochen mit den vielen Feiertagen, gebeten wurden, sich vorzustellen, dass am kommenden Sonntag Bundestagswahl sei, gaben sie launische Antworten. Man brauchte immer länger, um aus diesen Meinungsflecken ein Bild zu machen, ihnen eine Botschaft zu den gewünschten Geschicken des Landes zu entnehmen.

Dabei sind die so schön zu messenden und darzustellenden Daten der Demoskopen eine der wenigen festen Größen, auf die sich sowohl Politiker wie auch die Medien verlassen können. Der Reiz der Zahlen wird durch die digitalen Darstellungsmöglichkeiten immer größer. Da hat man Tortendiagramme, Fließbewegungen, was das Herz begehrt. Es verleiht der ganzen Deutungswirtschaft einen Hauch von Naturwissenschaft, als handele es sich bei Umfragen um Versuchsreihen, an deren Ende ein ableitbares und, wie es so schön heißt, »belastbares« Ergebnis steht. Als wäre die Unvorhersehbarkeit abgeschafft, die doch eine Essenz der Conditio humana ist, als sei die Zukunft irgendwo schon aufgezeichnet und man müsse nur gut genug rechnen, gut genug die Rechner programmieren können, um sie sichtbar zu machen, und zwar in Farbe.

Doch das ersehnte eindeutige Votum wird von den Befragten verweigert. Die Demoskopen stellen Fragen, die sich die Leute selbst nicht stellen. Warum sollte man hypothetisch die letzten Monate der Koalition überspringen und schon vor der Zeit Bilanz ziehen?

Selbst die beliebteste Kanzlerin der Welt und mächtigste Frau Europas hat keine eindeutige parlamentarische Mehrheit. Ihr Wunschkoalitionspartner ist Mal um Mal unter der 5-Prozent-Hürde, und konservative Leihstimmen gefährden die dominierende Stellung der Union. Auch Rotgrün kommt nicht aus einem beschränkten Bereich knapp unter 40 Prozent heraus ins Offene.

An jenem Abend hatte niemand eine schöne Perspektive: Die große Koalition galt der SPD als böse Falle und bedeutete das Ende von Steinbrücks politischer Karriere. Die Grünen fühlten sich mit den Sozen in babylonischer Gefangenschaft, würden Schwarzgrün aber politisch nicht überleben, obwohl viele mit einem solchen Versuch rechnen. Die Linken banden einen gewaltigen Stimmenblock, ohne irgendetwas für ihre Wähler tun zu können. Die Piraten hatten sich selbst auf Irrfahrt geschickt, und der Effekt der AfD war noch völlig unkalkulierbar. Das Schicksal der drittgrößten Industrienation der Welt, des Motors und Ankers der EU, es würde sich am Nachmittag des 22. Septembers mit einigen tausend Stimmen entscheiden, die hin oder her wehen. Die knappe Zeit bis dahin fühlte sich an jenem Abend in Saarbrücken ganz schön lang an.

Das Wetter schlug Kapriolen, und diese Kampagne imitierte das. Sie war von einer seltsamen Beschleunigung erfasst, die etwas Ungutes ahnen ließ. Ich war selbst neben der Spur. Saarbrücken ist meine Heimatstadt, ich hatte morgens eher zufällig einen schwarzen Anzug aus dem Schrank gefischt. Als ich mittags so durch die Stadt lief, hatte ich plötzlich das Gefühl, wie in einem Traum zu wandeln: In einem Beerdigungsanzug durch die eigene Geburtsstadt bei aufziehendem Sturm.

Die Saarbrücker Veranstaltung war einigermaßen gut abgelaufen, aber es hatte wieder kleinere Pannen gegeben. Alarmiert hatte mich, dass ich im Publikum all jene entdeckte, die ich seit meiner Jugend und der Studentenzeit als saarländische Sozialdemokraten kenne, aber sonst niemanden. Dies musste der allerengste Kreis sein, kaum ein Grüner hatte sich in die Halle verirrt. Zudem fand die Veranstaltung auch nicht im großen Saal der Kongresshalle statt, sondern in einem kleineren daneben. Es war also nicht gerade eine Massenveranstaltung gewesen. Steinbrück hatte die saarländischen Landesminister durcheinandergebracht, ansonsten aber alles gewohnt virtuos absolviert. An einer Stelle wollte er die Feinheiten des Energieeinspeisegesetzes darstellen und die Funktionsweise der Leipziger Energiebörse erklären, was aus dem Stand eine heikle Sache ist – aber er hatte großen Spaß am Risiko und an dem zirzensischen Schauder, es dann doch zu können.

Die Fragenden waren meist Vertreter von Körperschaften oder sprachen aus einer bestimmten Interessenlage heraus eine Frage an. Ein Student stellte sich als Mitglied der Linkspartei vor und fragte listig, warum Steinbrück denn eigentlich nicht Kanzler werden wolle? Das sei doch besser, als Minister unter Merkel in einer Neuauflage der Großen Koalition zu sein. In seiner Antwort bemerkte der Kandidat, er habe schon »eine gewisse Vorstellung davon«, was die Linke in ihrem Wahlprogramm alles verspreche: »Da ist im Himmel Jahrmarkt!« Er blieb demgegenüber lieber bei seinem seriösen Zahlenwerk, seiner moralischen Mathematik und schloss damit zugleich die beiden Möglichkeiten aus, die ihm nach dem Stand der Umfragen am wahrscheinlichsten die Rückkehr zur Exekutive ermöglichen würden.

In einer der letzten Fragerunden stand ein weißhaariger, seriös wirkender Mann im weißen Hemd mit einer Cowboykrawatte auf und fing an, über die Kondensstreifen am Himmel zu reden, die in Wahrheit Aluminiumstreifen seien und Manipulationen der Regierung, um die Menschen gefügig zu machen und ihre Gedanken zu kontrollieren.

Erst nach einer kurzen Weile verstand Steinbrück, was das Problem war, und unterbrach ihn: »Keinen Dan Brown hier bitte.« Und allgemein zu Verschwörungstheorien: Wenn Mossad, CIA und alle anderen dermaßen überall die Hände im Spiel hätten, dann würde doch alles viel besser klappen. Er hatte den Mann nicht bloßgestellt, aber seine Einlassung doch mit gebotener Deutlichkeit unterbrochen. Der Vorfall war beendet, ohne dass sich der Fragende in die Enge getrieben oder herabgewürdigt fühlen musste.

Dieses Mal hatte die kleine Länderreise am Tag der Veranstaltung begonnen. Die Reise wurde unter das Motto Pflege gestellt, wohl um klarzumachen, dass sich das Land als Pflege- und Sanierungsfall sehen muss.

Ich treffe den Tross in einem Altersheim, in dem auch Studenten wohnen können, wenn sie sich eine gewisse Anzahl von Stunden am Gemeinschaftsleben beteiligen. Steinbrück kommt an, wird ins Haus geführt, dann geht es nach kurzem Geplauder zuallererst in das Untergeschoss. Ich folge mit seiner Büroleiterin Sonja Stötzel und Journalisten-Kollegen, dann stehen wir in einem ruhigen und leeren Keller. Aber nirgends ein Kandidat in Sicht. Man erkennt einen Friseursalon, einen Trainingsraum, aber nicht den Mann, den wir suchen. Für einige Augenblicke ist der Herausforderer der Bundekanzlerin im Keller eines saarländischen Altenheims verschollen. Später entdecken wir ihn in einer Art Handarbeitsraum, eine Dame steht da und bügelt, während eine andere eine Collage anfertigt. Sie sind alle frisch frisiert, der Laden im Untergeschoss hatte am Morgen eine Aushilfe bestellen müssen, um des Ansturms Herr zu werden. Später läuft Steinbrück in der Cafe-

teria umher und bleibt lange bei einem Tisch mit einem
Schachspieler stehen. Er müsste längst von Tisch zu Tisch ziehen, doch er verhält sich, als wolle er das Klischee des Wahl-
kämpfers im Altersheim vermeiden. Es stellt sich die Frage
nach dem Sinn eines solchen Besuchs, wenn nicht an jedem
Tisch um jede Stimme geworben wird. Steinbrück scheint
keine rechte Antwort zu haben. Er wirkt erleichtert, als er mit
zwei der Studenten ins Gespräch kommt, die auch hier wohnen. Sie plaudern gleich über VWL versus BWL, es läuft viel
besser. Warum man ihm bei diesem Länderbesuch nicht die
kleine Universität vorgeführt hat, warum er ohnehin so wenig
vor Studenten kommt, obwohl er das fast am besten kann, ist
ein weiteres Rätsel der Planung.

Am Abend im Hotel trank er im kleinen Kreis etwas lokalen
Wein und sinnierte vor sich hin. Einer seiner Mitarbeiter trös-
tete ihn: »Morgen früh sind wir hier weg.« Es gab zur späten
Stunde dort nichts mehr zu essen, man hatte vorsorglich Sand-
wiches bestellt. Es handelte sich um ungetoastetes Toastbrot,
das sich an den Ecken leicht wellte. Belegt waren die Din-
ger mit Salami, Mayonnaise und sehr müdem Salat. Während
wir aßen, sprach Steinbrück plötzlich, untypisch für ihn, über
seine Schulzeit, seine Kinder. Plötzlich erinnerte er seine Mitarbeiter an ein Familienfest und dass man ihn da auf keinen
Fall verplanen dürfe. Er wirkte erschöpft und traumverloren.

Auf wen hörte er? Wie sollte es weitergehen?

Die kommunikativen Kreise innerhalb der SPD sind aus historischen Gründen recht kompliziert. Es gilt die chinesische
Weisheit: Der Name, den man nennen kann, ist nicht der richtige Name. Faustregel: Wenn sich jemand Chefberater oder
gar Stratege nennt und womöglich als solcher im Fernsehen
auftritt, dann ist er keiner. Man sucht folglich, um mehr zu erfahren, nach jemandem, den keiner nennt.

Den schrieb ich – nach vertraulicher Vermittlung und Empfehlung – an. Kurz vor dem vereinbarten Treffen fiel mir ein, dass ich ja keine Ahnung hatte, wie mein Gesprächspartner aussah, und ein Zeichen zu vereinbaren – rote Nelke im Knopfloch oder so – wäre mir auch albern vorgekommen. Die Suchmaschinen lieferten keinen Hinweis. Ich fand keine Firma, keine Erwähnung im Archiv, eine auffällige Leere. So erkannte er mich. Nach einer freundlichen Begrüßung fragte er: »Haben Sie mich gegoogelt?« Und ohne meine Antwort abzuwarten, belehrte er mich: »Sie werden nichts gefunden haben.« Auch seinen Namen möchte er nicht in meinem Buch lesen. Es war ein gutes und auch hartes Gespräch über Potentiale und Defizite des Kandidaten und des Wahlkampfs. Der Mann kannte seine Genossen, hatte mitunter sogar die Aufgabe, lange Tiefeninterviews mit neuen Aufsteigern zu führen, um herauszufinden, ob sie wirkliche, im Kern zuverlässige Sozialdemokraten seien.

Seine wichtigste und dramatischste Feststellung betraf aber nicht nur die Sozialdemokraten, sondern alle demokratischen Parteien und ihre Repräsentanten. Es war der eklatante Vertrauensverlust gegenüber der gewählten Politik. Das Versagen bei der Kontrolle der Finanzwelt trug zu diesem Verlust bei, die wachsenden Einkommensunterschiede, das Gefühl, dass die dynamischen Kräfte der Zeit nur noch einem ganz kleinen Teil der Menschheit zukommen, während die gewählten Mandatsträger wenig Einfluss haben, viel zu viel beschwichtigen und eine Normalität vorspiegeln, die es nicht mehr gibt.

Hinzu kamen die Skandale: In den Merkeljahren sind mit Köhler, Wulff und Guttenberg gleich dreimal in Folge beliebte Politiker gestürzt, zwei davon im Amt des Bundespräsidenten – eine Häufung, wie es sie in der Geschichte noch nicht gegeben hat. Und doch ist die Politik immer sofort mit einer neuen Fassade dabei. Während sich die Bürger immer wieder mit Veränderungen, Konflikten, Niederlagen und Ratlosigkeit auseinandersetzen müssen, schaffen die Politiker, allen voran die

Bundeskanzlerin, sofort wieder eine opake Benutzeroberflä-
che: »Das war heftig, aber nun ist alles wieder okay.« Naheliegende, aber tiefreichende Fragen werden gar nicht erst gestellt,
etwa die nach den Rekrutierungswegen für Berufspolitiker
oder nach der Qualität der Kommunikation unter Kollegen an
der Spitze des Staates. Und der Kandidat Steinbrück hatte es
nicht fertiggebracht, dieses Misstrauen zu zerstreuen. Gerade
Frauen äußerten Vorbehalte. Was man an ihm als eine hanseatische Distanziertheit schätzen konnte, wirkte auf viele wie Ar-
roganz. Kompetenz wirkte wie Überheblichkeit, und die Sache
mit den hochdotierten Vorträgen nicht wie wünschenswerte
Unabhängigkeit von öffentlichen Bezügen, sondern wie ein Beweis seiner Gier. Es lag ein negativer Filter auf der Gesamt-
wahrnehmung, den zu verändern nicht leicht werden würde.
Alle Stärken hatten sich in Schwächen verwandelt. Der Berater
meinte, Steinbrück müsse mehr von sich preisgeben und es
wäre auch ratsam, einmal seine Familie vorzustellen, deutlich
zu machen, dass er mit Frau und Töchtern lebt. Viel Zeit bleibe
nicht mehr. Wenn es bis Anfang Juli nicht gelungen sei, etwas
am Image zu verändern, sei alles verloren.

Ein Auftritt von Steinbrück und seiner Frau also? Ich hörte
es mit Skepsis, denn beide hatten so etwas eigentlich immer
ausgeschlossen. Aber auch diese Ressource sollte benötigt und
verzehrt werden.

Vorher aber war in Leipzig das Geburtstagsfest der SPD. Es
war wie im echten Leben: Solche Feste fallen mitunter ungüns-
tig. Man ist erkältet, steckt mitten in einem Umzug, hat Liebeskummer, braucht einen neuen Job oder alles auf einmal. So
ging es auch der ältesten deutschen Partei. Die Umfragewerte
waren nicht toll, die Führung war nicht geeint, der Genera-
tionswechsel gestaltete sich schwierig. Der Gastredner François Hollande steckte tief im politischen Schlamassel, festes
Land war auch für ihn erst einmal nicht in Sicht, ganz abge-

sehen von der Vorstellung, dass er etwas linksrheinischen Wind unter die Flügel der Partei geweht hätte.

Der Festakt selbst war staatstragend und geschmackvoll gewesen, mit einer ansprechenden Collage aus Reden, Musik und von namhaften Schauspielern vorgetragenen Texten. Es hatte einen roten Teppich gegeben, gutes Fotowetter und ein Ballett von Limousinen. Im ersten Stock des Gewandhauses stand ich neben Klaus Staeck, dem Präsidenten der Akademie der Künste und Veteranen aller SPD-Wahlkämpfe. Als ich mal über ihn schrieb, Staeck würde selbst auf dem Mars noch Wahlkampf für die SPD machen, schickte er mir eine freundliche Postkarte und bestätigte dies vollumfänglich. Wir blickten auf die Szenen des Ankommens hinunter. Sigmar Gabriel dirigierte alles, wie er sicher schon die Zeltlager der Falken eingewiesen hatte, warmherzig und energisch zugleich. »Sehen Sie mal, es gibt sogar eine rote Linie für die Autos«, amüsierte sich Staeck, der selbst kein Auto fährt. Es war eine ausgetüftelte Choreographie. Den dunklen Wagen, die das Logo des Geburtstagskindes trugen, entstiegen mal afrikanische, mal chinesische Gäste oder auch der Ministerpräsident von Schleswig-Holstein. Belustigt erzählte Staeck, wie er nach seiner Wahl zum Präsidenten der Akademie der Künste von einem Nachbarn gefragt wurde, ob er denn auch einen Dienstwagen bekomme. Und als er verneinte, antwortete der Nachbar: »Dann sind Sie auch kein richtiger Präsident.« Wenn der Wagen das Amt macht, dann hatte diese Partei einen Hunger nach Ämtern. Und es war jemand unter den Gästen, der ihn stillen konnte.

Frappierend war wieder die unaufgeräumte Geschichte der jüngeren Zeit seit den neunziger Jahren: Oskar Lafontaine war im Film einfach weggelassen worden, als habe es ihn nie gegeben. Das war unsouverän, kleinlich und zeigte, wie die Partei noch mit der Spaltung zu hadern hat. Strahlender Gast in der ersten Reihe war die Bundeskanzlerin. Die Konkurrentin

Steinbrücks gab sich bester Laune und munter wie ein Fisch im sozialdemokratischen Wasser. Ihr Platz war zwischen Gabriel und Martin Schulz, dem Präsidenten des Europaparlaments. Durch ihren hellen Blazer fiel sie auch optisch auf und wurde zum Zentrum aller Fotos. Eine kleine politische Spitze hatte es gegen sie gegeben, in der Rede von Hollande. Er sprach von der Notwendigkeit, gegen die endemische Jugendarbeitslosigkeit im Euroraum noch einmal Geld in die Hand zu nehmen und die Sparvorgaben entsprechend zu mildern. Das richtete sich gegen den Merkel'schen Kurs, denn die südeuropäischen Jugendlichen waren ihr bisher einigermaßen wurscht gewesen. Bei diesem Satz aber drehte sich die Kanzlerin heftig nickend zu ihren linken und rechten Nachbarn, ihre ganze Gestik und Mimik bekräftigte die Worte des Sozialisten, als wollte sie sagen: Ganz meine Meinung, endlich sagt es mal einer! Ebenso war es bei den historischen Themen und Kämpfen der SPD, der Ostpolitik, Entspannung, der Gleichberechtigung. Bei jedem einzelnen Thema fand sie eines ihrer Lebensanliegen wieder und gab sich begeistert.

Steinbrück kam, so wollte es das Protokoll, denn es war ja keine Wahlveranstaltung, nicht vor, außer in der winzigen Begrüßung durch Hannelore Kraft. So lag ein Hauch von Großer Koalition in der Luft. Merkel hatte schon so getan, als sei sie nach Gerhard Schröder die nächste SPD-Kanzlerin. Sie arbeitete auch inhaltlich daran: Fast jedes Thema hatte sie der Opposition abgenommen und zu einem ähnlich klingenden Vorschlag umgearbeitet. Als ich im Februar in einem ruhigen Moment überlegte und aufzählte, was die differenzierenden Punkte waren, kam ich auf eine Liste von sechs, von der Mietenkontrolle bis zur Homoehe. Ende Mai war davon kaum noch etwas übrig, auch wenn die Vorschläge der Union stets ohne Termine daherkamen und sich ganz anders anhörten als das, was dann wirklich drin war. Die Nuancen konnten von Amateuren kaum erkannt werden. Martins Mietproblem würde auch von der Union angegangen werden, irgendwann später – und wenn die Vermieter und die Makler es auch möchten.

Das erinnerte mich an die Taktik des früheren zairischen Diktators Mobutu. Der hatte Oppositionsparteien nicht etwa verbieten lassen, sondern hatte sich die gegenteilige Strategie überlegt: Er verdoppelte die Oppsition, d. h., er gründete eine neue Partei gleichen Namens mit seinen Gewährsleuten. Niemand konnte in dem riesigen Staat mehr unterscheiden, wer das oppositionelle Original und wer nur die Marionetten waren. Später hatte er sogar zwei Parlamente und zwei Regierungen, die parallel existierten. Nur wusste nie jemand, wer wann für was verantwortlich war. Allein der Herrscher blickte noch durch.

Am Vorabend hatte es einen Empfang in einem Museum gegeben. Als ich kam, stand Steinbrück umgeben von allgemeinem Desinteresse auf einer Bühne und sagte etwas. Die Akustik war denkbar ungeeignet, es klang, als sei er in einen Betonschacht gefallen. Er erzählte eine Churchill-Anekdote, das war kein gutes Zeichen. Das tut er immer, wenn ihm nichts weiter einfällt, die Situation aber erhöhte Unterhaltungskompetenz erfordert. Es waren internationale Gäste und Unterstützer versammelt, da hätte etwas Aufwühlendes, zur Mobilisierung Beitragendes nicht geschadet. Das Publikum war merkwürdig gemischt, reichte von chinesischen Politikern über Howard Dean zu Roland Kaiser. Gesine Schwan feierte an diesem Tag ihren 70. Geburtstag, so wurde noch kurz ein Ständchen organisiert. Sie stand also mit ihrem Mann Peter Eigen und Steinbrück vor Max Beckmanns Gemälde »Die Schlacht«, auf dem sich die sterbenden Leiber winden, während ein Gesangsquartett a capella sang. Später löste sich dieses Fest auf oder zerfaserte, ich fand Steinbrück an einem Stehtisch. Es war niemand von den Gästen bei ihm, lediglich seine drei Personenschützer standen ihm gegenüber am Tisch. Steinbrück trank etwas, wirkte erschöpft, angespannt und insgesamt kreuzunglücklich. Er erzählte uns diesen Traum, der ihn noch mit über fünfzig nachts quälte: Letzter Tag des Studiums, feierliche Überreichung der Diplome in Volkswirtschaftslehre. Alle stehen Schlange, der Dekan drückt den Absolventen ihr Diplom in die Hand. Als Peer Steinbrück an der Reihe ist, zögert der Professor: Ich kann Ihnen das Diplom nicht aushändigen, weil Sie gar kein Abitur haben. Sie erfüllen somit nicht die Voraussetzungen für ein Studium und können heute auch kein Diplom erhalten.«

Kurz vor der letzten Sitzungswoche beschleunigte sich das Abwärtstrudeln immer schneller: Der Sprecher Michael Donnermeyer wurde abgelöst, es kam zum offenen Streit zwischen Vorsitzendem und Kandidaten, der über den »Spiegel« ausgetragen wurde. Das ist für die Sozialdemokratie schon ein ziemlicher GAU; Solidarität und Verschwiegenheit sind traditionelle Tugenden. Aber vielleicht passen sie nicht mehr in die Zeit. Die Legende von der Troika war zu einer glatten Politbürolüge verkommen. Der Konflikt zwischen Steinmeier und Gabriel war Stoff für lange Artikel, und auch zwischen Kandidat und Vorsitzendem herrschte ein böser Frust, den es womöglich gar nicht gegeben hätte, wäre ihnen etwas mehr Erfolg beschieden gewesen – der sich womöglich eingestellt hätte, wenn beide nicht so frustriert gewesen wären. Es gab eine Sendung mit Maybrit Illner, in der sich Steinbrück ohne jede Gegenwehr verprügeln ließ.

So konnte der Beobachter nur die letzten Abwärtsbewegungen beobachten und einen bösen Aufprall ahnen. Der kam am 16. Juni um 13.15 Uhr.

Es war ein Moment, der alles veränderte, und stellte abermals einen Durchbruch nach unten dar: Hätte es zwei Dinge gegeben, die Peer Steinbrück zu Beginn seiner Kandidatur ausgeschlossen hätte, von einer Koalition mit der Linken einmal angesehen, dann erstens, mit seiner Frau zusammen Wahlkampf zu machen, und zweitens, öffentlich zu weinen. So begann mit dem von Bettina Böttinger moderierten Gespräch auf dem Parteikonvent der SPD in Berlin ein neues Kapitel. Jede Komfortzone war nun verlassen, Vergleichbares kennt die deutsche Politik nicht.

Die Tränen hatten drei Ursachen: Zum einen realisierte Steinbrück, was er seiner Familie zugemutet hat, in der Hybris, das zu »wuppen«, zur Not eben auch ohne deren Unterstützung. Dann, dass er dennoch von ihr unterstützt wurde. Drittens aber, und ausgerechnet dies spielte in der anschließenden Berichterstattung interessanterweise gar keine Rolle, die von Frau Steinbrück aufgeworfene Frage nach der Motivation des Kandidaten. Denn im Zirkus spielte nur die Performanz eine Rolle, das Tempo, die grobe Komik der immer neuen Pannen und eine möglichst knallige Begleitmusik. Es interessierte aber kaum jemanden, ob die Politik, die er machen würde, vielleicht gewisse Vorzüge hätte gegenüber der jetzigen. Ob sich das Leben der Menschen nicht verbessern würde, in Europa und auch hierzulande, wenn die Nuancen einer weitsichtigeren, sozialeren Politik realisiert würden, danach fragte niemand, es rechnete niemand durch. Würde Martins Start in der Gesellschaft nicht freundlicher ausfallen, wenn man ihn nicht gleich zu Beginn seiner Berufslaufbahn ausnimmt, sondern wenn er den Eindruck gewinnt, dass die Regeln dazu da sind, sein Leben zu erleichtern? Und weil gar nicht erst diskutiert wurde, ob dies einen Unterschied bedeuten könnte, weil die Illusion suggeriert wurde, es komme ohnehin nicht darauf an, achtete niemand auf diese Punkte, und man brachte sie nicht mit Steinbrück in Verbindung. Zwar möchten alle immer den politischen Personenkult beenden, aber in der Aufmerksamkeitsökonomie lassen sich Sachfragen fast nur im Medium einer Figur erörtern. Das nutzte der Kanzlerin. Die Leute konnten den Eindruck bekommen, Politik folge Naturgesetzen, und die besagten, dass Merkel Kanzlerin ist und bleibt.

Perfekt formulierte dies eine der begabtesten Politikerinnen unserer Zeit, die Arbeitsministerin Ursula von der Leyen. Sie stellte fest, in Deutschland habe jede Generation ihren Kanzler, und nun sei es Angela Merkel. So wurde die Führung der Regierung auf eine sehr suggestive Weise mit dem Analogiefeld der Forstwirtschaft in Beziehung gebracht: Eine Generation von Setzlingen hat diese eine Försterin und kann sie gar nicht abwählen, sondern sie geht, wenn wir Pflanzen groß oder tot sind, irgendwann in Pension.

Verblüffend war auch, dass Merkel gar keinen politischen Preis für die Ausweitung ihrer Kampfzone nach links zahlen musste. Über die Parteigründung AfD etwa wurde nirgends groß berichtet. Wenn sich auf der rechten Flanke der Unionsanhänger ein Gefühl der politischen Heimatlosigkeit eingestellt haben sollte, dann bekam es kein mediales Echo. Nichts deutete darauf hin, dass die ewige Kanzlerschaft womöglich am Wahltag durch eine zu geringe Mobilisierung der eigenen Anhänger gefährdet sein könnte – ein Szenario, das gar nicht so phantastisch war, hatte Merkel doch schon 2005 eine solche Überraschung erlebt.

Die Tränen des Kandidaten waren, wenn man Steinbrück kennt, eine echte Wegmarke. Wenn dies möglich war, musste man nun mit allem rechnen. Das Echo in der Presse war nicht günstig, man jammert sich nicht ins Kanzleramt, hieß es da.

Gerade als man dachte, alle quälenden Momente dieser Phase seien durchlitten, wartete noch eine letzte Traditionsprüfung auf den Kandidaten, der mehr und mehr herausgefallen war aus den Üblichkeiten eines SPD-Wahlkampfes.

Zu dessen Gepflogenheiten gehört nämlich eine Begegnung mit Günter Grass. Der Literaturnobelpreisträger ist zwar kein Genosse mehr, aber er schrieb mal für Willy Brandt und hat die Kultur des Milieus geprägt wie kein Zweiter. Schnecken, Pilze, Linsen, dazu Cordanzüge, Pfeife und Rotwein, das Handwerkliche, vieles an der Lebenspraxis von Grass wurde von Genossinnen und Genossen übernommen. An jenem Abend sollte es um die Briefe gehen, die sich Grass und Brandt geschrieben hatten, sie wurden von Schauspielern vorgetragen, dann gab es einen von Wolfgang Thierse moderierten Talk zwischen Grass und Steinbrück. Wie immer stand der Willy aus Bronze daneben und überschattete alles und jeden. Man sah aber, wie weit sich Steinbrück dem ganzen Zauber entzogen hatte. Er legte keine besondere Nähe zum alten Schriftsteller an den Tag und widersprach ihm sofort, als der die Bundeswehr eine Söldnerarmee nannte. Und einmal, als Grass eine Art Verschwörung skizzierte, wie jüngere Autoren, die ihn besuchten, in der FAZ prompt verrissen würden, da bog sich Steinbrück vor Lachen, als halte er den ganzen verlogenen und selbstbezüglichen Wahnsinn einfach nicht mehr aus.

Am nächsten Morgen stand er im Deutschen Bundestag und tat etwas, das er kaum je zuvor getan hatte: Er attackierte die Bundesregierung frontal. Und es gefiel.

7

DAS PROBLEM

Der längste Tag kam und ging, nichts hatte sich gedreht außer dem Wetter, es wurde richtig schlecht. Gemäß den Umfragen wurde eine Fortführung von Schwarzgelb wieder für möglich gehalten.

Selbst der manifeste Skandal nach der Aufdeckung des umfassenden digitalen Abhörprogramms durch amerikanische und britische Geheimdienste, auf den die Bundesregierung mit einer hochkomischen Inkompetenz reagierte, brachte keinen Stimmungsumschwung. Zwar hatte die Kanzlerin erstmals seit Bürgergedenken keine gute Figur bei einer Pressekonferenz gemacht, als sie ihre Zuständigkeit und Kompetenz dauernd minimierte und sich vor der Welle der Empörung einfach wegduckte, aber in den Umfragen schlug sich das nicht nieder. Merkel hatte sich auf die Linie zurückgezogen, in Deutschland und an Deutschen würden solche Abhör- und Abschöpfmethoden nicht geduldet, aber schon jede einfache Daten»cloud« war ja, wie ihr Name verrät, weder deutsch noch auf deutschem, noch sonst irgendeinem Boden. Und die Abhöranlagen der amerikanischen Dienste standen auf amerikanischem Militärgelände, das quasi exterritorial war. Die Kanzlerin hatte – wieder einmal – ihre Macht als sehr begrenzt dargestellt, begrenzter als sie war. Damit sollten Erwartungen minimiert werden, ihre Statur aber umso größer wachsen. Darin lag ein gewisses Risiko, es hätte sein können, dass die Bevölkerung von einer Empörung erfasst würde wie gelegentlich vor Volkszählungen. Aber nichts dergleichen geschah.

Eher verunsicherte die Verunsicherung der Bundeskanzlerin

die Deutschen, dies umso mehr, als sie stets versicherte, alles im Griff zu haben. Und Verunsicherung hat noch immer der amtierenden Regierung in die Hände gespielt.

Es war, als würde eine unsichtbare Wand den Kandidaten von seinen Themen, seinen Wählern und seiner Partei trennen. Alle waren ratlos, einen solchen Wahlkampf hatte es noch nicht gegeben. Man hatte das nicht kommen sehen: Es war eine einzige Demonstration der Irrelevanz der demokratischen Alternative.

Seit Colin Crouchs Buch »Postdemokratie« war man darauf vorbereitet gewesen, auch in Deutschland einen inszenierten, von professionellen PR-Teams nach eingehender demoskopischer Vorbereitung zielgenau entworfenen Wahlkampf zu erleben. Ihm würde passenderweise eine möglichst gewinnende, zeitgemäß moderne und telegene Figur vorstehen, ein Kandidat aus dem digitalen und demoskopischen Labor. Doch das Neue kam nicht in der erwarteten Gestalt eines mediengestützten Frontmanns, etwa eines großen Wirtschaftslenkers, Sportlers oder Schauspielers. Das Neue war auch nicht die unerschütterliche Beliebtheit der Kanzlerin bei schwindendem Personal und nichtexistenter Programmatik, sondern die schlagartige Verwandlung der Opposition in ein politisches Geisterschiff. Steinbrück reiste durch Deutschland, die Fernsehstudios, die kleinen Hallen wie der fliegende Holländer – ein Spuk, der nicht mehr in unsere vernünftige Zeit passte, eine Alternative in alternativlosen Zeiten, ein Akrobat in der Zeit der dreidimensionalen, computergenerierten Unterhaltung – überflüssig bis gruselig.

Gerade Journalisten schienen es kaum erwarten zu können, bis er wieder dorthin verschwinden würde, woher er gekommen war. Und zu den Wählern, den Befragten sprang kein Funke über, schlimmer noch: Ein negativer Filter verwandelte jede Regung, auch solche, von denen die Wähler in Umfragen behaupteten, sie würden sie eigentlich schätzen, in krasse

Peinlichkeit. Es schien, als habe sich die Gesellschaft, das Land, unmerklich gewandelt und diese Wahl würde es an den Tag bringen. Irgendetwas war vor sich gegangen, und die SPD hat es definitiv verpasst.

Was war hier eigentlich los?

Man benötigte zur Deutung des Geschehens die Perspektive einer anderen Profession. Dieser ganze Komplex war längst zum Thema für Psychologen geworden. Nur aus einer seelenkundlichen Perspektive waren die Blockaden, Verdrängungen und Komplexe zu deuten, die die politische Dynamik dieses Jahres bestimmten. Die politischen Journalisten konnten ihren Lesern wenig mehr als ratlose Nacherzählungen bieten, waren sie doch oft genug selbst mit der SPD und deren Protagonisten in einer dysfunktionalen Familienaufstellung platziert.

Ich fragte stattdessen den Psychologen Stephan Grünewald, Autor von »Deutschland auf der Couch« und »Die erschöpfte Gesellschaft« und Leiter des Kölner Instituts »rheingold«. Dort werden zu Studien- und Marktforschungszwecken etwa 7000 Personen jährlich in Tiefeninterviews befragt, fast 200 Studien werden erstellt. Untersucht werden alle Komplexe der Weltsicht und Lebensführung, nicht in therapeutischer, sondern in kommunikativer und analytischer Absicht. So erstellte Grünewald im Laufe der Jahre ein einzigartiges Panorama des deutschen Innenlebens, in dem er mal die individuelle, mal die soziale Gesamtperspektive in den Fokus nehmen konnte.

Grünewald saß nicht dauernd in Talkshows, sondern hielt einen gewissen Abstand zum Zirkus, aber eine Nähe zum Gegenstand. Und wie um die Distanz, aus der er sich sein Urteil bildete, noch zu akzentuieren, traf es sich, dass ich ihn während eines längeren Aufenthalts in San Francisco erreichte, wir sprachen also per Skype über Deutschland. Die Verbindung war nicht perfekt, es knirschte und zerrte, was seinen Worten etwas orakelhaft Suggestives verlieh.

Grünewald wählt einen ganz anderen Ausgangspunkt als die

meisten anderen Deuter der Lage. Für ihn war das Land nicht der kraftstrotzende Vizeexportweltmeister, der blendend dasteht in einem Raum voller matter Patienten, sondern eigentlich ein noch schockiertes, ein von der seit Jahren andauernden Krise und dem anhaltenden, doppelten Wandel durch Digitalisierung und Globalisierung traumatisiertes Land. In den Äußerungen der von ihm Befragten, aber auch in seinem privaten Umfeld herrsche das Gefühl vor, die Kultur der permanenten Maximierung von Waren, Dienstleistungen und Arbeitskraft sei an ein Ende gekommen. Vor lauter Effizienzdenken und -steigerung habe man den roten Faden verloren, sowohl individuell wie gesellschaftlich. Dieses Gefühl wirke aber nicht inspirierend und emanzipatorisch, sondern beängstigend und lähmend. »Die Leute fragen sich, was an die Stelle dieses turbokapitalistischen Systems treten soll, in dem die Krise der neue Normalzustand geworden ist.« Es herrsche, so fasste Grünewald seine Eindrücke zusammen, nicht der Wunsch nach Befreiung, sondern zunächst einmal »eine Grundstimmung von Ohnmacht und Angst«. Die Menschen blickten in ein »schwarzes Loch« und reagierten darauf mit dem Wunsch nach verlässlichem Beistand. Dass sie den nun bei der Kanzlerin fänden, habe sowohl individualpsychologische wie familiensoziologische Gründe.

Viele seiner Gesprächspartner, so hat Grünewald festgestellt, haben in den Nachkriegsjahren und selbst später einen schwachen Vater erlebt, einen Mann, auf den wenig Verlass war. Der Vater war oft oder sogar ganz abwesend und wusste selbst nicht, wohin mit sich und schon gar nicht mit den Kindern. Diese Erfahrung wirkt fort, heute ist das Misstrauen gegenüber solchen Figuren gerade in der Politik sehr ausgeprägt. Und die letzten Jahre haben gezeigt, dass solche Ängste begründet waren. Gleich zwei Mal hintereinander war ein Bundespräsident zurückgetreten –, im deutschen politischen System qua Amt eine geliebte, wenn nicht verherrlichte Figur und die

Symbolisierung des modernen pater patriae. Das hatte es noch nie zuvor gegeben. Auch ein von vielen als charismatisch wahrgenommener Erneuerer, von manchen gar als Erlöser begrüßt, Karl-Theodor zu Guttenberg, konnte sich nicht halten. Er versank in der von ihm selbst errichteten akademischen Kulisse, übrig blieb der Stoff für Komödien und bei den Wählern ein dummes Gefühl: Der, der so ganz anders zu sein vorgab, unabhängig und ehrlich, gerade der hat uns hinters Licht geführt.

Von der politischen Bühne abgetreten sind auch die Frontmänner einer ganzen Nachwuchsgeneration der Union aus dem sogenannten Andenpakt, sie folgten mit etwas Abstand dem Beispiel der rotgrünen Helden von Joschka Fischer über Otto Schily zu Wolfgang Clement.

Sie alle haben etwas anderes, etwas Befriedigenderes und Lukrativeres gefunden als den Dienst an den Deutschen und bestätigten damit exakt, einer nach dem anderen und sicher ohne es zu ahnen und schon gar nicht zu wollen, das Vorurteil der Wähler gegenüber politischen Vaterfiguren in postmodernen Zeiten.

Und wie um diesen Prozess noch dem Begriffsstutzigsten deutlich zu machen, verkündete auch der deutsche Papst seinen Rücktritt, das hatte es in vielen Jahrhunderten nicht gegeben.

So ging also selbst der Heilige Vater fort, es waren keine guten Zeiten für Landes-, Kirchen- oder Hausväter. Und Angela Merkel ist vor dieser Folie ganz einfach das: die, die bleibt. Für die Öffentlichkeit führt sie, so Grünewald, »ein nahezu zölibatäres Leben«. Sie ist stets und ganz da, ohne sich zu beschweren oder zu stöhnen, sie könne sich Besseres einfallen lassen. Ihr Ehemann, so Grünewald, »verschwindet wie eine Creme«. Merkel opfert sich mit Leib und Seele auf und strebt weder Geld noch andere Ämter an, sie, so die Einschätzung der von Grünewald befragten Deutschen, spielt die Rolle eines »nationalen Rettungsengels«, und ihre Botschaft ist: »Ich lasse euch nicht fallen.« Sie spaltet nicht, polarisiert nicht, startet keine Kampagnen gegen Landsleute.

In der Krise wächst sich der ohnehin schon starke deutsche Wunsch nach Gemeinschaftlichkeit und konsensualer Politik zu einer regelrechten Harmoniesucht aus, die von Merkel perfekt bedient wird.

Alle Punkte, die in der aktuellen deutschen Gemütsverfassung für die Kanzlerin sprechen, könnte, wenn man Grünewalds Befunde akzeptiert und weiter denkt, in der Rolle des Kanzlers auch Peer Steinbrück befriedigen: Ein Politiker am Ende seiner Karriere, der einiges aufgegeben und den Wahlkampf als regelrechtes Martyrium durchgestanden hat. Doch um dahin zu gelangen, war er in der ungünstigsten Position. Er werde, so Grünewald, als jemand beschrieben, der noch an sich arbeite, der »sich selbst noch optimiert«. Die Leute sehen nichts Väterliches in ihm oder wenn, dann höchstens das Sprunghafte und Unberechenbare. Man sieht einen Vater, der plötzlich zu Hause wieder eine Rolle spielen möchte, nachdem ihm zuvor an seinem eigenen guten Leben gelegen war.

Seine frühere gute Arbeit als Bundesfinanzminister geriet ihm aus dieser Perspektive sogar eher zum Hindernis, denn es gab, in der beschriebenen Gemütsverfassung wenig verwunderlich, eine große Anhänglichkeit an die Zeit der großen Koalition. Steinbrück wurde als der perfekte Partner der Bundeskanzlerin wahrgenommen, beide bildeten ein ideales Paar. Darum konnte er, wenn er sie angriff, was, nach Lage der Dinge und dem Gang des Wahlkampfs die einzige Option war, vielleicht ein wenig bei den eigenen Leuten punkten, aber in der breiten Bevölkerung kommt er damit nicht weit: »Er wirkt damit so sympathisch wie einer, der eine allein erziehende Mutter angreift«, deutete Grünewald die Wahrnehmung.

Letztlich, daran erinnern uns Grünewalds Interpretationen, sind es nicht oberflächliche, durch Agenturen erzeugbare »Optiken«, die einen Kandidaten definieren, sondern tiefere, in der

Kultur und den persönlichen Lebensgeschichten verankerte
Bilder, die die Weltsicht und damit das Urteil der Wähler
prägen.

Der Wunsch nach Geborgenheit und Verlässlichkeit bewegt
auch viele Anhänger der Grünen, dabei folgen sie aber weniger
bestimmten Personen, sondern mehr dem Gefühl, im Einklang
mit natürlichen Rhythmen zu sein, dem zu folgen, was die Na-
tur vorgibt und braucht. Etwas aber ist in der nationalen Ima-
gination chronisch unterentwickelt, meint der Psychologe, und
das ist die Toleranz gegenüber nicht kontrollierbaren Zustän-
den wie dem Traum, dem Rausch oder persönlichen Metamor-
phosen: »Das Anderssein ist heute fast schon Normalität, das
Anderswerden hingegen wird nur schwer geduldet.« Zweifel,
Kritik, Zögern und Zaudern, all die Stufen, die einem Wandel,
einer Neuausrichtung vorausgehen, werden als störend und ir-
ritierend empfunden. Auch hier herrscht eine digitale Doppel-
klick-Mentalität, jeder Zustand soll von Dauer, aber in derselben Sekunde schon herzustellen sein.

Insofern war auch der Gefühlsausbruch, waren die Tränen
des Kandidaten auf dem Parteikonvent eher eine Irritation.
Man hätte sie als Alarmsignal an die intellektuelle Wachsam-
keit der Leute empfinden können, denn es ging ja um ausblei-
bende Fragen: Warum interessierte sich niemand dafür, was
Steinbrück eigentlich will, welche Auswirkungen seine Politik
hätte. Aber das blieb aus, auch dieser ungewöhnliche Vorfall wurde allein in Bezug auf das, was sie von der Person wussten, interpretiert, auf das, was es in der Unterhaltungsdiszi-
plin Kanzlerduell bedeuten könnte, nicht auf den größeren
Rahmen.

Es passte gar nicht ins Bild, dass sich die Leute von Steinbrück gemacht hatten. Insofern unterstrichen seine Tränen
eher das Gefühl einer gewissen Unberechenbarkeit. In der
Krise sehnen sich die Deutschen aber nach Konstanz und
Stimmigkeit, da wirkt solch eine Kapriole verwunderlich. Sie

verweist auf eine Unfertigkeit, einen Prozess des Werdens, den die Wähler schlecht aushalten, sie fühlen sich oft genug ja selbst unsicher und unfertig.

Grünewalds Forschungsergebnisse, seine Deutung der Lage erinnern daran, dass mehrere Komponenten das politische Urteil der Wähler bilden. Im Journalismus betrachten wir nur eine davon: die Aktualität, die Umfragen, die Konstellation der handelnden Personen einer Woche. Und oft genug ist es vor allem das, was die Kollegen der anderen Medien auch finden. Doch die meisten Menschen sind keine professionellen Politikbeobachter. Sie stellen sich keine Sonntagsfrage. Sie wissen, dass am nächsten Sonntag keine Wahl ist, und müssen es sich eigentlich auch nicht immerzu vorstellen. Das Leben ist unübersichtlich genug, Politik soll als eigenes Subsystem weitgehend funktionieren und nur in nötigen Fällen mit uns kommunizieren. Und wo sie auch das versäumt, siehe Stuttgart 21, oder einen eigentlich lösbaren Auftrag wie den Bau eines Flughafens nicht schafft, hagelt es Proteste und Spott.

Wesentlich zur Beurteilung des Wahlkampfs und der Lage des Landes war Grünewalds Eingangsvoraussetzung, nämlich dass wir es in Deutschland mit einer »erschöpften Gesellschaft« zu tun haben. Und diese Erschöpfung ist, wenn man es einmal schärfer analysiert, das Resultat politischer Entscheidungen. Die Mitte der Gesellschaft fühlt sich an den Rand gedrängt, so schnell dreht sich die Welt, und es gibt keine Pause und kein Pardon.

Das späte neunzehnte Jahrhundert war das Zeitalter der Neurasthenie, wir leben in Zeiten des Burnout. Egal, ob man von der medizinischen Korrektheit des Begriffs überzeugt ist oder nicht, ob man also die vielfältige und diffuse Symptomatik als spezifische Krankheit anerkennen möchte oder nicht, der Begriff aus der vormodernen Kerzenzeit bezeichnet eine Phänomenologie, die jedem intuitiv verständlich ist. Er gehört zu jenen Geräten unseres Welterklärungswerkzeugkastens, die uns heuristisch weiterhelfen, auch wenn wir gar nicht genau verstehen, wie sie en detail funktionieren. Es vergeht kein Tag, an dem nicht ein Artikel über Burnout in Zeitungen und Magazinen erscheint.

Dabei wird er immer als ein privates Problem besprochen, werden gute Ratschläge zu seiner Vermeidung oder Linderung gegeben, die alle auf der Ebene der persönlichen Lebensgestaltung liegen. Zauberformeln werden offenbart: Work-Life-Balance und Entschleunigung, digitale Abstinenz und Fokussierung auf das Wesentliche. Als wäre das so einfach. Burnout wird einerseits in all seinen dramatischen und zerstörerischen Konsequenzen beschrieben, als eine Krankheit die lebensbedrohlich ist, die »Kassen Milliarden kostet« und unbedingt ernst zu nehmen ist, die Mittel dagegen aber sind immer rein privat. Als würde man den Arbeitern einer Asbestfabrik empfehlen, zu Hause besser Staub zu wischen, um ihre Lungen vor Krebs zu schützen.

Das Syndrom, das wir mit dem Bild vom Ausgebranntsein beschreiben, also das Empfinden, müde zu sein, ohne auf Erholung hoffen zu können, und für die Mühen statt eines angemessenen Lohns nur noch mehr Mühen erwarten zu dürfen, ist keine Privatsache, sondern ein gesellschaftliches, ein ökonomisches, ideologisches, kurz: ein politisches Problem. Es ist das Resultat gut zu identifizierender Entscheidungen und einer seit Jahrzehnten propagierten Ideologie. Diese Müdigkeit ist ein politisches Gefühl.

Sie befällt oft jene, die von einem Lohn oder einem Gehalt leben, die ihre Familie hier haben und nicht einfach wegziehen können, die gemeldet und vielfach registriert sind, deren Einkommen stets transparent ist und deren Steuern und Abgaben direkt einbehalten werden. Es ist dabei gar nicht mal so entscheidend, wie hoch das Gehalt ist, es ist diese Art des Einkommens, das überproportional belastet wird, sowohl systematisch wie historisch. Bis es kaum noch etwas vermag. Wer sich an die siebziger und achtziger Jahre erinnert, kann ermessen, wie stark der Wandel ist: In der alten Bundesrepublik waren beispielsweise Universitätsprofessoren sehr gut situiert bis wohlhabend, auch ohne Drittmittel einsammeln zu müssen wie die Eichhörnchen im November ihre Nüsse.

Eigenheim, studierende Kinder, sogar noch eine kleine Kunstsammlung oder seltene Bücher – das alles wurde im Wesentlichen von einem guten Professorengehalt getragen. Und wer wusste schon, was ein Politiker verdient? Schon die Diäten reichten, um ein gutbürgerliches Leben zu führen. Löhne und Gehälter konnten einfach mehr. Taxifahrer erzählen oft davon: Eine Rentnerin mit einer monatlichen Rente von 2000 D-Mark war gutsituiert und konnte Taxi fahren. Heute kommt sie mit tausend Euro nur dann über die Runden, wenn die Mieten, Nebenkosten und Krankenkassenbeiträge durch einen glücklichen Zufall genug übrig lassen.

Der Wert des Eigentums an Wertpapieren, Immobilien, Edelmetallen, auch Kunstwerken und Weinkellern ist in derselben Zeit exponentiell gewachsen. Vermögen hat sich schneller vermehrt als Löhne und Gehälter, kein Vergleich. Besonders deutlich ist das in den Vereinigten Staaten: Im Jahr 1992 besaßen die oberen zehn Prozent etwa zwanzigmal so viel wie die ganzen unteren fünfzig Prozent. Im Jahr 2010 war es fünfundsechzigmal so viel. Das Vermögen wuchs, obwohl in der Zeit zwei Kriege zu bezahlen waren. Sie wurden durch Schulden finanziert, der Staat verarmte. Banken und Versicherungen errichten selbst in der Provinz ansehnliche Paläste, wärend man die öffentlichen Bauten in einer Straße an ihren abblätternden Fassaden und rostigen Geländern erkennt. Die Entwicklung ist überall ähnlich.

Vermögen leistet nur einen unverhältnismäßig geringen Beitrag zur Finanzierung der gemeinsamen Lasten. Das hat System, ein Versuch, es anders zu machen, scheiterte derzeit schon an ganz praktischen Belangen: Welches Finanzamt hat schon die Möglichkeit, die Angaben von Sportlern, Showstars, Künstlern, Unternehmern oder Erben zu prüfen? Unser System hat die Arbeit belastet, um Gesundheit, Alterssicherung und sozialen Zusammenhalt zu bezahlen. Sie wurde auch immer dann herangezogen, wenn es galt, historische Umwälzungen zu meistern.

Kein Ereignis hat unser Land in unserer Zeit stärker und zum Guten geprägt als die deutsche Einheit. Doch deren stolze Kosten – ohne Ironie, wir können stolz darauf sein, das bezahlt zu haben – wurden nicht von Kapital und Arbeit gleichermaßen getragen, sondern in überwiegendem Maße von jenen, die Beiträge in die Rentenkassen und die Arbeitsagenturen (damals Arbeitsämter) zahlen. Die »Frankfurter Allgemeine Zeitung« bilanzierte: »Arbeitnehmer mit einem sozialversicherungspflichtigen Einkommen zwischen 3500 und 6000 Euro waren die Hauptfinanciers der Einheit.« Auf die Einheit folgte, nachdem die Sozialsysteme mit Vorruhestandsplänen, Umschulungen und AB-Maßnahmen ihre historische Funktion erfüllt hatten, nämlich zu verhindern, dass auf den Zusammenbruch der DDR-Wirtschaft auch ein sozialer Absturz folgte, die Notwendigkeit der Reform dieser Systeme. Heute wird Deutschland wegen der Maßnahmen der Agenda 2010 bewundert.

Die Arbeitslosigkeit, Geißel sämtlicher Familiendiskussionen aller, die ein geisteswissenschaftliches Studium wählten, hat ihren Schrecken verloren. Doch diese historische Umstellung wurde abermals nicht vom Besitz der Deutschen bezahlt, sondern von jenen, die auf Ansprüche auf Statussicherung etwa in der Arbeitslosenhilfe, die nach dem letzten Gehalt berechnet wurde, verzichteten und sich in den Dschungel der prekären, befristeten und mies bezahlten Beschäftigungsverhältnisse begaben. Dass sie davon nicht begeistert waren, steht auf einem anderen Blatt.

Einheit und Agenda, die beiden großen historischen Leistungen, die das heutige Deutschland gestaltet haben und es in der

Krise schützen, wurden von Arbeitern, Angestellten und Verbrauchern im mittleren bis geringen Einkommensbereich bezahlt.

Und die Bedingungen, unter denen all das Geld erwirtschaftet werden muss, haben sich empfindlich verändert. In den Zeiten, in denen noch wirkliches Wirtschaftswachstum erarbeitet und der Ruhm der deutschen Nachkriegsindustrie begründet wurden, war es selten, dass der Chef nach Feierabend noch anrief. Es gab einen Programmschluss im Fernsehen, und selbst die Börsen funktionierten wie Behörden, interessierten auch nicht weiter. In der Satirezeitschrift MAD wurden unendliche Witze über Ärzte gemacht, die mit dem »Pieper« auf den Golfplatz gingen, um sich durch die Zurschaustellung des seltenen Geräts irgendeinen albernen Vorteil zu verschaffen. Der Arbeitsplatz war eine Art soziokulturelles Habitat, in dem man sich einrichten und leben konnte, und keine Hölle der permanenten Optimierung. Das Recht der Firma war nicht absolut, sondern wurde gegen eigene Interessen abgewogen. Die Leute hatten Hobbys, verlangten Arbeitszeitverkürzung, und wer auch mal halblang machte, galt als schlau, nicht als Verräter am Bruttosozialprodukt, das unter solchen Gegebenheiten übrigens florierte.

Heute machen selbst und gerade die Betreiber von systemgastronomischen Kaffeehausketten oder Franchisenehmer von T-Shirt-Herstellern aus dem Commitment für das Unternehmen eine Privatreligion. Der Job wird zur Mission, die Firma zur Sekte. Mehr als der ganze Mensch ist gefragt am kundenorientierten Arbeitsplatz. Digitale Erreichbarkeit rund um die Uhr wird schon bei mittleren Lohnstufen erwartet und natürlich eine lebenslange und frenetische Selbstoptimierung. So muss der oder die Angestellte stets mehr geben als die Arbeitskraft in der Arbeitszeit, sie müssen Jünger der Firmenmission werden und Propheten der Produkte. Die, während man sie hysterisch feiert, qualitativ nicht unbedingt besser werden. So macht die Arbeit gerade jene krank, die von ihren Abzügen die historischen Lasten des Landes in überproportionalem Umfang bezahlen müssen.

Und warum soll die dritte historische Herausforderung unserer Zeit, die Euro-Krise, anders gelöst werden als die beiden schon erwähnten? Die nun schon vier Jahre währende Krisenbewältigung ermüdet uns besonders, weil sie keinen Fortschritt erkennen lässt, uns nur längere Monologe zumutet. Es gibt durchaus Beispiele für frischere, mutige Wege: In Island wurden die Pleitebanken verstaatlicht, aber nicht deren Schulden. Die Gläubiger mussten sie abschreiben, die Verschuldung der öffentlichen Haushalte blieb vom Wahnsinn der Banker unbehelligt. Dennoch hat sich Island schneller erholt als andere Länder, die unter der Doppelbelastung von Schuldendienst und Sparprogrammen noch Jahrzehnte leiden werden. Die Märkte kaufen nun wieder mit Vergnügen isländische Anleihen, denn die Insel ist ja ihre kranken Banken losgeworden, nun kann sich die Wirtschaft erholen. Auch solch forsches Handeln imponiert Anlegern. Märkte sind zwar sensibel, aber nicht sentimental. Hierzulande würden eher die Lobbyisten der Finanzindustrie und die von ihnen mobilisierten Sparer solch ein Vorgehen unmöglich machen, die Furcht vor finanzieller Instabilität ist in Deutschland tief verankert. Diese Rezeptoren kann man sich in nahezu jeder politischen Lage zunutze machen, und auch wenn die tatsächliche Reichtumsentwicklung dazu gar keinen Anlass gibt, wird es immer Zustimmung geben, wenn wieder jemand fordert: Jetzt schnallen wir alle den Gürtel wieder enger. Das ist ein ganz altes und wirkmächtiges, kommunitaristisches Erbe, das seit der Reformation ein untrennbarer Teil der deutschen politischen Kultur ist: Wir alle ist der bevorzugte politische Akteur. Das ist gut, wenn man damit Polarisierungen und innere Feindschaften unterdrücken kann, es behindert, wenn es verschleiert, dass Lasten und Vermögen krass ungleich verteilt sind. Aber selbst die, die wenig haben, fühlen sich gehemmt, Ansprüche geltend zu machen, wenn sie in Dauerschleife hören, die Zeiten seien schlecht, wir alle müssten uns beschränken. Bloß bedeutet das für viele der vermögenden Deutschen vielleicht den Verzicht auf eine von vielen Reisen oder die spätere Anschaffung einer elektronischen Neuerung, für ärmere jedoch den Verzicht auf essentielle Güter wie Bildung und Gesundheit und Sorglosigkeit oder einfach, ihren Kindern mal das Meer zu zeigen.

Wir alle ist eine urdeutsche Formel, die sogar in Familien zu Verschleierungsoperationen taugt. Ein Freund hatte von Jugend an den Eindruck, in einer armen Familie aufzuwachsen. Es hatte ihn nicht besonders gestört, er kannte viele, denen es ähnlich ging, und hatte nette Geschwister. Er empfand es als normal, nicht in die Ferien zu fahren, wenig zu besitzen oder geschenkt zu bekommen, und hielt etwa den Besuch eines Restaurants für Luxus, der anderen Familien vorbehalten war. Doch weil es der Selbstbeschreibung der Familie entsprach, nahm er diese soziale Platzierung auch mit gutem Willen an. Später erst dämmerte ihm, dass ja gar nicht alle in der Familie gleichermaßen arm waren. Der Vater pflegte eine Leidenschaft für teure Waffen und nahm schon mal Kredite auf, um besonders schöne Stücke zu erwerben. Die Mutter wiederum rüstete den Park der Haushaltselektronik nach ganz anderen wirtschaftlichen Leitsätzen auf als denen, die galten, wenn es darum ging, die ganze Familie als arm zu definieren. Es war gar nicht so, dass der Freund dies seinen Eltern nicht gegönnt oder kein gutes Verhältnis zu ihnen gehabt hätte, er amüsierte sich aber über die taktische Verwendung des Bildes von der armen Familie. Selbst eine arme Familie hatte ihre reichen Oasen, in diesem Fall den Schrank mit den Manufakturgewehren. So läuft es heute in ganz Europa: Wir steigen ab, die Globalisierung fordert uns heraus, der Chinese begnügt sich mit Reis und schläft nie – die kollektive Einschüchterung verhindert eine genauere Diskussion der Lastenverteilung. Und wie in der Fa-

milie greifen sehr starke moralische Hemmungen: Soll ausgerechnet ich aus der Gemeinschaft ausscheren und Ansprüche
stellen, wo sich doch alle so anstrengen? Und der ganze Kontinent arm, alt und hinten dran ist?

Doch Europa ist kein verarmender Erdteil, sondern, wenn
man das Pro-Kopf-Vermögen betrachtet, einer der reichsten
der Welt. Bloß steht dieses Vermögen zur Bewältigung gemein-
samer Aufgaben nicht zur Verfügung, es ist nicht einmal zu lo-
kalisieren, denn fiskalisch ist Europa eine Kulisse mit Tapeten-
türen: Das Industrieunternehmen ArcelorMittal, welches in
Frankreich und Deutschland Stahlwerke betreibt, zahlt seine
Steuern in Luxemburg. Gérard Depardieu und andere reiche
Franzosen entdecken, kaum dass die sozialistische Regierung
die Vermögen besteuern will, ihre innere »Belgitude« und ziehen in ein Dorf hinter der Grenze. Jede deutsche Krankenschwester wird für die Griechen zahlen, aber das größte grie-
chische Unternehmen, ein Getränkeabfüller, verlegt mitten in
der Krise seinen Sitz nach London. Auch wenn sie mühsam
und in kleinen Schritten reguliert werden: Legendäre Flucht-
burgen für große Vermögen sind mitten in Europa entstanden,
gehegt und gepflegt worden: Das Geld in die Schweiz, nach
Monaco, nach Liechtenstein, auf die Kanalinseln, nach Luxemburg, nach Andorra oder auf die britischen Caymaninseln bringen, das waren schon in meiner Kindheit geflügelte Worte und
magische Orte, an denen das örtliche Finanzamt nichts verloren hatte. Die Existenz eines oder mehrerer Refugien für
Reiche auf dem Kontinent oder auf kleinen Inseln war für die
europäische Idee ebenso konstitutiv wie die Montanunion. Es
war gewissermaßen der steuerpolitische Rotlichtbezirk der europäischen Stadt, man hatte von Anfang an daran gedacht.
Heute haben sich die Einstellungen aber verändert.

Wer als vermögender Mensch europäische Standards genießen möchte – den Rechtsfrieden, die gut ausgebildeten Arbeitnehmer, die sicheren Straßen, die guten Krankenhäuser, die

kulturellen Einrichtungen –, der soll nicht so geringe Steuern zahlen wie die Oberschicht einer Oligarchie. Die müssen sich oft genug von ihrem Geld eine Privatarmee leisten, für ein entsprechend modernes Krankenhaus spenden und vieles mehr, was in Europa nicht anfällt.

Die europäischen Spielregeln sind zu Ungunsten der Lohn- und Gehaltsempfänger manipuliert worden. Unterdessen ist die europäische Staatsschuldenkrise für viele ein einträgliches Geschäft. Wie viel wir genau für die Bewältigung der europäischen Staatsschuldenkrise zahlen müssen, kann niemand wissen. Irgendwie ahnt man aber schon, wer nicht zahlen wird. Selbst kommunistischer Umtriebe unverdächtige Organe wie die Boston Consulting Group empfehlen eine maßvolle Abgabe vom Besitz der reichsten Europäer zur Bewältigung der Schuldenkrise. Eigentlich ist es weniger eine Empfehlung als eine Prophezeiung der Berater: Es werde so kommen, Wachstum und Produktivität Europas, auch die Altersstruktur lassen gar keine andere Lösung zu als die Erhöhung der Belastung der Privatvermögen. Die Frage sei lediglich, wann dies geschehe. Vorher jedoch wird noch alles versucht, um jene weiter zu belasten, die schon belastet wurden. Das Geld der Reichen wird die allerletzte Ressource sein, die angerührt wird.

Wenn man gegenwärtig als Arbeitnehmer mit Familie das komische Gefühl hat, Wasser aus einem Boot schöpfen zu müssen, in das andere immer wieder Lecks hauen wie ein delirierender Kapitän Haddock, dann trifft das ziemlich genau die Lage. Und so etwas macht wahnsinnig müde. Doch in einem Punkt trügt der epochale Begriff: Menschen brennen nicht aus, sie sind ja keine Teelichter. Das Eingeständnis der Müdigkeit ist der Beginn rascher Erholung. So inspiriert uns der Name einer legendären Bremer Kneipe: Alles könnte anders sein.

Und das begreifen, wenn man sich mit wachen Sinnen umsieht und -hört, auch immer mehr Zeitgenossen. Unzählbar sind die Stiftungen, Vereine, Bürgerinitiativen, die sich mit anderen Wegen des Lebens und Wirtschaftens, mit dem Genuss in einer Postwachstumsgesellschaft, mit Ideen für eine größere Autonomie und Widerständigkeit befassen. Die Leute ändern ihre Essensgewohnheiten, sind gierig nach Berichten über wissenschaftliche Neuerungen in den Bereichen Gesundheit, Ernährung, Kindererziehung und Psychologie. Zwar ist es eine Minderheit, die in den großen Städten ganz andere Lebenswege testet und die diversen Subkulturen bevölkert, deren Welt diese oder jene Szene ist, aber die Bereitschaft, über Ausstieg und Andersmachen nachzudenken, ist sehr groß. Manchmal hat man den Eindruck, im sogenannten Mainstream der Gesellschaft, der die Nachrichten verfolgt und an Politik ein gewisses Interesse pflegt, halte sich nur eine Minderheit auf. Es gibt hingegen Katzenbegeisterte, Science-Fiction-Jünger, digitale Eingeborene und Vereinsmeier jeder Observanz – und das sind noch die öffentlich Aktiven. Für die übrige Bevölkerung gilt immer noch der weise Satz von Helmut Kohl, der einmal, zur Beschwichtigung unserer Nachbarländer, sagte: »Die Deutschen sind heute ein Volk, das sein Glück im Privaten sucht.« Und das trifft nach wie vor zu: Wohnungswechsel, Gartengestaltung, die großen Beziehungsdiskussionen, Trennungen, Modelle der gemeinschaftlichen Kindererziehung bei getrennten Partnern, all das macht den Großteil der Kümmernisse aus, jedenfalls jenen Teil, der nicht von Schule oder Beruf und natürlich gesundheitlichen Sorgen oder gar Schicksalsschlägen beansprucht ist.

Das bedeutet nicht, die gegenwärtige Gesellschaft sei entpolitisiert oder gestalte nur noch ihre Nische, es ist andersherum: Gerade wer auf einem gewissen, noch so beschränkten Feld über eine gewisse Kompetenz verfügt, traut sich auch die in der Demokratie unerlässliche Urteilskraft zu. Viele Studien haben es festgestellt, auch gerade unter jüngeren Erwachsenen oder Erstwählern: Es gibt ein waches, feines Gespür für Ungerechtigkeiten, symbolisch relevante Konflikte und die Verletzung von Menschen- und Bürgerrechten. Die Wachheit, mit der auf die Not der anderen reagiert wird, der Einfallsreichtum, die zu lindern, hat zuvor nicht gekannte Ausmaße angenommen. Und auch im sozialen und lokalen Nahbereich ist die Bereitschaft zum Einspruch groß, jeder Kommunalpolitiker kann davon ein Lied singen. Doch all diese politischen Interessen und mehr oder weniger spontanen Initiativen finden keine Anbindung zum geschlossenen Club der großen Parteien. Die sind weitgehend autark, wer sich dort hineinbegibt, wird sich fühlen, als erscheine er zu einem Familienfest bei völlig fremden Menschen.

So wird die Lust am Aufbruch und an der Gestaltung des eigenen Lebens, der eigenen Zeit an anderer Stelle ausgelebt. Sehr treffend war die Passage in »Generation Golf 2«, in der Florian Illies beschrieb, was die langsam erwachsen werdende Generation Golf charakterisierte, und die er mit dem Satz begann: »Ich möchte einmal etwas ganz anderes machen.« Es ist so etwas wie der geheime Leitspruch der Deutschen. Nicht umsonst war Hape Kerkelings Pilger- und Wanderbuch »Ich bin dann mal weg« ein solcher Verkaufserfolg. Es ist vielleicht so etwas wie die Überdefiniertheit der postmodernen Zeiten und Systeme, die ein Gefühl der Beklemmung und Erschöpfung vermittelt.

Die Reaktion darauf ist aber fragmentiert, individuell und nach Kleinmilieus verschieden. Es findet keine Politisierung im herkömmlichen Sinne statt, keine Partei vermochte, der gewaltigen Energie der Deutschen einen adäquaten Gegenstand vorzuschlagen, etwas anzubieten für diesen immensen Appetit nach Innovation und einer nicht unbedingt bequemeren, aber irgendwie sinnvollen und sinnlicheren Lebensführung. Das Interesse an den großen und kleinen Fragen der Welt und des Lebens war ungebrochen, aber niemand nutzte das. Die Kanzlerin nicht, weil ihr Programm sie selbst war und die allgemeine Ruhe, die sie ausstrahlte. Aber auch die Sozialdemo-

kraten und die Grünen nicht, weil sie zu sehr mit sich selbst beschäftigt waren und keine Vorstellung davon hatten, wie und
wohin die Menschen zu führen seien. Stattdessen machen sich
alle allein oder in kleinen Gruppen auf die Suche, kulturethno-
logisch ist das Land ein großes Labyrinth und auch ein Ver-
suchsraum, und alle vertrauten Institutionen werden geprüft
und unter Umständen verworfen.

Wir erleben Zeiten, in denen von den Kirchen und den Gewerkschaften bis zu den großen Marken des Konsums und des
Geistes alles, was der jungen Bundesrepublik ihr modernes
und überlegtes Gesicht gab, neu betrachtet und definiert
wurde. Vertraute und wesentliche Institutionen suchen sich
neue Formen und Inhalte, vom Suhrkamp Verlag bis zu Karstadt. Und manche behalten zwar den Namen, tauschen aber
die Inhalte aus, denn viel hat etwa die CDU nicht mehr mit der
Partei von Strauß und Kohl gemein. Es ist kaum vorherzuse-
hen, was verschwindet und was sich neu erfindet. So ist der In-
begriff deutscher Biederkeit, der Schrebergartenverein, heute
etwas Angesagtes, Schrebergärten gelten als kleine Oasen der
Postwachstumsgesellschaft, der Selbstversorgung und der Erholung ohne Fernreise. Statt des Symbols für Spießigkeit mit
Jägerzaun und Gartenzwerg gelten sie als Reviere der Subver-
sion und der Autonomie, vom Fahnenmast weht nicht mehr die
Deutschland-, sondern eine Privatflagge.

Ein ganz banales Phänomen illustriert den kompletten Wandel der kulturellen Referenzsysteme in Deutschland: das Tattoo.

Es ist erst wenige Jahre her, da waren die Hautzeichnungen
selten und gewissen Milieus vorbehalten. Die Motive wiederum
variierten kaum, Klassiker überwogen die Sonderwünsche.
Heute dürfte es schwerfallen, noch nicht tätowierte Deutsche
unter 30 zu finden. Der Tattooshop hat Hafenviertel und Rot-
lichtbezirke verlassen, es gibt ihn fast so häufig wie Yogastu-
dios und Sushiläden. Interessant ist in kulturanthropologischer

Sicht die Vielfalt und völlige Zusammenhangslosigkeit der gewählten Motive: Es ist ohne große Recherche, sondern spontan möglich, von Schulter bis Ferse eines sommerlich bekleideten deutschen Großstadtbewohners eine bunte Reihe von Motiven vom asiatischen Drachen über gotische Schriftzüge zu Comicfiguren und neuseeländischen Tribals anzutreffen. Der einzige Zusammenhang ist der Wunsch des Tätowierten.

Sicher gibt es zu jedem Motiv eine treffliche Geschichte, aber das Gesamtbild ist kein geschlossenes, sondern das einer Offenheit, einer Suche nach Hinweisen, die mitunter etwas Labyrinthisches hat. Es ist der Wunsch nach einer individuellen Überdefinition, als wäre die Haut nicht einzigartig genug, sie muss wie eine Leinwand oder ein Touchscreen künstlerisch aufgewertet werden. So fungiert das Tattoo als ewiges Speichermedium gegen das permanente Vergessen, den Wechsel der Moden und Stile, die stete Umwälzung. Es ist etwas Echtes, von dem es keine neue Version geben wird, etwas, das man nicht verlieren kann, egal, wo man ist und wie es einem geht. Es stimuliert die Erinnerung und definiert die Person, ein Ritual des Erwachsenwerdens und ein nicht leicht zu änderndes Commitment in einer Epoche, die gekennzeichnet ist durch die potentielle Umkehrbarkeit von allem und jedem. Und dann kommt die pure, offenbar als erfreulich wahrgenommene Nutzlosigkeit der Hautzeichnung hinzu, sie ist eine Abkehr vom Effizienzdenken.

Kein Zweifel, das Land und seine Leute sind im Stadium der Verpuppung, erst Jahre später kann man begreifen, wohin die Reise ging. Dass tatkräftig verändert wird, vor allem in der persönlichen Lebensführung und im Hinblick auf eine gesündere und gerechtere Haushaltsführung, daran gibt es keinen Zweifel. Doch was hatte die Sozialdemokratie einer so aufbruchslustigen, aber gegenüber althergebrachten Institutionen skeptischen, einer tatendurstigen, aber nicht geforderten Bevölkerung anzubieten?

Wenn du die Männer dazu bringen willst, ein Schiff zu bauen, wecke in ihnen die Sehnsucht nach dem weiten blauen Meer, hatte Antoine de Saint-Exupéry geschrieben. Doch die SPD – nicht ihre Spitze, aber doch die mittlere Ebene der Funktionäre und Delegierten – haderte, ob nicht ein schönes Alpenpanorama, ein tiefer Wald oder ein Kurztrip nach Berlin die Männer eher inspirierten und ob es denn überhaupt ein Schiff sein müsse – und wohin wolle man mit dem überhaupt fahren? Auf so etwas sei schon mancher ins Unglück gesegelt.

8
EINE BESSERE ZUKUNFT FÜR
ALLE MENSCHEN WELTWEIT

In der komplexen, aber auch hochspannenden Zeit, die vor
Lust an Ideen und Transformationen nur so flirrte, erarbeitete
die Partei, in vielen Schritten, ein Wahlprogramm. Wenn ich in
Gesprächen sagte, dass ich das für die Zwecke dieses Buches
auch einmal ganz studieren wollte, gab es zwei Reaktionen: un-
gläubiges Lachen und entschiedenes Abraten.

Dabei ist die Lektüre von Wahlprogrammen eine hilfreiche
Übung. Man erfasst sehr gut, in welchem Zustand eine Partei
ist, gedanklich, argumentativ und psychisch. Und es erlaubt
eine gute Prognose auf die kommenden vier Jahre, eine bessere
jedenfalls als viele normale Zeitungsberichte. Dass die Liberalen nicht gut fahren würden, das stand schon in ihrem kurios
zusammengestoppelten Wahlprogramm 2009, in dem außer
Steuersenkungen ein buntes Allerlei von Alltagssorgen reicher
Rentner aufgeschrieben worden war.

Die Sozialdemokraten hatten dieses Mal nicht nur die üblichen Kommissionen, Arbeitskreise und Untergliederungen
am Erstellen des Programms beteiligt, sondern auch aufwen-
dige Bürgerdialoge organisiert. 350 solcher Veranstaltungen
hatte es gegeben, eine Flut von über 40 000 Vorschlägen über-
schwemmte die Genossen. Teilweise flossen diese Bürgersor-
gen dann auch in das Programm ein, womit ich persönlich kon-
zeptionelle Schwierigkeiten habe: Denn das Prinzip »Sie sagen
mir, was Sie gerne hätten, und ich bringe es Ihnen«, dem ge-
horcht ja schon die Bundeskanzlerin perfekt.

Nach dem verräterischen Slogan, der, wir haben es gesehen, die Ich-Schwäche der Partei verriet, konnte man trotz aller Vorsätze der Unvoreingenommenheit schon böse Vorahnungen hegen, was die Qualität des über hundert Seiten starken Textes angeht.

Der erste Satz des ersten Teils, der sogenannten »Vorbemerkung«, lautet: »Dieses SPD-Regierungsprogramm steht in einer Reihe und zugleich großen Tradition von Programmen unserer Partei.« Da fehlt ein »mit« – »in einer Reihe mit und zugleich der großen Tradition von« muss es heißen. Es ist ein schlichter Lektoratsfehler und eine deutliche symbolische Botschaft: Hier fehlte der professionelle, letzte Schliff. So etwas zu bemerken ist keine Marotte auf dem Weg zum zwangsgestörten Leserbriefschreiber, eine solche sprachliche Ungenauigkeit ist ein Symptom für eine weitgehende Verwahrlosung des Textes. Ganz davon abgesehen, ob es sich ziemt, schon gleich zu Beginn einen historischen Rang für ein Programm zu reklamieren, das der Leser ja gerade erst zur Kenntnis nehmen soll.

Gravierender ist der letzte Satz der Vorbemerkung. Er bezeichnet ein Problem, welches das Programm bis zum Schluss plagt, und lautet: »Wir wollen eine bessere Zukunft für alle Menschen und für unser Land, in Europa und in der Welt.« Das also ist das Ziel der Übung: Eine bessere Zukunft für alle Menschen, weltweit. Vielleicht ist es hartherzig oder kaltschnäuzig, wenn man anmerkt, dass dieses Ziel ein wenig hehr ist für eine Partei, die beim letzten Mal 23 Prozent der deutschen Wahlberechtigten begeistern konnte. Aber selbst wenn man diesen Punkt außer Acht lässt: Solche globalen und alles umfassenden Ziele sprengen die Grenzen von Politik. Sie gehören dem Bereich der Religion oder der Philosophie an. Man merkt es daran, dass niemand, der bei klarem Verstand ist, widersprechen würde, es ist kaum eine Gegenposition denkbar. Darum aber geht es im politischen Widerstreit vor einer parlamentarischen Wahl: die eigene Position in Konkurrenz zu der

der anderen kenntlich zu machen und die Wähler von ihr zu überzeugen. Wenn man fordert: Wir wollen für alle das Gute und für keinen das Schlechte, dann ist es, als würde man gar keine Aussage treffen, denn es ist keine vernünftige Gegenposition denkbar, es sei denn, man konkurrierte gegen eine Satanistenpartei.

So ist diese universelle Ausstrahlung, dieses grenzenlose und undifferenzierte Sendungsbewusstsein in Wahrheit eine Regression: Können nicht alle lieb zueinander sein? Kann nicht Schluss sein mit Armut und Krieg? Das sind schöne, aber kindliche Wünsche, und ein weiteres Problem gibt es auch noch: Die SPD ist, selbst wenn sie alle Sitze des Bundestages erhielte, keineswegs in der Lage, sie zu erfüllen – und jeder Leser weiß das. Keine Partei wäre es, es liegt einfach jenseits der Kompetenzen der Exekutive selbst eines großen europäischen Nationalstaats, die Zukunft aller Menschen zu verbessern. So schwankt die Partei zwischen einer Ich-Schwäche – wohin geht es, wer sind wir? – und einer globalen Berufung, für alle und in alle Zeit. Wähler sind aber erwachsen, weder erwarten sie solch umfassende Erlösung noch lassen sie sich vom bloßen Wunsch danach überzeugen.

Insofern passt der Satz auf Seite 10 des Wahlprogramms ganz gut: »Wir wollen mehr als vier Jahre regieren.« Bei dem Katalog, den man da in bester Absicht zusammengeschrieben hat, dürften auch zehn Legislaturperioden knapp werden. Nicht nur solche gedanklichen, auch sprachliche Schludrigkeiten kennzeichnen jeden zweiten Satz, so wie: »Statt sinkender Schulden explodieren die Staatsschulden Europas ebenso wie die Arbeitslosigkeit in fast allen Ländern Europas«. »Statt zu sinken, steigen die Staatsschulden« – das wäre korrekt und leider von jedem Lektor zu korrigieren gewesen. Außerdem wäre es doch ganz gut, wenn die Arbeitslosigkeit explodierte wie ein den Tunnel versperrender Felsen, denn dann wäre man dieses Übel los. Und schließlich stört im Satz das doppelte »Europa«.

Ganz offenbar fehlte der eine Arbeitstag und die eine Nacht, die es einen professionellen Redakteur gekostet hätte, aus diesem Konvolut einen Text zu machen.

Die Lektüre gleicht einer Fahrt auf einer Monster-Achterbahn in Las Vegas, es geht von den höchsten Höhen zu den engsten Details. Mir jedenfalls wird dann schwindlig, und das ist die eigentlich, die tiefere Botschaft des Wahlprogramms: Es ist Ausdruck eines weltanschaulichen und politischen Vertigo.

Wenige Seiten nachdem das Ziel einer Verbesserung der Welt festgehalten wurde, ist man schon bei einer »Anti-Stress-Verordnung« und der »Umsetzung von Gefährdungsbeurteilungen im Betrieb« also bei Rauchmeldern, Arbeitshandschuhen und anderen segensreichen Dingen. Die Gliederung ist aber nur denen einsichtig, die sie vorgenommen haben, die Kapitel bilden eine bunte Reihe von allerlei Themen. Zwischendrin gibt es mal echte Schockersätze wie »Wir stehen vor stürmischen Zeiten«, im nächsten Absatz kommt dann etwas zur Novellierung des Kartellrechts. Das sind wichtige Politikfelder, aber die Bürger denken anders. Es bewährt sich, von einer allgemeinen Lagebeschreibung zu einer Zielformulierung zu kommen, und zwar bitte einer präzisen – und dann die einzelnen Schritte darzustellen, die dorthin führen.

Diese Textsammlung aber trägt ganz und gar die Züge eines aus mehreren Gliederungen und Stabsabteilungen zuliefernden Apparats, sie ist eher ein Selbstgespräch zum Beweis dessen, an was man alles gedacht hat. Auf Seite 22 schon, also noch im ersten Viertel, geht es um das Problem der Rechte der Angestellten in kirchlich getragenen Einrichtungen wie Diakonie und Caritas, ob sie also Streikrecht genießen und so. Nun sind das große Einrichtungen mit vielen Beschäftigten, aber es handelt sich hier doch um einen Spezialpunkt. Es ist der Stoff eines kleinen Berichts irgendwo im hinteren Teil der Nachrichtenmagazine. Sinnvoller wäre es gewesen, das Verhältnis von Kirche und Staat einmal ganz grundsätzlich zu modernisieren, aber dieses Programm sieht den Wald vor lauter Bäumen nicht, es gibt nur den Mikro- und den Makrofokus, entweder die Betroffenenperspektive oder die aus einem Satelliten. Drei Seiten später finden sich entscheidende Sätze, die unsere historische Lage betreffen: »Die Politik der Bundesregierung aus CDU, CSU und FDP hat in Europa nicht mehr Stabilität, sondern wachsende Instabilität geschaffen.« Die Sorgen über das Streikrecht der bei Caritas und Diakonie Beschäftigten kommen in der Struktur des Textes vor der Lage in Europa. Das ist nicht intendiert, sondern Zufall oder eben das Prinzip dieser Partei: Schön eins nach dem anderen und nicht vordrängeln unter der Behauptung von Wichtigkeit.

In seinen Vorträgen schreibt der ehemalige Berater Tony Blairs, Alastair Campbell, gleich zu Beginn die drei Buchstaben »OST« an die Tafel. Damit hätten er und New Labour nach Jahrzehnten zum ersten Mal wieder einen linken Premier nach Downing Street befördert. Lassen wir fürs Erste mal unberücksichtigt, welche anderen drei Buchstaben diese Regierung dann ins Verderben gestürzt haben, nämlich WMD für Weapons of Mass Destruction, die Massenvernichtungswaffen, die es angeblich bei Saddam gab und die den schon beschlossenen Krieg rechtfertigen sollten, nehmen wir dies nur als Beispiel eines gelungenen Machtwechsels. Nur selten errät jemand die Bedeutung des Akronyms auf Anhieb. Es ist ein einfaches mentales Gliederungsprinzip: Objective Strategy Tactics. Erst das große Ziel definieren, dann überlegen, auf welchem Weg man am besten dorthin gelangt, und schließlich die Transportmittel wählen. Es ist ein Beispiel für eine erfolgreiche Kampagne, man könnte andere anführen. Ihnen ist eines gemeinsam: Eine relativ knappe, zauberformelartige Orientierung der gesamten Operation.

Im Programm der SPD aber geht es munter durcheinander: Die Zukunft der Menschheit, die EU-Vorschriften für den Energieverbrauch von Haushaltsgeräten und dann wieder die

Instabilität in Europa und die kommenden stürmischen Zeiten. So etwas wie die »Netze in Bürgerhand«, die vielleicht die Zukunft kommunaler und dezentraler Stromversorgung darstellen, oder andere spezielle Regelungen gehören eindeutig weder zum Ziel noch zur Strategie. Auch ein Programm muss eine Geschichte erzählen. Es muss den Ausgangspunkt beschreiben, die deutsche Gegenwart des Jahres 2013, dann, was sich in den nächsten vier Jahren ändern könnte, und schließlich, was man entscheiden, regeln und machen kann, damit sie sich auf die gewünschte Art und Weise ändert. Der umfassende Anspruch, das Leben aller Menschen auf alle Zeit zu verbessern, ist kein politisches Ziel, das mit einer Bundestagswahl zu erreichen ist. Ich halte es nicht einmal für ein politisches Anliegen, es ist ein säkulares, humanistisches Heilsversprechen, bei dem man sich eigentlich nur fragt, weshalb Berggorillas und Meeressäuger ausgenommen sind.

Was soll, weiter gelesen, diese Passage über Kinder und Gewalt: »Das Aufwachsen von Kindern und Jugendlichen soll frei von jeder Form von Gewalt, auch sexualisierter Gewalt stattfinden«? Dafür haben wir schon das Strafgesetzbuch, solche Gewalt ist verboten. Im Übrigen kann auch dieses umfassende Versprechen nicht gehalten werden. Wie will die SPD das bewerkstelligen? Es ist, als wolle man das Böse per Gesetz verbieten.

Eine analoge Passage findet sich bei den Alten: »Die Menschen in unserem Land leben länger. Unser Ziel ist es, dass sie die Sicherheit haben, gesund und ohne materielle Not in Würde alt werden zu können.« Auch dies ist wieder eine politisch verbrämte Erlösungshoffnung. Und echte Hybris: Nur ein Gott kann einem Menschen die Sicherheit geben, gesund alt zu werden. Und auch bei materieller Not – statt von einem Ziel müsste man von einem Wunsch oder einem Ideal sprechen und dann einschränken, was gesetzliche Regelungen und soziale Vereinbarungen hier bewerkstelligen können. Das ist

schon eine Menge, die Abkehr vom Renditeprinzip in Pflege-
einrichtungen würde viele entlasten und zu spürbaren Verbes-
serungen führen. Man müsste sich aber auf die Leistungsfähig-
keit des revisionistischen Prinzips beschränken, mit dem, was
Karl Popper das »piecemeal social engineering« genannt hat –
das Leben besser machen anhand kleiner, effektiver und entschlossener Schritte. Das ist schon der Unterschied zwischen
einem schönen und einem mühsamen Leben. So ist die Arbeiterbewegung vorangekommen: Soziale Absicherung, bürgerliche Rechte, gesellschaftlicher Fortschritt, nichts wurde auf
einen Schlag erreicht, immer gab es jahrzehntelange Kämpfe.
Und doch ergeben der bezahlte Urlaub, die Krankenversi-
cherung, der Kündigungsschutz, die Rechtssicherheit auf die
Dauer und in der Summe eine merkliche Verbesserung des Lebens, auch wenn sie nicht allen Kummer aller beenden.

Man erwartet im SPD-Programm, wenn man sich einmal so
richtig festgelesen hat, irgendwann auch eine Passage gegen
Liebeskummer, gegen das Verschwinden geliebter Hauskatzen
oder schwere Krankheiten. Bei der Lektüre beschlich mich die
Phantasie, dass in einem Programmausschuss eine/r der dort
mitarbeitenden Mütter oder Väter von einem schmerzlichen
Sturz eines Kindes mit dem Dreirad berichtet. Schon würden
sich alle überschlagen, eine Dreiradverordnung, eine Agentur
gegen Stürze oder ein bürgernahes Netzwerk ›Sicheres Spielen‹
zu erfinden. Und nur ein Verräter würde sich trauen, die Formel vom Recht aller Kinder auf Freiheit von Schmerzen abzu-
lehnen.

Letztlich verweisen diese totalen und regressiven Wunsch-
träume auf die Situation ihrer Formulierung. In einem Kreis
moralisch ambitionierter Genossen kann man sich durch solche starken All-inclusive-Sätze gegenseitig übertrumpfen. Fordert der eine einen Schutz aller Kinder vor Armut, so fordert
die andere einen Schutz aller Kinder in Europa vor Armut und
Gewalt. Ein Dritter trumpft mit der Forderung auf, Kinder welt-

weit vor Armut, Gewalt und Diskriminierung zu schützen, denn auch blöde Bemerkungen auf dem Schulhof seien ja verletzend. Und wer traut sich nun noch, darauf hinzuweisen, dass das keine Macht auf Erden vermag? Und dass die Wähler so etwas weder erwarten noch möchten, sondern ganz anders deuten, als das Ergebnis eines zwischen All- und Ohnmacht oszillierenden, sozial völlig hermetischen Diskurses?

Diese kritische Lektüre verkennt nicht, dass es in den Weiten des Textes auch starke und humanistisch ambitionierte Ideen gibt. Die SPD der Nach-Agenda-Zeit ist eine Partei exekutiver Exzellenz, ein Verein der Profis, die das Land seit Jahrzehnten an diversen Stellen regieren und es sehr gut kennen. Die Erleichterung der Anerkennung ausländischer Hochschulabschlüsse ist ein solcher Punkt, das Adoptionsrecht für homosexuelle Ehepaare, der Ausbau von familien- und jugendfreundlichen Einrichtungen und vor allem eine effizientere und gerechtere Steuerstruktur, das wären schon wichtige Weichenstellungen. Es ist durchaus die Bereitschaft erkennbar, Risiken einzugehen, und ohne solch eine Bereitschaft gibt es keine gelungenen Politik. Doch muss man die nahrhafteren Elemente wie mit dem Köcher aus dem See filtern.

Das Programm leidet an einer Hypertrophie des Diskursbegriffs: Es wird in den Angeboten, die sich die SPD in diesen Zeilen ausdenkt, wahnsinnig viel geredet, immerzu werden noch mehr Angebote zu noch mehr Gesprächen gemacht. Die Welt dieses Programms ist ein kommunikativer Overkill, in dem der Bürger seine Zeit zwischen Foren, lokalen Initiativen und allen möglichen anderen Plattformen verbringt, um Strom, Wasser, Schule und alles mögliche andere mehr zu besprechen.

Völlig unnötig begibt sich das Programm auf Felder, in denen man zu geringem Nutzen ewige Debatten anzetteln wird, beispielsweise über den Wunsch, das »Bundesjagdgesetz an den Anforderungen des Tierschutzes« auszurichten, ebenso die Nutzviehhaltung an den Interessen der Tiere zu orientieren.

Man möchte bemerken, dass das nicht ganz leicht wird. In einer rundum erlösten Welt schläft, so das Renaissance-Bild, das Lamm neben dem Löwen, hienieden aber wird es schwierig, die Interessen des Kalbes mit denen des Metzgers zu versöhnen. Im Übrigen verlangt das auch niemand von der SPD. Wer sich mit dem Thema beschäftigt, wird vielleicht Vegetarier oder Veganer, kauft bei einem Metzger, der sich um artgerechte Haltung bemüht, reduziert den Fleischkonsum, aber der Akt des Schlachtens oder des Erlegens kann politisch nicht von seiner blutigen Essenz reingewaschen werden.

Es gibt hier ein fehlgeleitetes Verständnis davon, wozu Politik eigentlich da ist, was sie vermag. Wer diesen Katalog gelesen hat und etwas zur Skepsis neigt, wird denken, dass deutsche Politik eigentlich gar nichts mehr kann und darum alles mögliche aufschreibt.

Dabei gibt es, wenn wir bei der Diagnose etwa von Grünewald bleiben, also der auch historisch und politisch bedingten Erschöpfung der Deutschen, gute Ansätze, Politik weiterzudenken und zu modernisieren. Das Entstauben sozialdemokratischer Politikkonzepte muss ja nicht bedeuten, sich hemmungslos den Interessen des digitalen Kapitalismus auszuliefern oder das als zukunftsgerichtet anzunehmen, was das Silicon Valley gerade empfiehlt.

Der britische Labourpolitiker und Soziologe Richard Layard hat solch einen Wandel antizipiert und, lange bevor der Burnout zu solch einem zeitdiagnostischen Begriff wurde, angefangen, neu zu denken. Ausgangspunkt seiner Überlegungen war die Tatsache, dass sich das Wohlbefinden, die Zufriedenheit in Großbritannien seit dem Krieg nicht wesentlich gesteigert haben, obwohl der Wohlstand und das Wachstum so stark gewachsen sind. Glück und Wachstum korrelieren nicht gleichmäßig. Die herkömmliche Politik kennt aber nur das Wachstum als zuverlässigen Indikator, die Union hat sogar in einem Programm geschrieben: Ohne Wachstum ist alles nichts.

Doch die realen Wachstumsraten kennen seit den siebziger Jahren nur eine Tendenz: Abwärts bis zu einer fast perfekten Stagnation. Daraufhin begann man, mit Schulden und Spekulationen künstliche Wachstumsblasen zu produzieren, denn Wachstum war das Kriterium für eine gute Volkswirtschaft, davon hing alles Weitere ab. Doch die frenetische Fixierung auf Wachstum hat die Bürger nicht glücklicher gemacht, sondern ausgepowert.

Es ist aber möglich, der Politik andere Ziele vorzugeben als die Maximierung des Wachstums auf Kosten des Wohlergehens der Bürger.

Layard hat ein Berufsleben lang Arbeitsmarktpolitik für die Labourpartei betrieben, er war ein Fachmann der Arbeitsagenturen. Auf ihn gehen zahlreiche Umstellungen des Systems nach dem Prinzip Fordern und Fördern zurück, die die Arbeitslosenquote in Großbritannien effektiv gesenkt haben. Auch dem lag schon der Gedanke zugrunde, Politik an der Zufriedenheit auszurichten: Zwar würde es der breite linke Konsens vorziehen, arbeitslos gewordene Bürgern möglichst lang möglichst hohe Bezüge zu garantieren, aber deren Selbstwertgefühl und ihre psychische Gesundheit leidet unter dem Eindruck, nicht mehr gebraucht zu werden. Layard empfahl also stattdessen Umschulungsmaßnahmen und Wege, die Arbeitslosen wieder zu integrieren, statt unbegrenzt hohe Bezüge zu zahlen, deren Kosten seelisch stark zu Buche schlagen. Diese Umorientierung der Politik auf eine gesellschaftliche Maximierung des Wohlbefindens war der nächste logische Schritt. Layard nutzte hier die neusten Erkenntnisse der Neurowissenschaften und ihrer speziellen Unterdisziplin, der Glücksforschung. Er verfiel wohlgemerkt nicht einem spätaufklärerischen Wahn, durch eine optimale Staatsordnung jeden Einzelnen beglücken zu können, machte aber doch die Entdeckung, dass Politik für das Glück der Menschen eine Menge bewegen kann, mehr vielleicht als über die herkömmlichen Wege der

Fiskalpolitik, der öffentlichen Investitionsprogramme oder den Umweg über das Investitionsklima der Wirtschaft. Denn so wurde es seit den achtziger Jahren gehandhabt: Geld und Arbeit sind der Boden für das gelingende Leben, sie werden vorwiegend über Unternehmen verteilt, also ist die beste Politik die, die den Unternehmen nutzt. Doch viele Bedürfnisse der großen Konzerne, die nach immens hohen Renditen, nach Flexibilität und Mobilität der Beschäftigten verlangen, haben hohe seelische und damit langfristig auch soziale Kosten. Und: Eine entsprechende Steigerung des Gehalts hat nicht die Bedeutung, die eine Renditesteigerung für eine Firma oder Aktiengesellschaft hat. Zwar ist eine finanzielle Basis sehr wichtig für ein persönliches Glücksgefühl – aber die darauffolgenden Steigerungen bewirken keine große Verbesserung mehr. Jedenfalls schädigt eine Veränderung des sozialen Umfelds durch Umzug oder Scheidung das Wohlbefinden weit mehr, als ein etwas höheres Gehalt glücksmäßig zu kompensieren vermag.

Layard empfiehlt eine Politik für die linke Hirnhälfte. Zu den Elementen, die die seelische Gesundheit, die allgemeine Zufriedenheit, gar das Glück befördern, zählen vor allem soziale Bindungen. Hier ist das Instrumentarium der klassischen Familienpolitik gefragt, aber auch das alte Thema Arbeitszeitverkürzung. Die französische Familiengröße nahm nicht nur wegen Ganztagsschulen und der hervorragenden Qualität der Kleinkindbetreuung zu, sondern auch nach der Einführung der 35-Stunden-Woche. Wenn alle weniger Zeit in Betrieb und Büro verbringen, werden auch die Mütter und Väter nicht komisch beäugt, die früher gehen müssen oder später kommen. Doch auch über den engeren Familienkreis hinaus gibt es Faktoren, die zu einem positiven Grundgefühl beitragen. Befragte waren glücklicher, wenn sie den Eindruck hatten, in einer stabilen und gepflegten Umgebung zu leben. Hierzu zählen also die Attraktivität und Lebendigkeit von sozialen Gemeinschaften wie Vereinen, Bürgerinitiativen oder des bewohnten Stadtviertels. Kennt man sich oder empfinden die Bewohner durch zu viele unvermittelte Um- und Zuzüge eine Anonymität oder gar Feindseligkeit der Wohnumgebung? Weiter spielten lebensweltliche Details eine Rolle, ob die U-Bahn, die Busse, die Stadtbahn sauber und sicher sind, der Weg nach Hause beleuchtet und freundlich und die Nachbarschaft nicht abgerockt ist. Parks, Spielplätze und Sportanlagen empfinden auch jene als Bereicherung ihres Lebens und als glücksverheißend, die sie selbst gar nicht oder nicht sehr oft nutzen. Dasselbe gilt für das kulturelle Angebot, ja, ganz generell für den öffentlichen Raum. Layard empfiehlt also generell eine Politik, die für die seelischen Nöte größere Achtsamkeit entwickelt, die ganz konkret auf die Qualität der psychischen Pflege, der Therapien, auf deren Erstattungsmöglichkeit und natürlich auf Vor- und Nachsorge großen Wert legt.

Mir war früher schon aufgefallen, dass französische Jugendliche weniger Taschengeld bekamen und ganz allgemein weniger Bargeld mitführten als deutsche Altersgenossen, aber dennoch keinen deprivierten Eindruck machten. Das lag auch daran, dass etwa die Stadtbüchereien in Frankreich zügig zu Multimediatheken ausgebaut worden waren, in denen man umsonst auch Comics und Tonträger ausleihen konnte, später auch DVDs. Die Schulen übernahmen die Rollen von Jugendzentren, Kinos, Museen und Bibliotheken waren perfekt in Schuss und beliebte Treffpunkte, und so fehlte nichts, auch wenn man nicht für jede Freizeitunternehmung Geld ausgeben konnte.

Eine auf die Zufriedenheit oder die Zustimmung der Bürger zum eigenen Lebensumfeld und zur Lebenspraxis orientierte Politik ist eigentlich sozialdemokratische Politik: Realistisch, selbstbeschränkt und mit großer Wirkung. Wenn in einer Stadt der Stau am Morgen aufgelöst werden kann, weil Stadtbahn und Radwege die Straßen entlasten, wenn Lärm gedämmt und öffentliche Flächen und Einrichtungen gepflegt werden, wenn die Innenstädte nicht zur Abfolge von Spielhallen verkommen, wenn Freibäder offen bleiben, Stadtfeste sich nicht in Kommerz erschöpfen, Kriminalität nicht endemisch wird, die Wohnungen bezahlbar bleiben, die Schulen gut sind, nichts kosten und eine Ganztagsbetreuung anbieten, die Vereine lebendig und vielfältig agieren, die Wege zur Arbeit und zur Schule zumutbar bleiben und nicht alle permanent umziehen müssen, dann ist vielleicht nicht die Menschheit auf ewig sorgenfrei, aber das irdische Leben im Deutschland des Jahres 2014 wird besser.

Solch eine Umstellung der Politik, die auf die Erschöpfung der Gesellschaft und die unwiderruflich erreichte Grenze des realen Wachstums reagierte, wäre humanistisch und ambitioniert. Sie ist überfällig.

Stattdessen mutet dieses Wahlprogramm der erschöpften Gesellschaft vor allem weitere Erschöpfung zu: Auch das Hinterherjagen nach nie zu erreichenden Zielen – allen Alten die Sicherheit geben, gesund zu bleiben, alle Kinder von Gewalt befreien – ermüdet die Seele. Mit der Regierungsübernahme der Sozialdemokraten würde den Wählern keine Geborgenheit versprochen, keine Last von den Schultern genommen, sie würden stattdessen gemeinschaftlich zu weiterer und permanenter, mindestens kommunikativer Anstrengung verpflichtet. Teilhabe lautet einer der im Programm am meisten verwendeten Begriffe, der andere, übrigens oft falsch verwendet, ist Nachhaltigkeit. Wer sich aber ohnehin schon überbeansprucht fühlt, wer das dringende Bedürfnis nach Unterstützung und Entlastung verspürt, den wird die Aussicht auf noch mehr Teilhabe am großen Ganzen – und zwar auf nachhaltige Teilhabe – eher aufstöhnen lassen. Die in jeder Stadt bekannten Querulanten mit ewig viel Zeit empfinden natürlich die Aussicht auf eine bürgerschaftliche Selbstverwaltung von Stromnetzen und sonst was, auf nachhaltige Teilhabe an allem und jedem wie eine Einladung zur permanenten Party. Aber Studenten, Rentner und Arbeitslose, die zwar Zeit hätten und sich über solch eine Einladung freuen könnten, leben subjektiv in einem permanenten Alarmzustand und sehnen sich erst einmal nach jemandem, der etwas seelischen Frieden organisiert, nicht nach einer Bewegung, die ihnen etwas abverlangt. Aber diese kleinen Schritte, dieses Versprechen der Entlastung macht das Programm nicht, es bürdet den Wählern, die ohnehin erschöpft sind, noch mehr Arbeit auf.

Wenn man aber das Unmögliche verspricht, wird das Mögliche und Gute irgendwie minimiert, als sei es weniger wert. Die Lektüre des SPD-Wahlprogramms ergibt, dass es weder zu einem Kandidaten passt, dessen ganzer Ansatz popperianisch ist, der also die Nuancen, die Weichen des Systems so stellen wird, dass sich das Leben verbessert, dass es aber erst recht nicht zu einem Land passt, in dem die Menschen müde sind von der Arbeit der letzten Jahrzehnte.

Es ist paradox: Je geringer der Stimmenanteil der Sozialdemokraten bei den Bundestagswahlen ausfiel, desto höher und größer wurden die von der Partei verkündeten Ziele. Um der Positionierung zwischen links und rechts zu entgehen, wählten die Genossen den Weg nach ganz oben, eine Mischung aus Kommunitarismus und moralischem Rigorismus, die weit weg war von jener Szene, die mich mehr als jede andere für die Sozialdemokratie eingenommen hatte.

Mittlerweile weiß ich gar nicht mehr, ob ich sie geträumt habe. Es war jedenfalls nicht der Kniefall von Willy Brandt oder die Geiselbefreiung in Mogadischu, sondern eine kurze Sequenz in einer Nachrichtensendung: Der Bundesgeschäftsführer der SPD Peter Glotz stellt dem als Sprayer von Zürich bekannten Aktionskünstler Harald Nägeli eine Wand des Ollenhauerhauses in Bonn zur Verfügung, damit er darauf seine Linien und Formen sprüht.

Es war diese Verbindung aus urbaner Avantgarde und leicht spröder Intellektualität im Hauptquartier einer linken Partei, die mich charmierte. Heute sind diese beiden Elemente aus dem öffentlichen Bild der Sozialdemokratie verschwunden und Peter Glotz ist vergessen. Und damit die Möglichkeit von vielen in intellektuellen Berufen, in Forschung und Wissenschaft Tätigen, aber auch von Managern und Ingenieuren, eine Identifikationsfigur in der Partei, eine Ahnung von Freude an Ideen, der Weiterentwicklung, der Überwindung des nationalen und soziokulturellen Horizonts zu finden. Peter Glotz hatte ein ganz anderes Bild von der SPD als die heute gängigen:

»Für mich war die SPD in dieser Reihenfolge eine Partei der Aufklärung, des wissenschaftlichen Fortschritts, der Bürgerrechte und der sozialen Gerechtigkeit. Die ›Seele der Partei‹ hing für mich nicht von der Höhe des Kindergeldes oder des Mutterschaftsgeldes ab. Die Sopos, getragen von den altruistischen, wirtschaftsfernen Mittelschichten im Apparat und in unseren Versammlungen, sahen das anders. Die Sopos der CDU/CSU waren übrigens nicht anders gestrickt als die unseren. So wurde der breite, helle Weg der Sozialdemokratie zum Hohlweg der Sozialpolitik.«

Nicht wenige Politikbeobachter sehen diesen Hohlweg als Ausweg. Wie oft habe ich gehört, dass die SPD genau einen Markenkern habe, und das sei die sogenannte soziale Gerechtigkeit. Aber das ist historisch gesehen nur eine von mehreren Komponenten des Charakters dieser linken Volkspartei. Man sollte besser von einer Troika der charakteristischen Elemente reden. Davon ist der soziale Ausgleich, die Solidarität nur einer, denn sonst wäre die Partei ja eine Art Genossenschaftsverband geblieben, in dem alle bleiben, was sie sind, versorgt und stetig. Gleichheit und Gerechtigkeit sind ja auch konservative Werte: Die ständische Gesellschaft lebte von der Überzeugung, dass jeder in der Welt einen Platz habe, an dem er oder sie rechtmäßig leben und wirken sollte. Man sollte nicht umziehen, sich nicht in einen anderen Stand begeben, das Handwerk wechseln oder sonstwie für Unruhe sorgen, sondern der rechtmäßigen Ordnung gemäß leben. Gerecht war, wenn jeder an seinem Platz bleiben konnte, und gleich war man, wenn man auf und in seinem Stand verharrte.

Insofern ging es den Sozialdemokraten immer auch um den Fortschritt, die Veränderung. Zum einen, ganz individuell, durch Bildung. Die Attraktivität auch der frühen Partei war ja, dass sie Anerkennung und Ausbildung vermitteln konnte und darüber hinaus den Eindruck, an der Gestaltung einer besseren Zukunft teilnehmen zu können. Es ging nicht darum, etwas mehr Geld in der Tasche zu haben und die Kinder auf demselben Niveau versorgt zu wissen, sondern aus ungesunden und elenden Verhältnissen herauszukommen, sich moralisch und allgemein zu bilden und weiterzuentwickeln. Es ging um eine Überwindung auch der symbolischen Geringschätzung durch Bürgertum und Adel, um eine fortschrittliche Anthropologie, die gerade die Dynamik propagierte und nicht den Stillstand, das Aufgehobensein in einer ewig unveränderten ständischen Ordnung.

Dieser Aufbruch betraf die Industrie, die Technik, auch die Kultur. Lange waren das Aufkommen der Massenunterhaltung und die Arbeiterbewegung verwandte Phänomene. Wenn man heute studiert, was die Arbeiter und Tagelöhner von damals gerne sahen, wird man eher im frühen Kino, in Western und Komödien ein wegweisendes Angebot erkennen als in den national gesinnten Dramen und Heldenschinken des Großbürgertums.

Doch dieser Spaß am kulturellen Fortschritt, an dem, was einmal modern sein wird, an der Avantgarde, ist einer aggressiven Biederkeit gewichen. Die Partei macht sich zwanghaft schlichter, als sie ist, kultiviert Wortkargheit und Verbundenheit mit der Verehrung der heimatlichen Scholle und vorreflexiver Instinkte statt Diskursfähigkeit und intellektueller Kompetenz. Eine Form von kauzigem Eigensinn wird zelebriert, weil Eleganz und Urbanität suspekt sind. Der Gedanke des In-

ternationalismus ist fast ganz vergessen, allenfalls in Schrumpf-
form noch vorhanden. Globalisiert, das sind die anderen, das
sind das Kapital und die Internetkonzerne. Ansonsten noch
die Wissenschaft, aber auch an den Universitäten gibt es kein
inspirierendes, mit den Sozialdemokraten verbundenes Nachdenken, wenn man von einigen archivalischen Resten absieht.
So gibt sich die Partei selbst ein mattes, wenig attraktives Bild.
Zwar ist man stolz auf die Fotos, die Willy Brandt und Helmut
Schmidt mit den Filmstars, den Künstlern und Musikern ihrer
Zeit zeigen, heute aber sollen die SPD-Größen nur mit ideologisch gefestigten, meist älteren und betont kernigen Typen
zu sehen sein. Günter Grass ist der Normalfall sozialdemokratischen Lebensgefühls geworden, andere Lebensgefühle sind
nicht aufgekommen.

Eine Ausnahme bildet allein Klaus Wowereit, der zu Recht
mächtig stolz darauf ist, auch außerhalb der Partei bekannt zu
sein und überall erkannt zu werden. Sein Handicap liegt wiederum darin, dass er diese kulturelle Neugier und Omniprä-
senz nicht in entsprechende politische Initiativen oder Ideen
übersetzt. Es muss schon eine wechselseitige Inspiration festzustellen sein.

Bei Glotz und dem Sprayer war das nie eine Sorge, der eins-
tige Bundesgeschäftsführer entwickelte jede Menge Ideen, allerdings so viele, dass sich irgendwann ein inflationärer Effekt
einstellte. Nimmt man seine Bücher wieder zur Hand, sind
durchaus viele Weichenstellungen zu rekonstruieren. So warnte
Glotz vor einer Erweiterung der Europäischen Union, bevor
nicht die nötigen Institutionen zu einer gemeinsamen Finanz-
und Außenpolitik geschaffen wären. Die Erweiterung ohne
Vertiefung sei eine Verflachung, die einzig im Sinne der Neoliberalen liege. Hier sehen wir, in der Rückschau, tatsächlich
eine wesentliche Fehlentwicklung, Vertiefung vor Erweiterung
wäre besser gewesen. Und er versuchte vergebens, die Partei
für moderne Technologien und jene, die sie entwickeln, zu öff-

nen. Sein Wunsch war stets, dass die Sozialdemokraten auch im Vorstand der Gesellschaft vertreten wären, nicht nur im Betriebsrat.

Heute sind sowohl der Mann wie auch seine Ansichten vergessen. Dabei hat er den schleichenden Infarkt der Partei genau beschrieben und das Ende korrekt prognostiziert. Er warnte schon vor Jahren vor der »Lähmschicht« der mittleren Parteielite. Er schlug vor, »als Korrektiv zur mittleren Parteielite der Ehrenamtlichen einen hochqualifizierten hauptamtlichen Apparat« zu schaffen, also eine Truppe von politischen Sekretären. Er belebte die Tradition der Parteischule, 2001 musste sie geschlossen werden. Er organisierte den Wechsel von Günter Verheugen und Otto Schily aus der FDP bzw. von den Grünen zur SPD.

»Verheugen und Schily gehören heute zur allerersten Reihe der sozialdemokratischen Politiker. Haben wollte die SPD sie nicht. Sie rochen falsch.« Und in seinen knapp vor seinem Tod fertig gestellten Memoiren »Von Heimat zu Heimat« äußert Glotz sogar offene Zweifel an der Fähigkeit der Partei, noch einmal eine wichtige Rolle zu spielen: »Hat die SPD die Chance einer Renaissance? Das ist zwar nicht sicher, wie man an der Zerstörung der Sozialistischen Partei Italiens SPI durch Bettino Craxi sehen kann, aber es ist möglich, sich zu fangen. Es wird allerdings Geduld, Stehvermögen und neue Führungsfiguren erfordern.«

Glotz pflegte einen eleganten bis luxuriösen Lebensstil und verteidigte ihn auch. Er fand, dass die selbst auferlegte Austerität der oberen SPD-Genossen die ganze Sache ihrer Attraktivität beraube. Wenn etwa der damalige Vorsitzende Hans-Jochen Vogel sich entschuldigte, Business Class zu fliegen, sah Glotz darin schon den Beginn einer schleichenden Selbstentmächtigung der Politik. Er war genervt, wenn man ihm einige luxuriöse Pausen von seinem aufreibenden Alltag missgönnte, seinen Geschmack an guten Hotels missbilligte oder ihn deswegen kritisierte, dass seine Bundestagsmitarbeiterinnen und -mitarbeiter beim Verfassen seiner Bücher und Artikel halfen. Der Mann, der zu meiner Zeit mehr dafür tat als jeder andere, dass die Sozialdemokraten eine moderne Partei waren und nicht bloß das Museum ihrer selbst, nicht bloß politisches Weltkulturerbe, wollte auch ein Leben führen, das nicht spießig war und nicht unter seinem Niveau. So wie im Übrigen viele andere Deutsche. Er moderierte ein in meinem Studium sehr wichtiges Gespräch mit Pierre Bourdieu, konnte mit Intellektuellen aus allen europäischen Ländern diskutieren und machte dabei oft die beste Figur. Als einer der wenigen hielt er noch die Fahne des Internationalismus hoch und lebte wirklich politische Kultur in dem Sinne, dass er das Gespräch auch mit schwierigen Intellektuellen und Wissenschaftlern suchte.

Diverse Male pilgerte ich zu Veranstaltungen mit ihm, es war stets ein Genuss. Nicht selten konnte man brisante und weiterführende Lektüreempfehlungen notieren, bekam eine furiose Beschreibung der Gesamtlage, es war ein Fest. Glotz erhöhte permanent die Komplexität. In Zeiten, in denen die Linken und Grünen in immer dolleren Moralorgien schwelgten, in denen der Kitsch den politischen Diskurs verklebte und der Manichäismus dominierte, verwirrte seine stets unvorhersehbare Argumentation und hielt einen auf Trab. Richtig gemütlich wurde es mit ihm nie, heute wäre er ganz aufgeschmissen: Kein Stallgeruch, kein religiöses Bekenntnis zur Rente der alleinerziehenden Krankenschwester und dann die Nähe zur Wirtschaft, nicht auszudenken. Politisch stand er den Besten seiner Zeit nahe, Willy Brandt und Oskar Lafontaine. Brandt war für ihn kein Denkmal, sondern sein Chef. Reaktiviert hat ihn dann einmal Rudolf Scharping bei seiner gescheiterten Kanzlerkandidatur, Glotz kam in das Schattenkabinett, sein letzter großer Einsatz für die Partei.

Nach seinem Tod wandte sich ein ehemaliger Kollege Glotzens aus Erfurt, der Politikwissenschaftler Dietmar Herz, mit

der Idee an die Partei, regelmäßige Glotz-Kolloquien abzuhal-
ten und einen entsprechenden kleinen Verein zu gründen, aber
bislang ohne Erfolg. Herz hatte Glotz als Gründungsrektor der
Universität Erfurt erlebt, wo ihm ganz ähnliche Probleme ent-
gegengeschlagen waren wie in der SPD: Wozu brauchte die
Uni ein Büro in den USA? Wozu große Abteilungen zum Ein-
werben von Fundraising und vieles mehr? Auch der öffentliche
Dienst hatte sich dem neoliberalen Zeigeist angepasst: Maus-
grau sollten Universitäten und Politiker daherkommen. Das
bunte Kleid eines geschäftigen, schönen bis luxuriösen Lebens
sollte Medien, Sport und Unternehmen vorbehalten bleiben.

Heute ist nicht bloß die Erinnerung an Mann und Werk ver-
weht, der ganze Stil, der Versuch, solche Personen und Fragen
anzusprechen, liegt brach.

Ich sah Peter Glotz zum letzten Mal am Flughafen in Zürich
und wollte irgendetwas Nettes sagen, deutlich machen, welche
Rolle er meiner Ansicht nach spielte, aber er erinnerte sich
an einen Halbsatz in einem Artikel von mir, in dem ich die
Relevanz der von ihm verantworteten Zeitschrift »Neue Ge-
sellschaft/Frankfurter Hefte« anzweifelte, eine kleine Spitze in
einem längeren Artikel, die ich mir ebenso gut hätte sparen
können. Doch Glotz sah sich genötigt, sich zu rechtfertigen
und die Wirkung dieser Publikation in die Partei hinein zu beschreiben. Ich hätte die knappe Zeit, bis zum Einfahren des
Zuges, der uns vom Flughafen in die Stadtmitte bringen sollte,
lieber mit anderen Themen verbracht, aber ich war beruhigt,
als ich erfuhr, dass er an seiner Autobiographie schreibe, sie sei
fast fertig. Wir verabredeten spontan, dass ich ihn kurz vor Erscheinen des Buches besuchen und etwas schreiben würde.
Einige Wochen später kamen die Fahnen, ich las sie an einem
Abend und in die Nacht hinein, sehr ergriffen und aufgewühlt.
Im Halbschlaf fiel mir auf, dass in dem Buch zwar etwas von
einer Krebsdiagnose, aber nichts von einer Heilung geschrieben stand. Am frühen Morgen schrieb ich Glotz eine E-Mail

und gratulierte ihm zu dem Buch, aber da lebte er schon nicht mehr. Die Dame des Verlags rief mich am Vormittag an mit dem bemerkenswerten Satz: »Die Sache mit ihrem Interviewwunsch hat sich leider in eine andere Richtung entwickelt.«

Und die Partei, von der er in seiner Autobiographie schlicht feststellte, sie liege »in Trümmern«, auch. Es findet dort, abgesehen von Aufwallungen vor Wahlen, nichts Spannendes mehr statt. Sollte jemand das ändern wollen, wird es mit einer Pflege sozialpolitischer Themen und einer Kümmerer-Attitüde nicht getan sein. Es gilt, was Lars Brandt über eine Prinz-Heinrich-Mütze seines Vaters Willy schrieb, die ihm irgendwelche Berater aufgeschwatzt hatten und die ihm nicht stand, ja sogar Unglück brachte: »Man soll sich auf Dauer eben nicht schlichter geben, als man ist.«

9

EIN MONTAG IN BERLIN

Ein massiger Braunbär hat sich auf einen sehr großen Ball begeben. Er ist regungslos, die mächtigen Pranken umklammern den Ball an vier Punkten, wie um etwas Halt zu finden. Er wirkt stabil, aber auch ängstlich. Der Bär neben ihm steht auch auf einem Ball und hat die Zunge aus dem Maul geschoben, als würde er nachdenken. Er hat die rechte Vorderpranke ausgestreckt, als wolle er den Ball nach vorne bewegen. Diese Armbewegung des kompakten Tieres hat etwas unerwartet Graziles. So erwächst aus dem Wunsch des schweren Bären, nach vorne zu kommen, so etwas wie zirzensische Akrobatik.

Die beiden Berliner Wappentiere aus Bronze stammen wie die gesamte Dekoration des Alten Berliner Stadthauses aus dem Beginn des 20. Jahrhunderts, entworfen hat sie Georg Wrba. Inzwischen residiert hier die Senatsverwaltung für Inneres. Heute Abend hat die Karl-Schiller-Stiftung den Festsaal gemietet, eine dem unternehmerfreundlichen, linksliberalen Flügel der Sozialdemokratie nahestehende Vereinigung.

Es ist ein Montagabend, der kurze Berliner Sommer droht schon wieder, sich in einen frühen Herbst zu wandeln. Die Stadt erscheint noch verwahrloster und unregulierter als sonst. Aus jedem Gebäude, das nicht bei drei auf den Bäumen war, ist noch ein weiteres Hotel oder Hostel geworden. Zwischen zwei Hotels setzt man ein weiteres Hotel, da bahnt sich eine klassische Blase an. Baustellen grenzen an Baustellen, niemand scheint das mehr im Blick, geschweige denn im Griff zu haben. Vor der »Schaustelle«, von der aus man auf die Bebauung des Schlossplatzes schauen kann, haben zwei gelangweilte Polizisten, eine Beamtin und ein Beamter, ein Trio festgenommen. Eine Frau und zwei Mädchen, eigentlich Kinder. Sie schauen fast herausfordernd, die Polizisten telefonieren oder sind sonstwie beschäftigt, es dauert. Währenddessen sehen alle Autofahrer, sehen die tausend Touristen, sehe ich die Kinder in Handschellen. Egal, was die Mädchen ausgefressen haben, es ist ein widerliches Bild. Kräfte walten so roh wie möglich, an zivilisatorischen Einhegungen verlieren die Leute zunehmend das Interesse, als sei das zu viel verlangt, zu viel Mühe.

Für Peer Steinbrück ist es ein ganz normaler Montag im Wahlkampf 2013: Im »Spiegel« schreiben zwei wichtige Strategen der »Grünen«, Claus Leggewie und Daniel Cohn-Bendit, auf zwei Seiten, worin der Sinn und die Schönheit der schwarzgrünen Koalitionsoption besteht. Der Parteivorsitzende der SPD sorgt in einem Interview mit der »Bild am Sonntag« für Konfusion, als er die Steuerpläne erläutert und sagt, sollte man durch die Bekämpfung von Steuerflucht und Steuervermeidung sehr viel mehr einnehmen als erwartet, werde die SPD die Steuern nicht in dem Maße erhöhen wie vorgesehen. Er fügt auch an, er selbst finde Steuern »nicht sexy«. Gabriel reagiert, als scheue er den Vorwurf, die SPD sei eine Steuererhöhungspartei. Das Ergebnis ist ein großes Durcheinander und erweckt den fatalen Eindruck, die SPD rudere im Falle der Erhöhungen zurück, bedauere den fiskalen Klartext, der doch die Essenz der ganzen Kandidatur war. Steinbrück zitiert es doch so oft als seine Geheimwaffe, er wird es machen wie der niederländische Genosse Diederik Samson: Den Leuten offen und ehrlich sagen, dass es teuer werde, mit Europa und überhaupt. Und weil die Menschen die Trickserei leid seien und durch Offenheit Vertrauen entstehe, könne es, wie in den Niederlanden, völlig überraschend ein gutes Ergebnis geben am Wahlabend. Gabriel konterkarierte diese Hoffnung. Sicher hatte er gute Gründe, auch historische. Im Fernsehduell zwischen Walter Mondale und Ronald Reagan 1980 erklärte der Demokrat:

»Egal, wer gewinnt, der nächste Präsident wird Steuern erhöhen müssen. Mein Gegner wird Ihnen das nicht sagen – ich habe es gerade getan.« Reagan gewann haushoch. Spätestens seitdem gibt es für konservative Parteien nur ein Mantra: Steuern immer runter. Ob es dann so kommt, ist etwas völlig anderes. Mich erinnert das immer an mein kurzes Engagement bei der Frauenzeitschrift »Amica«. Kurz vor Redaktionsschluss entdeckte ich auf dem Cover die Ankündigung einer Geschichte über das Licht der Sahara. So eine hatten wir aber gar nicht im Blatt, es gab sie gar nicht. Der erfahrene Chefredakteur beruhigte mich: Es gehe beim Cover allein um die stimmungsmäßige Gesamtkomposition, da sei warmer Wüstensand genau das Ingredienz, das noch fehle. Es überprüfe dann aber niemand, ob sich dazu auch etwas im ohnehin sehr dicken Heft finde. Steuersenkungen sind der Saharasand der modernen Politik: Ein Zauberwort, das zum Träumen einlädt.

Wie man es mit den Steuern hält, ist also eine wichtige strategische Entscheidung, nur eines geht nicht: sich beide Optionen offenhalten zu wollen. Genau dieser Eindruck aber entstand. Und die »Welt am Sonntag« hatte eine echte Räuberpistole veröffentlicht, derzufolge ein angeheirateter Cousin womöglich versucht hatte, Steinbrück als Stasi-IM anzuwerben. Die Geschichte war ein einziges Innuendo: Nichts kann man beweisen, aber Steinbrücks Name taucht in der Rosenholzdatei auf, in der die CIA die deutschen Spione des KGB aufgelistet hatte. Das Team des Kandidaten bemühte sich daraufhin, die gesamte Stasi-Akte Steinbrücks zu bekommen, was die Behörde aber erst für den 16. September, also wenige Tage vor der Wahl, versprechen wollte. So war sichergestellt, dass das Thema ihn noch mehr Redezeit kosten würde, obwohl niemand glaubte, es sei ein substantieller Vorwurf zu vermuten. Als Steinbrück – plötzlich ging es doch schneller – einige Tage später die Akte online veröffentlichte, stellte sich heraus, dass ein entfernter Verwandter sich wichtig gemacht und abendliche Monologe des jungen Beamten notiert und seinen Kollegen von der Staatssicherheit überreicht hatte.

Wobei wenig verwunderlich ist, dass die Stasi an einem jungen Beamten der Ständigen Vertretung interessiert war, es gab ja auch genug, die an irgendeinem Punkt die Seiten gewechselt hatten. Aber weder damals noch heute gehörte Peer Steinbrück zu den Bewunderern der DDR. Die von dem Verwandten wiedergegebenen Äußerungen enthalten keine Spur von den seinerzeit so verbreiteten synergetischen Gedanken, die die Annäherungen der Systeme, die friedliche Konvergenz prophezeiten. Aber Steinbrück wusste auch nicht, dass die DDR eines Tages zusammenbrechen würde, also fanden sich in den Gesprächen auch aufmunternd gemeinte Komplimente für die insgesamt ruhigere Lebensweise im Sozialismus. Die Haltung Steinbrücks zu SED und Stasi war klar.

In diesem Zusammenhang gewährt eine ganz andere, von ihm erzählte Stasi-Anekdote einen wichtigen Einblick in seine Auffassung von politischer Performanz.

Als Büroleiter von Johannes Rau begleitete er seinen Chef zur Leipziger Messe. Wie es damals oft vorkam, hatten sich Bürger der DDR in ihrer Bedrängnis mit Petitionen und Briefen Johannes Rau genähert und versucht, ihm die Unterlagen zu ihren Fällen, es ging meist um Ausreiseanträge oder Gnadengesuche, zur Weiterleitung an Honecker mitzugeben. Diese Bürger wurden aber vor den Augen der Delegation von der Stasi abgedrängt und festgenommen. Später traf sich die Delegation in einer Hotelsuite, um den Vorfall zu besprechen. Dort trat auf der Ständige Vertreter der Bundesrepublik Deutschland, Hans Otto Bräutigam. Der machte Rau und seinen Mitarbeitern ohne Worte, aber mit wenigen Gesten klar, dass sie still sein sollten, dass überall Mikrofone angebracht seien und sie sich nicht weiter wundern müssten über das, was er ihnen nun sagen werde. Dann hob Bräutigam an, im hölzernen Ton der offiziellen Sprache der DDR, den Ministerpräsidenten auf-

zufordern, abzureisen – und zwar noch bevor er Honecker getroffen habe. Denn die Verhaftung der Petenten sei ein uner-
träglicher Affront und eine Provokation gewesen und er müsse
also darauf bestehen, dass Rau und die Delegation unverzüg-
lich die DDR verlassen, etwas anderes könne er als Repräsen-
tant der Bundesregierung nicht hinnehmen und so weiter. Es
war ein eindrucksvoller Monolog, ein Ein-Mann-Stück mit vollem dramatischen Körpereinsatz. Rau, Steinbrück und die
anderen waren dabei Statisten, das wahre Publikum war nicht
im Raum und nicht zu sehen. Es war dennoch ergriffen. Auf
diskreten Kanälen wurde signalisiert, die Delegation möge
bleiben, alles werde sich wenden. Beim Treffen am folgenden Tage, so groß war ja die Macht der sozialistischen Sultane,
wurden die Schicksale günstig beeinflusst. In Wahrheit war
eine Abreise natürlich gar nicht erwogen worden, man wollte
den Gesprächsfaden der Entspannungspolitik nicht abreißen
lassen. Aber um vor dem Gespräch ein günstiges Klima zu
schaffen, ein Druckmittel zu haben, musste der amtliche Vertreter der Bundesrepublik ebendieses Ein-Personen-Stück so
überzeugend aufführen, dass die auswertenden Offiziere es
verstanden und für bare Münze nahmen.

Steinbrück berichtet fasziniert von der performativen Dimension der Szene, von einer Intelligenz, die sich nicht in Pa-
pieren, sondern im gesprochenen Wort äußerte, von Theater,
das Menschen zu retten vermochte. Und er sieht dies als
gelungenes Beispiel für eine von ihm bewunderte politische Fähigkeit: »Turn weakness into strength«. Überwacht und weitgehend machtlos, saß die Delegation von NRW da, einigermaßen bedrückt angesichts des Schicksals der Landsleute. Doch
das politische Theater Bräutigams hatte die Lage gewendet,
und zwar indem es sich der Sprache und der Mentalität der anderen Seite bediente und die strukturelle Schwäche in symbolische Stärke zu verwandeln verstand.

Es war die politische Bühne, die Peer Steinbrück die Energie gab, auch solche Montage durchzuhalten. Dieser Tag war die Geschichte dieses Wahlkampfs in einer Nussschale: Themen, die nirgendwohin führen, Fehlkommunikation der Parteispitze und eine Koalitionsarithmetik von täglich zunehmender, stets teuflischer Komplexität. Einen Monat vor der Wahl war immer noch unklar und nicht einmal gut abzuschätzen, ob die Liberalen wieder im nächsten Bundestag vertreten sein würden. Oder in welcher Stärke die Linke einziehen würde. Und doch hing davon fast alles ab. Es war knapp, aber statt weiteres Terrain zu gewinnen, musste Steinbrück sich rechtfertigen und Erkärungen nachreichen, Und noch konnte er sich nicht in ein Verliererschicksal fügen – obwohl viele solcher Montage ihn einer bösen und enthemmten Lächerlichkeit preisgaben, auch immer neue Reaktionen und Stellungnahmen nötig machten, die die ihm eingeräumte Redezeit fast völlig aufzehrten, obwohl die Zahlen eindeutig schienen –, auch die beliebteste Kanzlerin aller Zeiten hatte, trotz eines guten zu erwartenden Ergebnisses, trotz eines meisterlichen zen-artigen Nicht-Wahlkampfs, keine ordentliche eigene Mehrheit in Aussicht.

Steinbrück war außerdem noch ganz aufgewühlt und inspiriert vom Wochenende, als während des Geburtstagsfestes der SPD 300000 Besucher auf der Fanmeile von Berlin die Rede des Kandidaten angehört hatten. Diese Öffnung zu einer verblüffend zivilen und freundlichen Bevölkerung, eine Ahnung von Volkspartei mit Massenbasis, war ein wohltuender Ausbruch aus einer Kommunikation über die immer gleichen schlechten Zahlen mit immer denselben Leuten. Und man sah selbst auf den Bildern des Livestream die Begeisterung und den Übermut der Genossen, aus ihrer verkorksten Parteizentrale im Wedding entflohen zu sein. Es gelang der sogenannten, viel verspotteten Troika, die den Wahltag als solche nicht überleben würde und längst Gegenstand von komplizierten, langen Texten zur SPD-Astrologie war, etwas Selbstironie, als sie im Vorlesezelt die »Bremer Stadtmusikanten« vortrug.

Der Menagerie, den Fabelwesen und dem zirzensischen Element war in diesem Wahlkampf nicht zu entfliehen. Jetzt trat Steinbrück also, im Festsaal des Stadthauses, neben einem fast lebensgroßen Bären aus Bronze auf – die kleineren, die auf dem Ball, zierten die Säulen der Eingangshalle. Der hohe und festliche Saal hätte in einem Film gut als Sektenzentrale der Börsenhasser fungieren können, in dem nur dem Bärenmarkt gehuldigt wird. Als Redner war Steinbrück wieder ganz präsent und entwickelte seine liebste Rolle, die des nervenstarken Jongleurs mit großen Zahlen, der auch den Wert intakter Autobahnbrücken zu schätzen weiß. Ein Mann, der die Unternehmer mag und dem sie ihre Sorgen anvertrauen: den Mangel an Fachkräften, die Kosten für Energie und Rohstoffe und die überkomplexe Bürokratie. Diese Rede hatte auch eine stark selbstreflexive Komponente, erstmals wurden, nach seiner Pause im Sommer, auch die Erlebnisse in diesem Wahlzirkus selbst reflektiert. Steinbrück begann daher seine Karl-Schiller-Rede mit einer nostalgischen politischen Anwandlung: Früher seien Wahlkämpfe durchaus mit wirtschaftspolitischen Themen bestritten worden. 1969 beispielsweise sei ein zentrales Thema des Bundestagswahlkampfs die Aufwertung der D-Mark gewesen, und er bewundert das im Nachhinein: »Solch ein komplexes Thema!« Man staunt mit dem Kandidaten. Freilich ist nicht festzustellen, dass in diesem Wahlkampf im Stile einer postdemokratischen Verflachung irgendein seichtes, personenbezogenes oder irreführendes Thema diskutiert würde, es wird einfach überhaupt nicht diskutiert. Zurück in jene Zeit reicht auch ein Willy-Brandt-Zitat: »Wir wollen ein Volk guter Nachbarn sein.« Doch mit der Erinnerung an den Zweiten Weltkrieg und den Kalten Krieg verblassen auch die guten Vorsätze. Wer weiß schon noch, dass Deutschland erst Schulden erlassen werden mussten, bevor ein Aufstieg möglich wurde? Selbst die elementarsten historischen Landmarken sind nicht mehr zu erkennen, nicht aus einem Mangel an Gedenktagen und Erinnerungen, sondern im Gegenteil aus einer beliebigen Fülle der Jahrestage und der historischen Events. Es legt sich ein intellektueller und konzeptioneller Nebel über das Land, in dem die Kanzlerin stolz ist, auf Sicht zu fahren. Wenn Steinbrück an damals erinnert, an die Klarheit, auch die Anstrengung der Verhältnisse, wirkt er erst recht wie ein Mann aus einer anderen Zeit. Vielleicht einer besseren.

Er kommt dann auf eine aktuellere Frage, die ganz grundsätzlich das Verhältnis von Staat und Wirtschaft berührt: »Bei wem liegt das Primat?« Er erinnert an die »dienende Funktion« der Wirtschaft und stellt fest, dass das Merkel-Wort von der »marktkonformen Demokratie« weder Karl Schiller noch Ludwig Erhard eingefallen wäre. So findet er zu sich zurück: Im Begriff des politischen Primats, nach dem es eben auch in Ordnung ist, eine insolvente Bank mal »vom Markt verschwinden zu lassen« und einen Fonds dafür aus dem Vermögen anderer Banken zu speisen und nicht allein aus öffentlichen Geldern und dem Vermögen der Sparer.

So war diese Kandidatur einmal gedacht: Klare Ansage, großer Vortrag vor den Eliten aus Wirtschaft, Wissenschaft oder Verwaltung. Er unterfordert niemanden, ist weder von Minderwertigkeitskomplexen geplagt noch vom Größenwahn gebeutelt, nicht besonders kamerasüchtig, aber doch mit Vergnügen an einem solchen Termin, dem aufmerksamen Publikum, dem angenehmen Rahmen, in dem ihm sogar Wasser gebracht wird. Nirgends kommt man dem Glanz der Kandidatur, wie sie hätte sein können, so nah wie hier. Er spricht über das Verhältnis von Konsolidierung und Förderung und die fatalen Folgen, die es hat, in der Krise prozyklisch zu agieren, also einer lahmen Wirtschaft durch staatliche Austeritätsprogramme den letzten Rest zu geben. Es sei wie mit einem Herzmittel – der gehobene Altersschnitt des Publikums legt die Analogie nahe, Steinbrück sagt es im stage whisper: »Auf die Dosis kommt es an.«

Da hat man den ganzen Mann, das Programm und eine lange

sozialdemokratische Tradition in einem Moment. Steinbrück macht nicht den Sack der staatlichen Wohltaten auf, er führt nicht die Front gegen die kriminellen Bankster und Steuersünder an, peitscht die Leute nicht damit auf, dass sie seit Jahren und Jahrzehnten die historischen Lasten tragen. Im Publikum sind viele Selbständige und den Sozialdemokraten nahestehende Familienunternehmer, er verspricht ihnen keine neue Gründerzeit oder eine traumhafte Entlastung. Er macht allenfalls deutlich, dass sie bei Steuern verschont bleiben, wenn sie ordentlich ausbilden und investieren. Und er erläutert brav, wofür die von ihm dennoch geplanten höheren Steuern genau verwendet werden sollen: Infrastruktur, Bildung, Schuldenabbau und Entlastung für Städte und Gemeinden. Es ist das deutsche Viereck des guten und biederen Lebens. Auf die Dosis kommt es an – das war kein besonders flotter Slogan, er erinnerte mich an das Grundstudium in neuer Geschichte bei Elisabeth Fehrenbach: Differenzieren, differenzieren, differenzieren. Sie empfahl es allerdings auch für Situationen, falls man als Prüfling einmal in Bedrängnis geraten sollte, weil man etwas nicht auf Anhieb wusste oder keine Ahnung hatte, auf was die Frage hinauslief: Erst mal die Frage in eigenen Worten wiederholen und dann differenzieren: Den Stadt-Land-Gegensatz betonen, Kontinuitäten gegen Diskontinuitäten abheben, die diversen Epochen der Forschung unterscheiden. Es ist ein klassischer linksliberaler Reflex, ein bewährtes intellektuelles Instrument der alten Bundesrepublik. Um diese Art, zu denken und zu operieren, ging es in diesem Wahlkampf, das wurde immer deutlicher. Es ging um eine spezifisch bundesrepublikanische Art, sich der Welt zu nähern, und die Frage war, ob diese abwägende, differenzierende Herangehensweise noch adäquat war. Vielleicht verlangte die digitale Zeit mit ihren übermächtigen Finanz- und Internetkonzernen ja ein viel entschlosseneres Auftreten einer geschlossenen politischen Klasse? Und vielleicht benötigte die Medienlandschaft völlig andere Botschaften, die ganz anders durchdringen? Quentin Tarantino erklärte einmal, welchen Unterschied es bedeute, ob man in den Vereinigten Staaten oder beispielsweise in Korea für einen Film werbe. In seiner Heimat sei das künstlerische Understatement gefragt, das wir auch aus Deutschland kennen: Hoffentlich macht euch das Zuschauen so viel Spaß wie uns der Dreh, solche Sprüche. Anders in Asien, da muss man direkt in die Kamera schreien: »Das ist der beste Film, der je gedreht wurde, ihr müsst ihn euch unbedingt ansehen!«

Kann also dieses skeptische, langsame, abwägende Prozedere in einer digitalen Welt, in der sich Bürger, Verbraucher und letztlich auch Wähler an einen Doppelklickrhythmus gewöhnt haben, bestehen?

Die Bundeskanzlerin operiert ganz anders: Sie betreibt die permanente Reduktion eines großen Problems in ein kleineres, um schließlich zu einem nicht mehr reduzierbaren Punkt, zur Stabilität, zu kommen. Sie ist der andere Bär, der den Ball sicher in vier Tatzen festhält, im Stillstand: So bleibt man länger oben.

Dann kommt Steinbrück auf Horst Seehofer zu sprechen und dessen Vorschlag, eine PKW-Maut nur für Ausländer einzuführen: »Wer eine Maut für Ausländer einführt, muss sie auch für Inländer einführen, das gebietet der Gleichbehandlungsgrundsatz in der Europäischen Union. Ich weiß das, und Horst Seehofer weiß das auch.« Steinbrück fügt, wie aus einem Traum hochfahrend, noch etwas an, es ist ein besonderer Moment der Wahrheit, wie sie sich oft einstellen, wenn er in geeigneter Umgebung zu großer Form, zu sich selbst und darüber hinaus findet: »Ehe ich mich dahinreißen lasse, vergeht noch ein bisschen Zeit.« Er meint das Formulieren von Wahlkampfversprechen, von denen er genau weiß, dass sie falsch sind: »So weit ist es noch nicht.«

Nach Dank und langem Applaus zieht die ganze Gesellschaft am Bronzebären vorbei in einen dieser Berliner Innenhöfe, bei denen man, seien sie nun mit Glasdach gedeckt oder nicht, immer den dummen Eindruck hat, in einen Eimer gefallen zu sein. Steinbrück steht an einem Stehtisch, vor sich ein Wasserglas. Keinen Alkohol mehr bis zur Wahl, so hat er es seiner Frau versprochen. Wir reden über die Stasi-Akte, den angeheirateten Cousin und darüber, ob Fernsehsendungen, in denen man deutlich und konstant angegriffen wird, wie es sich bei der Kanzlerin niemand trauen würde, eigentlich einen Solidarisierungseffekt auslösen. Er ist skeptisch.

An diesem Montag geisterten allerhand Gerüchte durch Berlin, jedes einzelne dazu geeignet, ihn zu destabilisieren. Finanzen, seine Gesundheit nichts war tabu, im Gegenteil: je doller, desto besser. Alle wussten etwas, gesagt haben wollte natürlich keiner etwas. Die seriöseren Gerüchte beschäftigten sich mit einer angeblichen Strategie des Parteivorsitzenden, nach dem zu erwartenden Wahlresultat doch eine Ad-hoc-Koalition mit den Linken einzugehen, einzig zu dem Zweck, einen Kanzler zu wählen. Solch eine Regierung würde sich zwar, wegen des zu erwartenden Aufstands in der SPD und der Wählerschaft, nicht lange halten können, hätte es aber bewirkt, Merkel abzulösen. Die würde dann bei den anfallenden Neuwahlen nicht erneut antreten, so das an diesem Punkt zumindest sehr spekulative Kalkül, und die Union hätte keine gute Führungsfigur. Warum Ursula von der Leyen es in so einem Fall nicht versuchen sollte, das übersieht das Gerücht. Oder warum Merkel sich nach solch einem Wortbruch der Opposition aus der Politik zurückziehen sollte, statt sich mit einem dann sicher triumphalen Ergebnis für viele Jahrzehnte die Kanzlerschaft zurückzuholen, auch daran dachte dieser Plan nicht. Ebenso ignorierte er die tief verankerte Staatsreligion der SPD. Die obersten Verfassungsorgane zu einem solch bunten Ritt durch den Herbst zu schicken, Wahlversprechen zu brechen, um gegen eine beliebte Kanzlerin zu komplotten, anzutreten und das Scheitern wie eine Sollbruchstelle in Kauf zu nehmen, das passt nicht zur ältesten deutschen Partei.

Diese Gerüchte, auch die IM-Geschichte zeugten von dem anhaltenden Bestreben, Peer Steinbrück zu skandalisieren oder zu exotisieren, ihm ein Geheimnis und eine Fremdartigkeit zuzuschreiben, die es ganz einfach nicht gab. Er besaß keine Farm in Namibia, auf der er schwarze Angestellte schikanierte, und auch keine Siedlung mit verwahrlosten Wohnungen, führte kein Doppelleben und veheimlichte keine dunkle Vergangenheit. Alles, was es gab, war zu sehen, zu lesen und zu hören.

Nach vielen Wochen traf ich auch den Berater wieder. Die Stimmung hatte sich Mitte Juni nicht gedreht, und er gab sich schweigsam. Richtig beredt wurde er, als er – rein professionell natürlich – die Vorzüge der Kanzlerin und ihres über allem schwebenden Wahlkampfs darstellen konnte. In Gedanken war er ganz bei dem großen Fernsehduell, dessen Vorbereitungen das Team gerade sehr beschäftigten. Dem Herausforderer blieb nur ein schmaler Korridor: Direkte Angriffe auf die überaus beliebte Kanzlerin waren ihm verwehrt, jegliche Aggressivität und Bissigkeit waren fehl am Platz. Ebenso musste er sich hüten, zu dozieren oder sonst wie überheblich zu wirken. Er musste auf ihre Argumente eingehen, ohne natürlich wie ihr Minister zu wirken. Immer noch litt, so sein zentrales Mantra, die professionelle Politik unter Vertrauensverlust. Dadurch entstand auch dieses lähmende, omnipräsente Gefühl der Überforderung, denn Vertrauen reduziert Komplexität: Ich übertrage die Verantwortung diesem Mann oder dieser Frau, dann kümmern die sich schon um all diese politischen Dinge. Vertrauen entlastet – wo es aber fehlt, kommen immer weitere Belastungen hinzu, weil man sich stets erneut ein Urteil bilden muss in einer tückischen Umwelt. Etwas Hoffnung hatte der Berater noch, denn 60 Prozent der SPD-Anhänger hatten noch nie über den Wahlkampf gesprochen, es sei noch möglich, viel davon zu mobilisieren. Umgekehrt wüssten viele Wähler der Union nicht, ob sie tatsächlich zur Wahl gehen würden.

Für Steinbrück, resümierte der Berater, sei all dies ein einziges Wechselbad. Mal gäbe es schöne Momente wie die Rede zum SPD-Geburtstag in Berlin, im nächsten Moment aber müsse man ihn mit Ärger wegen der Werbeagentur behelligen. Zwar sei er, im Unterschied zu sehr vielen anderen Spitzenleuten, egal, ob aus der Politik oder aus der Wirtschaft, durchaus beratungsfähig und bemühe sich auch, gute Ratschläge umzusetzen, andererseits aber habe dieser Wahlkampf eine völlig unvorhersehbare Dynamik: »So etwas habe ich noch nicht erlebt.«

Es war für einige Zeit der letzte Abend von Steinbrück in Berlin. Er verließ das Bärenhaus in Richtung Flughafen, um am folgenden Tag in Detmold die sogenannte Heiße Phase, die große »Klartext Open Air Tour« zu beginnen. Nun erst, einen Monat vor der Wahl, waren Tempo, Thema und Team beisammen. Es begann so auszusehen wie eine Ahnung von einem Wahlkampf.

10

SOMMERZIRKUS

Die eigens angefertigte Bühne von ›Klartext Open Air‹ sieht aus wie die zeitgemäße Interpretation eines Zirkuszelts, ein ganz leichter und luftiger Himmel, zu allen Seiten offen. Der Bereich für die Zuschauer ist rund, mit roten Biergarnituren eingerichtet. Sie blicken alle zur Mitte, in der sich eine ebenfalls runde Bühne befindet, auf der wiederum eine kleine Säule mit einem Wasserglas steht. Dieses fragile Arrangement wird der Kandidat im Laufe seines Auftritts Dutzende Male umrunden, als habe man ihn mit einem Bein daran festgebunden. Es ist noch warm und sommerlich, die Fußgängerzone von Hannover bekommt etwas südlich Urbanes, die Politik macht die Polis.

Die Ströme der an einem langen Mittwochnachmittag die Fußgängerzone auf und ab gehenden Jugendlichen, Rentner und Stadtindianer haben nun zwischen Kaufhäusern, Filialen und Passagen einen Punkt, auf den sie zugehen und den sie bestaunen können. Später, als alles vorüber ist und der Abbau beginnt, wird sich eine Rentnerin fast flehentlich an die Arbeiter wenden: »Könnt ihr uns das nicht da lassen? Nur das Zelt? Das wäre doch schon mal etwas.« Es ist wirklich sehr gelungen. Ob sich die große Politik dann günstig entwickelt, ist der Dame wie uns allen unklar, aber so ein leichtes und doch festliches, kostenlos einsehbares Forum in der Innenstadt, davon verspricht sie sich etwas. Die Veranstaltung zieht einige Originale an, aber keinen echten Protest, die aggressive Energie entlädt sich an diesem Tag offenbar woanders. Ein älterer, leicht zerzauster Herr verteilt Zettel, auf denen er erklärt, wie er mit Hilfe eines russischen Magnetisten das Energieproblem gelöst hat, und ein älteres Paar hält ein Schild hoch mit der Empfehlung: Nachdenkseiten.de. Die Bundestagskandidatinnen und -kandidaten sind da, der Ministerpräsident und auch Gerhard Schröder, es ist ein Familien- und Veteranentreffen. Ganz allmählich bleiben dann auch Jugendliche stehen, Studenten und ganz normale Endverbraucher. Es wirkt immer noch: Wenn man Politik anbietet, greifen die Leute zu.

Was man problemlos in der Fußgängerzone von Hannover zurücklassen könnte, ist der ganz besondere SPD-Einfall namens »Dialog Box«. Es handelt sich um eine Art mannshohe Litfaßsäule aus aufblasbarem Material in den diversen Schattierungen der postmodernen SPD-Farbpalette von Purpur bis Dunkelrosa. Unter der missverständlichen Aufschrift »Dialog Box« – denn weder handelt sich um eine Schachtel noch ist hier ein Dialog möglich – ist ein Wechselrahmen angebracht. Dort ist heute ein Steinbrückposter befestigt, aus irgendwelchen Gründen in Schwarzweiß gehalten, wie um zu zeigen, dass dieser Kandidat austauschbar ist. Die Box ist nicht begehbar, verbirgt auch kein technisches interaktives Element. Es ist einfach nur eine pneumatische Litfaßsäule für ein blasses Poster, eine Minihüpfburg ohne Kinder, ein aufgeblasenes Riesenwürstchen oder ein Punchingball.

Als Erstes tritt der Kandidat für die Wahl zum Oberbürgermeister von Hannover auf. Stefan Schostok ist ein junger Mann, der sein ganzes Leben in Hannover verbracht hat, seit er als Kind zugezogen ist. Er sieht das als gutes Zeichen, als Ausweis der Qualität der Stadt, dass man sie nicht zu verlassen braucht, weder um zu studieren noch zum Arbeiten. Man könne hier prima feiern und leben, Hannoveraner seien die »Spanier des Nordens«. In seiner Begeisterung für die Heimatstadt definiert er einen entsprechenden Politikstil: Alle Hannoveraner und Hannoveranerinnen will er an Entscheidungen beteili-

gen und die »ganze Stadtgesellschaft einbinden«. Er führt
nicht aus, wie das geschehen könne, aber verspricht, er habe da
»einige Überraschungen« vorbereitet. Die Begeisterung hält
sich in Grenzen, und man bleibt skeptisch, was das Konzept
von Politik als permamenter Interaktion angeht. Die Auftritte
von Gerhard Schröder und später von Peer Steinbrück werden
dort bejubelt, wo sie sich entschieden zeigen und mutig und
nicht als die obersten Mediatoren des Landes. Solch ein beju-
belter Moment entsteht, als Gerhard Schröder die Reaktion
der Kanzlerin auf die NSA-Enthüllung kritisiert. »Zentrale
Entscheidungen werden in Deutschland getroffen und nirgendwo anders.« Die von vielen so geschätzte deutsche Ver-
weigerungshaltung gegen den Irakkrieg, die Haltung damals
zur Nachrüstung, die Entspannung, all diese historischen
Komponenten einer sozialdemokratischen Außenpolitik hatten immer einen Kern nationalen Selbstbewusstseins, das gegen erheblichen innenpolitischen Widerstand durchgesetzt
wurde. Hier kamen Patriotismus, Antiamerikanismus und der
Wunsch nach Autonomie zusammen, oft in guter Absicht. Es
wäre in der Tat tragisch, ja kriminell gewesen, dem Wahnsinn
des Irakkrieges auch noch Bundeswehrsoldaten zu opfern.
Aber diese Haltung und, allerdings nur in Teilen, seine Politik
der Agenda sind die Gründe, warum Schröder hier Applaus bekommt, es ist nicht sein dialogischer Stil. Die Leute haben das
Gefühl, dass er ihnen etwas abnimmt. Und wenn sie Schröder
ablehnen oder kritisieren, dann dort, wo er nach dem Prinzip
Fordern und Fördern die lange Statusgarantie in der Arbeitslosigkeit aufgehoben, die Beschäftigung unsicherer und durch-
lässiger gemacht hat, und so mehr von denen verlangte, die
plötzlich auf staatliche Hilfe angewiesen waren und sich ohnehin schon unter Druck fühlten. Teilhabe ist schön und gut,
aber man muss auch etwas anzubieten haben, an dem teilzu-
nehmen sich lohnt.

Doch die lokalen SPD-Größen einschließlich Schröder sind

nur so etwas wie das Vorprogramm für die Attraktion des Nachmittags.

Peer Steinbrück umkreist die Wasserglastragesäule und spricht über Bildung, umkreist sie noch einmal und spricht über den irischen Bankensektor, umkreist sie ein weiteres Mal und bringt den Mietensketch. Martin hat unterwegs noch mehr Ungerechtigkeit erfahren: Nachdem er all das viele Geld, den Aufschlag nach Wiedervermietung und die Maklercourtage bezahlt hat, macht sich Martin daran, die Wohnung auszumessen, und stellt fest: Es sind gar nicht die schon das ganze Jahr lang besprochenen 40 Quadratmeter, sondern nur 36, aber auch hier ist Protest zwecklos, auch diese Varianz ist derzeit rechtens, und auch das wird sich, sagt Steinbrück in Hannover, nach dem 22. September ändern. Auf seinen Reisen durch das Land hat Steinbrück von noch krasseren Ungerechtigkeiten erfahren: Er traf Pflegeschüler, die für ihre Ausbildung noch bezahlen müssen, und Verkäuferinnen in Bäckereiketten, die auf der Basis von Werkverträgen angestellt sind.

Er gerät bei der Umrundung der Säule richtig in Fahrt: Er macht sich über die Gegenpropaganda lustig, die das Zerrbild entstehen lasse, »die SPD will Ihre Elektrorasierer und Trockenhauben verstaatlichen«. Er hat seine Stimme tiefergelegt, nimmt eine leicht geduckte Haltung an und kreist immer schneller. Er spielt jetzt: Schwarzgelb malt eine Geisterbahn, »Und dann hält Brüderle noch eine Rede: ›Alle Wege‹ führen nach Moskau‹.« Gelächter in der Runde und der Fußgängerzone, vielleicht weniger bei Gerhard Schröder. Am besten kommt die Polemik an, das Veralbern der Kanzlerin, die nur verwaltet, die ihren Finger nur hebt, um die Windrichtung zu messen, und nicht, um die Richtung zu weisen.

Es ist eine One-man-Show. Die langen, eher intellektuellen Passagen zur Lage in den unterschiedlichen europäischen Staaten und diese, die unterhaltenden, ironischen, eine Stimmung beschwörenden Elemente werden nur durch ihn zusammengehalten.

Spät, eigentlich erst in der letzten Viertelstunde, entwickelt er im Monolog auch einen emotionalen Zusammenhang, der die ganzen diversen Aspekte zu einer Einheit bindet. Er mokiert sich, doziert, flüstert, erregt sich, und zum Schluss bittet er demütig und verbeugt sich im Jubel.

Die Stimmungsumkehr von interessiert zu sehr angetan kam nach einem Satz, den er im Zusammenhang mit der Reaktion der Kanzlerin auf die NSA-Affäre sagte. Er kritisierte ihr bloßes Abwarten und fragte dann: »Wer ist eigentlich der Herr im Haus?« Das kam sehr gut an. Es ist ein unkorrekter Ausdruck, heute gibt es das nicht mehr, einen Hausherrn. Allenfalls behalten sich zwielichtige Discos das sogenannte Hausrecht vor, um dunkelhäutige junge Männer am Betreten ihrer Läden zu hindern. Aber der Herr ist, außer als Anrede, eine völlig ausgestorbene Gattung. Die Anziehungskraft kam nicht aus dem Wunsch, in feudale Zeiten zurückzufallen, sondern nach Reduktion von Komplexität: Einer nimmt es auf sich, das zu machen.

Und noch etwas anderes kommt hinzu: Positiv konnotiert hat der Herr etwas Elegantes und Weltläufiges. Die Wähler der SPD, die Genossen und das ganze Milieu sind stolz, wenn einem von ihnen höchste Anerkennung zuteil, wenn er etwa vom amerikanischen Präsidenten empfangen wird und ihm sogar standhält. Es ist die Partei und das Milieu der kleinen Leute, aber das bezeichnet nur die Herkunft, beschreibt nicht den gesamten Horizont. Denn es soll ja auch einmal anders werden, kaum ein Genosse weist bei seiner Vorstellung etwa auf einem Parteitag stolz drauf hin, er wohne noch bei seinen Eltern, komme nur knapp über die Runden und das solle auch gefälligst so bleiben.

»Trage immer einen Anzug, mit dem du im ersten Hotel am Platze absteigen kannst«, lautet die Lebensweisheit, die der

Vater von Peter Glotz dem Sohn mitgab. Man kann daran ermessen, wie schnell die Zeiten in Europa sich verändert haben. Sorglos erscheinen heute reiche junge Leute in Shorts
und Kapuzenpullis im Hotel, einzig die Kreditkarte zählt. Die
großen Kästen, die ersten Häuser, haben zu kämpfen, freuen
sich über jeden Gast und sind oft bessere Seniorenresidenzen.
Margaret Thatcher verbrachte ihre letzten Monate im Ritz in
London und starb dort auch. Politiker brauchen Hotels, wie
alles fahrende Volk, wie Comedians und Sportler und Rock-
bands. Politiker verbringen überhaupt einen großen Teil ihrer
Zeit an Orten, an denen andere Bürger nie sind, beispielsweise
in Fernsehstudios und eben Hotels.

Vor dem Luisenhof in der Mitte Hannovers, nur einen kur-
zen Fußweg von dem Ort entfernt, an dem gerade die Open-
Air-Manege abgebaut wird, stehen am späten Abend teure,
dunkle Wagen. Zwischen dem Restaurant und den Parkplätzen
gehen junge Männer in Anzügen hin und her, manche mit
Mappen, manche mit Knöpfen im Ohr. Rolf Kleine, der neue
Sprecher Steinbrücks, sitzt mit einem Mitarbeiter auf der Ter-
rasse und trinkt Wein. Die Mannschaften scheinen sich mit
Ausrüstungsteilen auszuhelfen, einer holt eine Art schwarzes
Verbindungskabel aus dem Handschuhfach für die anderen.
Sie rauchen und blicken ab und zu hinein, ob die Chefs auf-
brechen.

Es ist eine nächtliche deutsche Szene wie aus einem Film
von Dieter Wedel. Schröder, Steinbrück und Weil speisen und
besprechen die Lage. Es wird spät, aber nicht exzessiv. Der
Wagen mit Steinbrück verlässt als Erstes die Tiefgarage, es geht
noch weiter nach Magdeburg, dort ist am folgenden Abend
›Klartext Open Air‹. Der niedersächsische Ministerpräsident
Stefan Weil tritt ins Freie und sucht seine beiden Dienstwagen,
obwohl sie direkt vor ihm stehen. Als Letzter, er hat sich noch
einige Szenen eines Fußballspiels angesehen, spaziert Schröder mit Entourage hinaus. Er hat sein grimmiges Sprecht-

mich-nicht-an-Gesicht aufgesetzt. Eine etwas verwirrt aus-
sehende Autogrammsammlerin eilt ihm hinterher, in einigem
Abstand ein weiterer. Doch da ist der ehemalige Bundeskanzler schon in seinem Auto verschwunden, seine Begleiter zwän-
gen sich auch noch hinein. Schröder ist, trotz seiner Fähigkeit,
in Sekundenschnelle sein breites Lächeln aufzusetzen, kein
sehr guter Schauspieler. Man sieht gleich, wie die Stimmung
ist, und oft genug ist sie grimmig: Der Unterkiefer ist vorge-
schoben, die Augenbrauen bilden eine dichte Front.

So blickte er auch während des Auftritts des Kandidaten am
Nachmittag. Während Steinbrück seine One-man-Show ab-
solvierte, so gut er es eben vermag, blickte Schröder alles andere als überzeugt. Zu Zeiten, als Schröder aufsteigender Star
der Sozialdemokraten, dann Kanzlerkandidat und schließlich
Kanzler wurde, war Steinbrück die meiste Zeit kaum mehr als
ein politisierender Bürokrat, ein Mann der zweiten Reihe in
den Ländern. Schröder wird schon einen Unterschied an politischem Gewicht und an persuasiver Power bemerken. Wenn
er dem Kandidaten etwas raten würde, dann sicher, mehr nach
vorn zu gehen, anzugreifen und klare Ansagen zu machen. Es
wäre ungefähr das Gegenteil des Welt- und Menschenbildes,
das das Wahlprogramm propagiert.

Steinbrück badet auch Schröders Schicksal aus, die Abspal-
tung der Linken. Zählt man nämlich die Wähler der Linkspartei zu denen der SPD hinzu, dann käme man wieder auf
die Zahlen von früher. Und auch ideologisch ist Schröder historisch gesehen immer eher am linken Rand der Partei ent-
langspaziert. In einer Lage wie der Steinbrücks kann man sich
vorstellen, wie Schröder den Durchbruch zu einer rotrotgrü-
nen Koalition gesucht hätte. Doch ebendiesen Weg hat er auch
verhindert, insofern gehört er zu einer Spezies, vor der sich
Steinbrück und sein Team hüten mussten: Genossen, die helfen wollen. Auch der Beistand von Franz Müntefering in einem
Interview in der »Zeit« war ein sehr gemischter Segen: Der

ehemalige Parteivorsitzende hatte zwar kritisiert, dass Steinbrück zu Beginn des Wahlkampfs derart allein gelassen wurde, aber solche Kritik lenkte natürlich von den inhaltlichen Punkten der SPD ab und rief stattdessen abermals die internen Differenzen in Erinnerung. Zudem gerieten die Helfer auch noch untereinander in Streit, wenige Tage nach dem Auftritt von Schröder in Hannover kritisierte Sigmar Gabriel die Aufnahme Griechenlands in die Euro-Zone, für die damals die rotgrüne Regierung unter Schröder verantwortlich gewesen war.

Als alle in die Nacht verschwanden und die Autogrammjäger schlurfend abzogen, dachte ich daran, was die Frau eines mächtigen Gewerkschaftsführers mir einmal erzählt hatte. Es ging um den berüchtigten aggressiven Auftritt des Noch-Kanzlers in der Wahlsendung am Abend der Bundestagswahl 2005. Der Gewerkschafter sagte: »Da hat er es eben mal vor den Kameras gemacht. Ich habe ihn eigentlich immer so erlebt, wenn die Türen erst mal verschlossen waren.«

Steinbrück habe ich nie so erlebt, obwohl er vielleicht Grund gehabt hätte, laut zu werden. Der Berater, der alle kennt, bemerkte dies auch als Unterschied zum früheren Personal, den Helden von Rotgrün. Steinbrück schindet keine Mitarbeiter. Das Nashorn ist definitiv das falsche Symboltier für ihn. Aber die Vorzüge, die ihn von den Machos der früheren rotgrünen Ära unterscheiden, werden ihm dieses Mal nicht gutgeschrieben

Den Tag über ist Peer Steinbrück, nun da die heiße Phase des Wahlkampfs begonnen hat, mehr denn je Akrobat, Schauspieler und Entertainer. Aus seinen Anlagen – ein rundlicher weißer Mann fast ohne Haare im Rentenalter – macht er so viel, dass es zu einer sehr guten politischen Show reicht. Reicht es auch, um eine amtierende Kanzlerin abzulösen, eine der diffizilsten Aufgaben eines jeden politischen Systems?

Nach dem Auftritt in Hannover leerte sich die Fußgängerzone, die Geschäfte schlossen, ich wanderte noch etwas durch die Stadt. Am Ende der Fußgängerzone wurde es grüner, da war der Landtag. Und noch weiter zur Stadt hinaus, hinter einer vielspurigen Kreuzung hörte ich das Hämmern von Bauarbeiten. Hinter einigen Bäumen wurde ein echtes Zirkuszelt aufgebaut. Ein paar lustlose Arbeiter werkelten seinsvergessen, sie ließen sich Zeit, es wurde schon fast dunkel. Am folgenden Tage sollte hier der »Chinesische Staatscircus« auftreten, selbst diese älteste westliche Form der populären Massenunterhaltung war also globalisiert. Das war die eine Nachricht. Die andere war, dass es den Zirkus noch gab, diese Männer arbeiteten hier, und es sah nicht so aus, als pflegten sie nur ein Hobby.

Mit P. T. Barnum, Buffalo Bill, Carl Hagenbeck und in den großen französischen Dynastien waren Zirkusse an der Herausbildung einer populären Massenunterhaltung wesentlich beteiligt. Obwohl die Programme nach heutigem Verständnis von Rassismus und Klischeedenken geprägt waren und die Zurschaustellung von exotischen Menschen und Tieren heute zum Glück verboten ist, wehte auch ein Hauch von Aufklärung durch den frühen Zirkus. In einer Rede als Abgeordneter begründete P. T. Barnum seine Zustimmung zum Verbot der Sklaverei: »Die menschliche Seele ist keine Handelsware!«

Noch in meiner Kindheit kreuzten beeindruckende Truppen durch die französischen Badeorte. Sie hatten viele einheitlich lackierte Sattelschlepper, riesige Zelte, extralange Wohnmobile, da war eine Kleinstadt unterwegs. Und sie führten eine echte Menagerie mit sich, einen kleinen Zoo, einmal sogar mit Eisbären, für die es heute keine Genehmigung mehr gäbe. Und es war voll, die Generationen mischten sich, es war eine laute Sache, alle Effekte waren analog, das Staunen galt dem Training des menschlichen Körpers und atemberaubender Anmut. Der Zirkus war eine wichtige Sache, auch später noch, in den frühen Zeiten des Fernsehens, als Stars erst in die Manege mussten, um zu beweisen, dass sie auch welche waren. Erst wer im runden sandigen Boden den Blick der Zuschauer halten

und ihm standhalten konnte, erst wer ein wirkliches Risiko ein-
gegangen war, wer in hoher Höhe gezittert hatte oder Auge in
Auge mit einem Raubtier stehen musste, war ein echter Unter-
halter. Es war Unterhaltung, die voraussetzungs-, aber nicht
anspruchslos war und so alt wie die westliche Demokratie selbst.
Heute haben einerseits der Sport, andererseits Filme und Serien diese Form der Massenunterhaltung abgelöst. Der Zirkus
ist noch da, aber nicht mehr so wichtig, niemals würde sich das
Leben einer Region danach richten, ob er in der Stadt ist oder
nicht, wie im frühen Saargebiet, als fast 10 Prozent der Bevölkerung sich beeilten, um Buffallo Bill und seine Truppe zu
sehen, die in einem Sonderzug angereist waren.

Heute wird der Zirkus am Leben gehalten durch einige wenige Baby Boomer, André Heller beispielsweise oder die von
Cirque du Soleil, aber sie leben von der Nostalgie und dem guten Willen des Publikums, das in Kindertagen noch den großen
alten Zirkus erlebt hat.

Das lieblos gemachte Plakat der Chinesen evozierte um-
ständlich und zugleich vage das Programm, irgendetwas »nach
einer wahren Geschichte aus dem Bilderbuch«.

Die Analogie zum Bundestagswahlkampf war bitter, aber
nicht von der Hand zu weisen. Der Wahlkampf war etwas
Optionales geworden, dem sich nur noch die Motivierten und
Gutwilligen zuwandten. Viele erklärten, sie wollten weder wählen gehen noch würden sie sich für die Sache interessieren. Die
Akrobatik war nach wie vor vollendet, aber der Rahmen war an-
tiquiert und lebte von der Nostalgie derer, die als Kinder
und Jugendliche von den großen Shows der bundesrepublikanischen Demokratie beeindruckt worden waren. Die Plakate, die
Musik, die Truppe waren alle vorhanden, aber ebenso gut hätte
man sie auch völlig ignorieren können, ohne Gefahr einer sozialen oder kulturellen Diskriminierung zu laufen. Es war etwas
für Liebhaber, ein interessanter kultureller Steinbruch, aus dem
sich manche Motive entleihen ließen, etwa in der Werbung oder

für Fernsehkulissen. Aber eine Relevanz, eine die Schichten, Cliquen und Milieus transzendierende Brisanz, eine die Leute dann wirklich beschäftigende soziale Bindewirkung, die gibt es nicht mehr. Auch im Bundestagswahlkampf wird eine wahre Geschichte aus dem Bilderbuch erzählt, aber die, die dabei sind, bringen schon ein Wohlwollen mit, sehen das Spektakel mit einem Halo, den sie aus ihren Erinnerungen projizieren.

Auch am folgenden Tag würden sich in Hannover die Akrobaten ins Zeug legen, würden schwitzen, sich verdrehen und verbeugen, um den Leuten zu gefallen, doch die Gedanken der erwachsenen Zuschauer würden dennoch woandershin wandern, dorthin, wo das wahre Leben ist. Auch wenn die Akrobaten es so gut machen wie nie, wie kein anderer vor ihnen, würden sie damit nicht in die Zeitung, nicht in die Nachrichten kommen. Es sei denn, einer stürzt ab.

Wer Steinbrück nicht persönlich erleben konnte, trotz der fast achtzig Termine, die er in dem verbleibenden Monat noch zu absolvieren hatte, der konnte den Fernsehwerbespot sehen. Der Spot der Union war schon gleich nach seiner ersten Präsentation legendär: Der kurze Film zeigte Merkel, nichts als Merkel und den ganzen Bildschirm voller Merkel, man sah sie in extremer Nahaufnahme, als sei man mit ihr verwandt. Es war ein Film wie ein warmes Vollbad, ruhig, warmherzig und in tröstender Tonlage gehalten. Mit Bernsteinkette und zurückhaltender Kleidung wirkte die Bundeskanzlerin fast großmütterlich. Wenn der Zuschauer von einem harten, langen Tag oder einer einsamen Reise nach Hause kam, mit der Tasche voller verbrauchter Wäsche, den nassen Regensachen und den schweren Schuhen, konnte er hier, an einem Ort, der vielleicht das Bundeskanzleramt, vielleicht auch einfach eine Praxis war, zur Ruhe kommen. Sie redete mit uns wie die nervenstarke Therapeutin mit einem Wiederholungstäter, einer tickenden Zeitbombe, einem, der völlig den Faden verloren hat. Doch ihre

beschwörenden Worte erinnerten uns: »Das haben wir gemeinsam geschafft, das darf jetzt nicht aufs Spiel gesetzt werden.«
Betroffen wandert der Blick des Fastenden auf Plastiktüten
voller Würstchen im Glas.

Die dominierenden Farben schimmern von links: Der Blazer
rot, das Licht orange. Bei den Stichworten gute Arbeit und
Fairness, zwei starken Claims der SPD der Gabrielzeit, fühlt
man sich gut und sicher in der starken Gemeinschaft der Sozialdemokratie aufgehoben, alle politisch Andersdenkenden
werden von der Bernsteinkette gebannt. »Das Richtige« hat sie
vorgegeben, darum geht es nun bei unserem Gespräch. Aber
puh, wen stresst diese Vorgabe in diesen Zeiten nicht? Was ist
schon das Richtige? Sie hilft mit der Definition: »Was den Menschen nützt«. Wem auch sonst – was den Waschbären nützt?
Man ist sofort an ihrer Seite, denn Maschinen oder Märkten
wollte man ja nicht helfen. Mit dem Problem, dass manche Entscheidungen nicht allen Menschen gleich gut nützen, verwirrt
sie uns lieber nicht. Wir müssen in einem schlimmen Zustand
sein. Sie hat offenbar eine Ahnung vom Richtigen, und es fühlt
sich nicht komisch an, hier mit ihr zu sitzen. Es geht auch mal
nach draußen, Blick über die Stadt, Luft schnappen. Es ist
nicht stickig oder spießig hier drin. Aber was will sie eigentlich?
Bei zu viel Wohlgefühl schöpft der moderne Mensch Verdacht:
Was wird nun von mir erwartet? Alles ändern, nie wieder
Fleisch, nie wieder dumme Gedanken, das Ende der Faulheit?
Sie sagt ja immer: »Gemeinsam machen wir das.« Ihren Part
daran sehen wir in den Nachrichten, lesen wir in Zeitungen und
auf Websites: Sie macht nur das, arbeitet und regiert Tag und
Nacht seit Menschengedenken. Sollen wir das jetzt etwa auch?
Weit gefehlt? Sie möchte bloß »Unterstützung«. Und diese Un-
terstützung braucht sie auch nur an einem einzigen Tag, Ende
September. Mehr möchte diese nette Dame nicht von uns – der
nächste Termin mit ihr ist erst in vier Jahren.

Ein ganz anderer Termin ist der, zu dem die Sozialdemokraten einladen. Das heißt, sie laden sich selber bei Leuten ein, fremden Leuten, die so sein sollen wie du und ich, es aber natürlich nicht sind. Wenn man hören möchte, warum man SPD wählen soll, hört man zunächst, was Bürgerinnen und Bürger auf eine ganz andere Frage antworten, nämlich: »Was wünschen Sie sich von der Politik?«

Was zuallererst schockiert, ist das Land: Deutschland ist in diesem kurzen Film leer und einsam. Die Testimonials wurden an Wohn-, Arbeits- und Sportstätten aufgezeichnet, aber außer der sprechenden Person ist da niemand. Dann tragen Menschen ihre Sorgen vor. Wir sehen Menschen, die wir nicht kennen, hinter einem roten Pult stehen und völlig einsam über Probleme reden. Sie besprechen diese Gedanken nicht im Familien- oder Freundeskreis, nicht am Stammtisch oder im Verein, sondern reden in eine Kamera, die nicht antwortet. Was wünschen Sie sich von der Politik? Der eine wünscht sich mehr Klartext, der andere kritisiert das Aufstocken, und zuletzt kommt einer ins Bild, der wünscht sich, Bundeskanzler zu werden. Der Zuschauer muss in dem kurzen Spot also erst einmal das Konzept kapieren: Bürger werden gefragt, das ist irgendwie ins Wahlprogramm der SPD eingeflossen, und der Mann am Schluss hat auch etwas damit zu tun. Obwohl es die Partei der Solidarität ist, der Slogan das Wir preist, vermittelt der Spot keine Anmutung von der Schönheit der Gemeinschaft, von der Communitas. Man erfährt kaum etwas über den Kandidaten, obwohl der doch vielen Wählern völlig oder größtenteils unbekannt ist.

Die eingangs formulierte Frage aber stellt sich der Zuschauer nicht, das fragt sich höchstens die Spitze der SPD: Was wollen die Leute eigentlich von uns? Der Zuschauer hat eine ganz andere, simple Frage: Warum soll ich am 22. September eigentlich SPD wählen? Die Union beantwortet das mit der Kanzle-rin: Weil diese sympathische Frau das so gerne möchte und ich sonst einen schlimmen Rückfall erleide. Die SPD macht es um-gekehrt: Ich muss erklären, wie eine SPD sein müsste, die ich wählen würde. Sie macht ihr Problem zu meinem, wie ein ma-nipulativer Versicherungsvertreter.

Weit davon entfernt, den Zuschauer zu entlasten, indem man ihm versichert, er tue schon das Richtige, verzettelt sich der Spot in einer Verfahrensweise und dann in diversen Einzelthe-men, zu denen jeder eine Meinung hat, die aber von der Kanz-lerin pauschal unter »Fairness« abgeräumt werden.

Und am Schluss der Kandidat, völlig allein. Wenn das Wir ent-scheidet, warum ist er dann immer, immer allein?

11

SHOWDOWN IN ADLERSHOF

Kurz vor Mitternacht in Berlin, ein scharfer Nachtwind zerzaust alle Haare. Peer Steinbrück kann es egal sein, ausgelassen steht er auf nassen schwarzen Pflastersteinen in der Nähe der Spree und trinkt ein Glas Weißwein. Über sieben Millionen Fernsehzuschauer, das gesamte politische Berlin, alle deutschen Journalisten haben an diesem Abend das Fernsehduell verfolgt. Die Anhänger der SPD haben sich im Radialsystem versammelt, einem stimmungsvollen, mittelhippen Veranstaltungsort am Wasser, ganz in der Nähe des Berliner Ostbahnhofs. Unmittelbar nach der Sendung ist Steinbrück hierhin gekommen, um sich für die Unterstützung zu bedanken. Jetzt, etwa zwei Stunden später, harren nur noch wenige dort aus. Die Gespräche drehen sich längst nicht mehr um den Abend, um Prognosen und die Schwächen der Gegner, die Stärken des eigenen Lagers, seine Verräter. Andere Themen kommen wieder zu ihrem Recht. So ist Peer Steinbrück, zwei Stunden nachdem die Kameras von vier Sendern auf ihn gerichtet waren, damit beschäftigt, Studienberatung zu betreiben. Eine junge Schauspielerin, die zum Kreis der Unterstützer gehört, interessiert sich für Entwicklungshilfe und Korruptionsbekämpfung. Andere haben ihr dieses und jenes empfohlen, nun würde sie gerne hören, was Steinbrück ihr rät. Er folgt geduldig den Exkursen und dialektischen Erörterungen der jungen Frau, die sich selbstbewusst und ratlos zugleich gibt. Er gibt Einschätzungen, rät zu und ab. Er wirkt erleichtert, einmal über einen anderen Berufsweg reden zu können als seinen eigenen, über akademische Lebenswege statt über politische. Und er wirkt dabei konzentriert und leicht euphorisch, wie jemand, der gerade dem Tod von der Schippe gesprungen ist.

In diesem Wahlkampf ist alles anders: Er beginnt mit dem Ende. Im bevölkerungsreichsten Bundesland Nordrhein-Westfalen bereiten sich an jenem Sonntag die Menschen mit schulpflichtigen Kindern auf den ersten Montag im neuen Schuljahr vor, suchen Hefte und Stifte zusammen, fluchen beim Einschlagen der neuen Bücher, brüten über Stundenplänen und einer Struktur für die Woche, nehmen Abschied von den Ferien und entdecken nicht nur Spekulatius in den Supermarktregalen, sondern stellen mit Erstaunen fest, dass offenbar Wahlkampf ist. Und wo dieser gerade ein wenig begonnen hat, folgt auch schon am selben Abend das sogenannte Fernsehduell der beiden Spitzenkandidaten. Üblicherweise steht so etwas am Ende oder zumindest in der Mitte der Wahlkampfsaison und die Zuschauer haben schon vorher Gelegenheit, sich ein Urteil zu bilden oder überhaupt zu realisieren, was los ist. Es ist, als würde man das Abendessen mit einer Sahnetorte eröffnen.

Und mit was für einer! Wahlkampf im größten Land der Europäischen Union, mit einer reichen und wachen Medienlandschaft, regen Verbänden und einem immer noch beachtlichen Kern sehr interessierter und aktiver Bürger, das ist an so einem Abend, im medienoptimierten Duellformat zwischen zwei Personen, die größtmögliche Show, unser Circus Maximus. Zunächst einmal ist dies ein unfassbarer Aufwand an Werbemitteln, Personal, Planung, Geld und Strom. Wenn man sich aber dann dem Ort des Geschehens, dem Studiogelände in Berlin-Adlershof, nähert, ist es, wie immer in der bundesdeutschen Demokratie, bei allem Aufwand ein bisschen trist. Niemand singt oder steigert sich in einen partisanen Rausch wie in Frankreich. Es ist still und beklemmend. Je näher man kommt, desto mehr entfernt man sich vom Leben. Solange die Kameras noch nichts aufzeichnen, ist das doch nur ein Vorort

an einem frühen herbstlichen Sonntag, an dem einige Unglück-
liche zu arbeiten haben. So auch der Parkplatzwächter, der das
Bilderbuchexemplar einer Vokuhila-Frisur trägt und irgendwie
nicht mitbekommen hat, was am Abend gesendet wird: »Wollt
ihr auch zu The Voice?«, fragt er ganz geschäftsmäßig. Sonst
wird sonntags immer diese Show aufgezeichnet, das Publikum
kommt in vielen Bussen angereist. Heute sind es eher Klein-
busse. Ich teile mir einen mit Heiko Geue, dem Wahlkampfleiter von Peer Steinbrück, mit Peter Illmann und dem Ministerpräsidenten von Schleswig Holstein. Wir verkürzen uns die
Fahrt mit Prognosen zum Wahlausgang und Diskussionen zu
Wahlplakaten und Werbespots. In Wahrheit sind alle nervös.
Falls er es nicht weit besser macht als die Bundeskanzlerin
oder sich gar an einem Punkt verheddert, einen Hänger hat
oder sich in einer Sachfrage irrt, droht ein Desaster, das nicht
nur ihn, sondern auch jeden seiner Mitarbeiter und Unterstützer empfindlich demütigen dürfte. Und so viele sind es nicht.
Die Union hat die wichtigsten Minister, ehemalige Parteigrößen und die saarländische Ministerpräsidentin mobilisiert und
nach Adlershof transportiert. Von der SPD sind nur die Gene-
ralsekretärin und Torsten Albig, Ministerpräsident in Kiel, da.
Und Klaus Staeck.

Die politische Ausgangslage war wie an jenem Abend in
Braunschweig, obwohl damals Schnee lag und nun schon wieder der Herbst zu ahnen ist. Es war dieselbe Asymmetrie: Steinbrück riskierte bei einem enttäuschenden Abschneiden alles,
konnte aber bei gutem Ausgang des Abends nicht hoffen, die
Wahl zu gewinnen. Dennoch war das Fernsehduell der mit Abstand wichtigste Moment des Wahlkampfs. Heute war endlich
der Planet Merkel in erreichbarer Nähe, schon das gab Hoffnung. Und es war die Gelegenheit, den Filter loszuwerden,
sich ohne deutende Kommentare direkt an die Wähler zu wenden, diese Kandidatur aus der Zone des Lächerlichen zu manövrieren.

Es gab aber auch Beispiele für ein Fiasko: Als der Spitzenkandidat der Hamburger SPD, Michael Naumann, unter gro-
ßem Druck, unter Schlafmangel leidend, dehydriert und unter-
zuckert zum Duell gegen Ole von Beust antrat, verhaspelte er
sich beim Abschlussstatement so rettungslos, dass er gleich
nach Ende der Sendung zu seinem Kontrahenten sagte: Nun
haben Sie gewonnen. Und Peer Steinbrück stand heute unter
einem noch weit größeren Druck und war seit Monaten nahezu
ununterbrochen auf Tour.

Erfolg oder Blamage liegen bei einem Fernsehduell besonders nah beieinander. Oft entscheiden winzige, externe Faktoren. Legendär ist das Duell Kennedy gegen Nixon, bei dem Nixon eine schlechten Eindruck machte, weil er sich zuvor nicht
noch einmal rasiert hatte. Aber es gibt auch andere Beispiele:
Al Gore war ein klarer Favorit für die amerikanische Präsident-
schaftswahl 2000. Kurz vor dem entscheidenden Fernsehauf-
tritt gegen George W. Bush plagte ihn schlimmer Hunger. Er
machte sich über die Cola und die Schokoriegel her, die in
seinem »green room« für ihn und sein Team bereit standen.
Derartig mit Zucker und Koffein vollgepumpt stürmte er die
Bühne, wirkte fahrig und aufbrausend. Besonders übel wurde
ihm genommen, dass er während der Ausführungen seines
Kontrahenten angeblich höhnisch ausatmete und Bush einmal
ganz nah auf die Pelle rückte. Als ewiger Zweiter, er war acht
Jahre lang Vizepräsident von Bill Clinton gewesen, sollte er
deutlich machen, dass er auch ein dominierendes Alphamänn-
chen sein könne. So hatte es ihm jedenfalls seine Beraterin
Naomi Wolf eingetrichtert. Doch dieses Bemühen um eine dominante Figur wurde unter Einfluss der Nahrungsmittel und
Getränke zu einem Verhalten, das von den Zuschauern als
arrogant, unkoordiniert und übergriffig empfunden wurde. Bei
François Mitterrand war es ein allzu langer, allzu tiefer Mit-
tagsschlaf, der ihn in den siebziger Jahren gegen Giscard die
Präsidentschaft kostete. Er griff den Gaullisten mit einer be-

wegenden Schilderung sozialer Missstände an, auf die der aber cool entgegnete: »Sie haben nicht das Monopol des Herzens, Monsieur.« Mitterrand fiel darauf nichts Adäquates ein. Er verlor.

Peer Steinbrücks Unterstützer trafen sich schon am späten Nachmittag im vierten Stock des Berliner Radialsystems. Heiko Geue hob zu einer kleinen Ansprache an, aber hinter ihm befand sich ein großer Flachbildfernseher, den keiner ausgeschaltet hatte und der bunt und seicht vor sich hin sendete. Eine beherzte Mitarbeiterin griff sich dann irgendwann doch noch die Fernbedienung und rettete den Moment, denn das süßliche Sonntagnachmittagsprogramm drohte, die aufrüttelnde politische Lagebeschreibung zu übertönen.

Danach versuchte ein bekannter Schriftsteller, über Heiko Geue – »Sie sprechen doch mit Steinbrück?« – noch eine Nachricht an den Kandidaten loszuwerden. Er solle ihm klarmachen, dass die höhere Steuer erst ab dem Betrag über der Grenze greife, für diesen Betrag und nicht für das gesamte Vermögen. Es ist natürlich ein viel zu spezieller Punkt so kurz vor dem Auftritt. Was Steinbrück auswendig können muss an Zahlen und Fakten, entspricht dem Örtlichen Telefonbuch einer saarländischen Kleinstadt. Entscheidend ist es, die Stunden vor so einem Auftritt ohne Störung und Verzettelung zu verbringen.

Die Vorbereitung des Kandidaten auf das zentrale Duell und die heiße Phase war ein Konzentrat der ganzen Kandidatur: Eine gewissenhafte intellektuelle Vorbereitung traf auf flüchtige und verquere organisatorische und personelle Strukturen. Es musste erst eine passende Struktur geschaffen und Sachverstand von außen angeworben werden. Der schon erwähnte Berater, der Wahlkampfleiter und der Kandidat gingen in Klausur. Seit Wochen wurde geprobt, wurden die Botschaften reduziert und komprimiert. Passagen, die zunächst nicht nach seinem Wortlaut klangen, musste er bei Veranstaltungen immer wieder aufsagen, damit sie saßen und seinen spezifischen Sound bekamen, etwa den Satz mit den leeren Schachteln im Schaufenster. Steinbrück bevorzugt eher maritime, sportliche oder Schlachtenmetaphern, nichts mit Schächtelchen und Schleifchen beim Schaufensterbummel. Aber er eignete es sich an, im Duell und in den Klartext-Veranstaltungen brachte er die Analogie, als wäre sie ihm eben eingefallen.

Die Papiere zu den erwarteten Themenkomplexen füllten einen ganzen Ordner, sehr wichtige Fragen wurden noch mal auf den Umfang einer Seite reduziert, sogenannte Onepager, obwohl oft auch noch die Rückseite beschrieben war.

Der Tag markierte Höhepunkt und Abschluss einer Phase fast verzweifelter Arbeit des engeren Teams um Steinbrück, mit dem Ziel, ein Desaster abzuwenden und womöglich noch etwas zu gewinnen. Nach dem offen ausgetragenen Konflikt mit dem Parteivorsitzenden und den Tränen des Kandidaten war so etwas wie eine Talsohle erreicht, es wurde Bestandsaufnahme gemacht. Eine interne »schonungslose Analyse der Situation« vom Beginn des Sommers ergab zunächst einmal, dass Steinbrück Hilfe brauchte. Nicht allein von Sigmar Gabriel und Frank-Walter Steinmeier, sondern explizit auch von Hannelore Kraft, Olaf Scholz und Stefan Weil. Die drei sozialdemokratischen Länderchefs sollten helfen, Merkel in bestimmten, die Länder betreffenden Sachfragen wie zum Beispiel dem Kita-Ausbau anzugreifen. Das war aber nahezu völlig ausgeblieben. In der Rückschau kann man feststellen, dass sich die Regionalkönige schonten, für den Fall, dass sie infolge eines möglichen Debakels nach der berühmten Erneuerung aus den Ländern gerufen würden.

Außerdem hatte es ein »extrem ernstes Problem« mit der Werbeagentur gegeben. Im Papier heißt es: »Immer wieder werden Motive angeboten, mit denen Merkel persönlich verunglimpft wird, obwohl die Agentur ein klares Briefing hat, dass uns eine solche Vorgehensweise auf die Füße fallen würde.«

Diese interne Analyse war ein Dokument der politischen Ein-
samkeit. Dass es dennoch und mit den Open-Air-Veranstaltun-
gen auch etwas besser weiter ging, hing an der Energie des
Kandidaten, der sich zu einer Art »Peerpetuum mobile« entwickelt hatte. Die Grass'sche Ressource hatte er fast obsessiv ver-
innerlicht, wie eine Sucht.

Ob sich die neue Autonomie des kleinen Teams, das viel
reparieren und improvisieren musste, auch bewährt hatte, ob
die ganze Arbeit überhaupt etwas taugte, das würde sich an
diesem Abend zeigen. Mir schienen die mit der Vorbereitung
befassten Personen aber alles andere als gelassen, sondern, bei
aller professionellen Kontrolle, ehrlich besorgt. Sie waren den
Misserfolg gewohnt und misstrauten dem eigenen Urteile, eine
gute Vorbereitung könne noch etwas ändern. Bisher hatte ja
nichts geholfen.

Das ganze Setting war zwar peinlich darauf bedacht, fair zu
wirken, aber die Gewichtsunterschiede zwischen den Kombat-
tanten waren beträchtlich und auch an diesem Abend nicht zu
übersehen.

Schon der Beginn der Veranstaltung ist deutlich dazu angetan, den Opponenten einzuschüchtern. Die CDU hat ihre Anhänger mit zwei Reisebussen zum Studiogelände hergefahren.
Als Peer Steinbrück sich den Studios nähert, lösen sich zwei
Frauen aus der Menge und rennen auf ihn zu, die anderen joh-
len. Seine Sicherheitsbeamten müssen einschreiten, um die
Anhänger der Union auf Abstand zu halten. Die Parteigänger
der SPD, die Jungsozialisten, sind nur eine Handvoll. Im Willy-Brandt-Haus erzählte man sich, es sei abgemacht gewesen,
dass niemand seine Schlachtenbummler nach Adlershof transportiert. Es geht turbulent zu, Fotografen drängeln sich, einer
von ihnen wird umgeschubst.

Steinbrück schöpft aus den Turbulenzen eher Energie, es erinnert ihn an das Geschehen im Fußballstadion. Auf dem Weg

zur Ton- und Lichtprobe ist dem Kandidaten der Weg verstellt: Alles abgesperrt für die Bundeskanzlerin. Der Ablauf sah etwas anderes vor, aber nun ist es ohnehin zu spät, um zu protestieren. Bei aller persönlichen Bescheidenheit und geradezu exaltierten Biederkeit der Kanzlerin, die sie in zahlreichen öffentlichen Veranstaltungen seit Beginn des Jahres so bemüht ausgestellt hat, steht sie mit einem derart mächtigen und komplexen Staat einem System vor, das aus sich selbst heraus auf Dauer, Störungsfreiheit und Machterweiterung ausgerichtet ist. Es ist für historisch Interessierte ein schlechter Witz, aber auch die fast neurotisch zurückgenommene Bundesrepublik kann imperiale Anwandlungen ausbilden. Das Amt hat sich mit der immens gewachsenen Bedeutung des wiedervereinigten Deutschlands in einem geeinten Europa verändert, einer Bedeutung, die durch den ökonomischen Aufschwung in einer Nachbarschaft der Krisenländer noch potenziert wurde. Bundeskanzlerin in Berlin, das hat 2013 kaum noch etwas mit dem Bonner Amt eines westdeutschen Moderators und Telefonisten zu tun. Es hat kaum noch mit irgendetwas zu tun, es ist wirkliches Neuland. Und das sollten an jenem 1. September zum ersten Mal auch die Zuschauer begreifen.

Was für ein imperiales Reglement, allein um hineinzukommen. Sieben verschiedene Ausweisarten wurden ausgegeben, wie auf einem G20 Gipfel. Beim Hineingehen treffe ich einen Freund, mit dem ich vor langer Zeit beim Fernsehen zusammengearbeitet habe, heute ist er als Redakteur für eine der Moderatorinnen tätig. Er verzweifelt an der Dimension der Sache, der geradezu byzantinischen Komplexität und dem krassen Prunk der Produktion. »Was könnte man mit all dem Geld für schöne Sachen machen!«

Die große Halle von Adlershof wurde in eine Lounge verwandelt, wie überhaupt die Lounge das zentrale Phantasma der deutschen Raumgestalter zu sein scheint: Der Himmel auf Erden ist eine Lounge. Es sind kaum Stühle und Tische vorhanden, wie es sein müsste, wenn die Leute hier arbeiten wollten, auch keine echten Sofas, wenn sich dies als gute Fernsehunterhaltung verstünde. Es ist eben eine Mischung, alles im Fluss. Und auch diese Unsicherheit bei der Wahl der Möbel ist aussagekräftig: Vielleicht kann sich niemand entscheiden, ob das hier Entertainment ist oder eine Schicksalsstunde der Nation.

Es war natürlich ein Wahnsinn, solche Mittel auszugeben, um eine Sendung zu produzieren, die kaum einen dauerhaften Wert haben dürfte. Die Möglichkeiten, sie mit Erfolg zu wiederholen, sind arg begrenzt, im Grunde hätte ein kleines Studio mit einem Moderator auch gereicht. Es sah aus, als würden die Fernsehverantwortlichen nicht richtig an die Zugkraft der Protagonisten glauben, als seien vier berühmte Moderatoren und eine antagonistische Inszenierung schon nötig, um der Sache etwas Pfiff zu geben.

Denn es passt ja nicht wirklich zu unserem Grundgesetz: In einem Präsidentschaftswahlkampf, wenn die Wähler wirklich zwei Namen auf dem Stimmzettel stehen haben, ist das Duell die adäquate Form.

Aber in Deutschland wählt man Parlamente, dort finden sich Koalitionen, und in diesem Jahr zeigen die sich besonders eigenwillig und unvorhersehbar. In den meisten dieser Konstellationen spielte Steinbrück keine Rolle mehr. Seine historische Lieblingskonstellation, eine Koalition mit der FDP, war weder rechnerisch noch politisch möglich. Die mit den Grünen hatte keine sehr guten Aussichten. Und auch wenn Merkel weiterhin Bundeskanzlerin bliebe, so würde sie je nach Koalitionspartner doch eine andere Politik machen müssen als jetzt, also war das Duellformat auch hier irreführend.

In der Berichterstattung spielten die Moderatorinnen und Moderatoren eine dominierende Rolle, nach dem eigentlichen Duell würden sie noch in je eigene Sendungen gehen und sagen, wie es so war. Unter ihnen auch Stefan Raab, ein Rundumta-

lent der Fernsehunterhaltung, ein talentierter Musiker, mittel-
begabter Comedian und anhaltend populärer Selbstdarsteller.
Noch an dem Abend in Brüssel hatte sich Steinbrück dagegen
gewehrt, in eine Sendung mit Stefan Raab oder Dieter Bohlen
zu müssen, und hatte die Journalisten direkt angesprochen: »Da
will ich, Freunde, auch nicht hineingeschrieben werden.« Es
hatte damals so ausgesehen, als würden der Fehlstart und die
Lächerlichkeit der frühen Wochen die Begegnung mit einem
komischen Format nicht überstehen. Später war das Argument
hinzugekommen, dass einer wie Raab bei den jungen Leuten,
den Erstwählern bekannt und beliebt sei und etwas Schwung in
die vorsichtige und ritualisierte Sendung bringen könnte. Er
war dann als der Vertreter der Sendergruppe ProSieben/Sat1
nominiert worden, ein kleiner Gruß von Edmund Stoiber vielleicht, der dort im Beirat sitzt, an Angela Merkel.

Der Wunsch, mit unseren beiden sehr deutschen, vernünftigen und biederen Spitzenpolitikern großes Fernsehen zu
machen, war aber in gewisser Weise auch verständlich. Über-
raschenderweise hatte sich in vielen Ländern neben Kriminal-,
Krankenhaus- und Kreuzfahrtschiffserien auch die Politikserie
als ein wichtiges und beliebtes Fernsehformat etabliert. Als der
amerikanische digitale Filmverleih »Netflix« unter seinen Nutzern fragte, welche Art von besonderer Serie sie kostenpflich-
tig abonnieren würden, war das Ergebnis »House of Cards«,
eine unter anderem von David Fincher inszenierte, mit Kevin
Spacey besetzte Politserie, die im Washington unserer Zeit
spielt. Nun eignet sich die amerikanische Hauptstadt mit ihren
neoklassischen Bauten, ihren plüschigen und ornamentierten
Interieurs und dem vielen telegenen Personal besonders gut
für cineastisch interessante Bilder. Das begründete schon den
Erfolg der weltweit beliebten Serie »West Wing«, die über sieben Staffeln die Geschicke eines von Martin Sheen gespielten,
linksliberalen Präsidenten begleitet. Es klappte aber sogar am
Beispiel des kleinen Landes Dänemark. In »Borgen«, mit dem

albernen deutschen Titel »Gefährliche Seilschaften«, verfolgen wir, wie sich Birgitte Nyborg in die Politik begibt und von ihr schneller verändert wird, als es ihr umgekehrt gelingt, die Politik zu verändern. In beiden Serien steht das moralische Drama im Mittelpunkt: Der Wille, Gutes zu tun, trifft auf eine korrupte und ruchlose politische Umwelt. Privates Glück und öffentlicher Erfolg sind Gegensätze, Loyalität und Rivalität wohnen selbst unter den engsten Freunden bedrohlich nah beieinander.

Politik wird als permanentes Ringen antagonistischer Kräfte gezeigt, verkörpert von schönen Menschen in suggestiver Kulisse. Dort bilden der Staat und seine Symbole, auch die Mitarbeiter, die Leibwächter, Assistenten und Fahrer ein wuselndes aber in der Regel fehlerfrei operierendes, einschüchternd effektives Biotop. Über dem ganzen Geschehen, ob Exekutive oder Opposition, liegt ein eigentümlicher Glanz. Die Charaktere sind komplex, die Pläne ambitioniert, die Kostüme sitzen, das Licht stimmt, es geht immer irgendwohin. Wenn man die fiktionale und beliebte Politik der Serien mit dem real existierenden Ding vergleicht, kommt einem die berühmte Dialogzeile aus François Truffauts »Die amerikanische Nacht« in den Sinn: »Im Film gibt es keinen Stau, keine verlorene Zeit. Filme bewegen sich voran wie ein Zug in der Nacht.«

Hat die Premierministerin in ihrem Amt Erfolg, so fordern die ewigen Stunden der Abwesenheit ihren Tribut: Ihr Ehemann verliebt sich in eine andere und verlässt sie, die Mutter der Nation wird zur alleinerziehenden Singlefrau. Journalisten werden von starken ethischen Motiven gelenkt, allein die Liebe vermag sie vom geraden Weg abzubringen

Und es geht alles schnell: Sitzungen werden mit Pointen bestritten, Reden werden auf wenige Minuten kondensiert, lange Entwicklungen erstrecken sich über höchstens ein, zwei Folgen. Die Serien sind ein Kondensat von allem, was Politik sein könnte und was Zuschauer daran schätzen. Sie machen aber auch schmerzlich deutlich, wie völlig anders das reale Geschehen ist. Hier passt der Titel des medienkritischen Essays von Robert McChesney, »Rich Media, Poor Democracy«.

Sowohl der Anblick der Opulenz der Duellproduktion wie auch der Vergleich mit Politserien wirken komisch, wenn man an manche Termine des echten SPD-Wahlkampfs denkt. Politik in Deutschland ist zumeist etwas, das von Freiwilligen ge- und veranstaltet wird. Parteien, Stiftungen, aber auch staatliche Stellen haben sich längst unter ein strenges Spar- und Bescheidenheitsdiktat begeben. Es greift dort strenger als jenes in privaten, gewinnorientierten Firmen, bei denen die Controller den Ton angeben, weil diese Askese und Austerität ideologisch motiviert sind. Wenn eine private Firma oder Stiftung einlädt, ist für einen ansprechenden Rahmen immer gesorgt. Virginia Woolf hat in ihrem historischen Essay »Ein Zimmer für sich allein« verdeutlicht, wie sehr auch solche Fragen des Rahmens, der Einrichtung, der Bewirtung einen Rückschluss zulassen auf die spezifische Wertschätzung, auch Selbstwertschätzung der Veranstalter. Während die Debattierclubs der Männer an einer Universität selbstverständlich mit Speisen, Getränken und einem Kamin lockten, trafen sich die Frauen wie heimlich und höchstens bei Tee in zugigen Fluren, um bloß keinen großen Aufwand zu verursachen. Heute sieht man solch einen Unterschied zwischen Veranstaltungen des privaten Sektors und denen des öffentlichen Sektors.

Ähnliches gilt leider auch für die Personalauswahl: Eine Partei weist nie jemanden ab. Eines der wichtigsten Kriterien ist die Zeit, die ein Interessent oder eine Interessentin mitbringen kann. Keinen Beruf zu haben, keine Familie und keine Freunde, das gilt in unserer Gesellschaft üblicherweise nicht als erstrebenswert, für eine Partei ist es ideal. Die wird dann alles zugleich. Da soll es aber gar nicht besonders verlockend zugehen, Ehrgeizlinge, die es auch woanders zu etwas bringen könnten, sollen das ruhig dort tun. Natürlich ist die Gesell-

schaft den vielen Parteimitgliedern auch zur Dankbarkeit verpflichtet, irgendjemand muss ja Wahlkampf führen, Kandidaten ausfindig machen, das politische Herz der Demokratie
schlagen lassen. Aber vielleicht sind die so beliebten Serien
auch eine Inspiration, es anders zu machen.

Was sich schwerer ändern lässt, ist die narrative Grundstruk-
tur des politischen Diskurses. Man ist verblüfft, wie spezia-
lisiert und kleinteilig die Themen werden können, mit denen
sich professionelle Politiker auskennen müssen. In den Serien
muss der Zuschauer immer zu den ganz großen moralischen
Fragen zurückgeführt werden, nur so kann sich, im Kampf darum, das Drama entwickeln. Im realen Geschäft hingegen zerfallen die verhandelten Gegenstände wie trockener Kuchen:
Vom Begriff der guten Gesellschaft zur Sozialpolitik, weiter zu
einzelnen Regelungen von Freibeträgen und Zuschüssen, von
dort zum Zustand der Kinderspielplätze und immer detaillier-
ter. Es hat sich kaum etwas geändert seit Elke Heidenreichs
Politsatire aus den frühen achtziger Jahren, in der sie beschrieb, wie ein Politiker seinen Weg macht mit der Idee, in
den Herbstferien in den Schulen sogenannte Pilzberatungs-
stellen einzurichten. Auch heute würde so ein Vorhaben einen
weit bringen. Es nutzt öffentliche Gebäude, rettet Leben, för-
dert naturnahe Erholung, vegetarische Ernährung und hilft,
Geld zu sparen. Der inhärente Drall der üblichen politischen
Debatte geht zum Spezifischen, was mein Großvater gerne
mit dem Spruch karikierte: »Unsere Briefträger haben keine
guten Fahrräder mehr!« Überhaupt ist das Mittel der Satire
zur Behandlung des Themas sehr interessant. Hier ist eine britische Serie völlig unerreicht: die BBC Produktion »The Thick
of It.«

In ihr geht es exakt um die Machenschaften, den Slang und
die Improvisation jener weiten Teile der Politik, die von den
Medien kaum beleuchtet wird. Zentrum des Geschehens ist
ein obskures Sozialministerium zu Zeiten von New Labour.

Zwar hat das Ministerium eigene Berater und Experten, aber es gibt nur einen, der die Ansagen macht, das ist der Alastair Campbell nachempfundene Spin Doctor Malcolm Tucker. Wenn er etwas möchte, stürmt er ohne Umstände und ohne Termin in den Raum, flucht und bedroht den Kollegen wahlweise mit üblen politischen oder direkten körperlichen Konsequenzen. Große Widerworte gibt es nicht.

Eine große Idee verfolgen die dort gezeigten Politiker nicht, die Minister machen ab und zu mehr oder weniger hilflose Unternehmungen, um lyrische Sprüche in den Medien zu lancieren oder symbolische Aktionen auf Spielplätzen zu starten. Das geht aber nur so lange gut, bis der schwer fluchende Berater aus Number Ten Downing Street anrauscht und die ganze Sache stoppt. Manchmal allerdings auch erst, wenn der Minister und sein Team schon im Auto und auf dem Weg zur Veranstaltung sind, wo Fernsehkameras und örtliche Parteigrößen warten, dann muss heftig improvisiert werden. Es ist eine leicht surreale Welt aus kommunikativen Pannen, politischer Planlosigkeit und guten alten Machtkämpfen. Im Kern ist es eine Kritik der Blair-Jahre und ein fernes Echo auf Colin Crouchs Postdemokratie. Das Parlament hat so gut wie nichts zu sagen, auch die Parteibasis und die Verwaltung sind bloß noch Statisten eines Apparats, der ganz darauf optimiert ist, die Spitzenleute im besten Licht erscheinen zu lassen. Und auf sonst nichts.

Natürlich kommt es in der bösen Welt von »The Thick of It« auch vor, dass ein Politiker im Fernsehen, etwa unter den Fragen des legendären Jeremy Paxman, untergeht. Der zuvor so selbstsichere Minister, der die Ratschläge seiner Mitarbeiter arrogant mit einem »Ich war schon mal im Fernsehen, danke Gentlemen« weggewischt hat, verheddert sich in den Zahlen und erleidet ein nervöses Augen-auf-Augen-zu-Syndrom, bei dem man immer das Weiße sieht. Es ist ein demütigendes Desaster, auf der Rückfahrt schreit Malcolm Tucker den peinlichen Minister in charakteristischer Deutlichkeit an: »Du verdienst es nicht zu leben.« Daran dachte ich in Adlershof. Nur dass es an diesem Abend um viel mehr ging.

In der Lounge im Hangarformat wirkten alle Beteiligten etwas verloren und auch nervös. Drohte eine erschütternde Antiklimax? Eine Wiederholung des drögen Zwiegesprächs zwischen Merkel und ihrem Außenminister Frank-Walter Steinmeier vor vier Jahren?

Vor lauter Gerede über das Was-wäre-wenn hätte ich beinahe den Beginn der Sendung verpasst. Das Studio, in dem Merkel, Steinbrück und die vier Befrager arbeiteten, war von der Gästelounge etwas entfernt, wir sahen es auf Großbildschirmen, public viewing mit baumelnder Einlasskarte um den Hals.

Die Überraschung kam schon in den ersten Minuten. Es waren nicht Steinbrücks Form, die Ergebnisse der Arbeit und der Beratung, die man nun sehr gut sehen konnte. Überraschend war die Bundeskanzlerin. Angela Merkel hatte nichts von der nervenstarken Therapeutin, der nichts Menschliches fremd ist, wie sie es in ihrem Wahlwerbespot so meisterhaft dargestellt hatte. Sie hatte rote Augen und sah nervös und leicht reizbar aus. Die erste Frage von Stefan Raab war in einem anderen Ton gehalten als dem, den sie sonst gewohnt ist: Ob bei ihr, wenn sie den »Wahlomaten« der Bundeszentrale für politische Bildung nutze, am Ende auch wirklich die CDU als Wahlempfehlung herauskomme? Die Frage zielte auf die vielen Schlenker nach links, die Merkel im Verlauf ihrer Kanzlerschaft und speziell noch mal dieses Jahres unternommen hatte. Was war an ihr noch übrig von der alten CDU? Es war eine Situation, die die Kanzlerin sonst nie erlebte: In direkter Rivalität zu einem für diese anderthalb Stunden gleichwertigen Konkurrenten, live im Fernsehen. Ihre üblichen Opponenten sind entweder andere Regierungschefs oder jedenfalls theoretisch innerparteiliche Gegner, mit beiden verhandelt sie hinter verschlossenen Türen. Und in den meisten Auftritten und Interviews des Jahres war sie besonders umsichtig befragt worden, meist hatte sie selber eine sympathische Farbe vorgegeben und aus ihrem häuslichen Alltag oder ihrer wilden Jugend erzählt. Nun lag erstmals seit ganz langer Zeit kein Filter vor der Kamera, was auch ganz wörtlich ein Problem für sie war: Sie sah einfach erschöpft aus. Zum ersten Mal konnten die Zuschauer eine Ahnung davon haben, dass sie durch die lange Dauer im hohen Amt auch charakterlich affiziert war. Sie reagierte, als müsste sie sich das Kopfschütteln mühsam versagen. Mehrmals, etwa beim Thema Syrien, schien sie ehrlich keinen Sinn darin zu erkennen, diese Fragen in dieser Runde zu erörtern. Was würde das denn bringen? Sie kann das doch mit Putin und Obama besprechen, was soll sie sich bei Raab und Co. den Mund fusselig reden?

Steinbrück konnte hingegen recht bald, ohne aggressiv zu wirken und ohne zu dozieren, die vorbereiteten Punkte und Sätze anbringen. Ich rechnete immer damit, dass er gestoppt würde, dass sich die Bundeskanzlerin wieder besinnen und zu ihrer gewohnten Form auflaufen würde, aber das passierte nicht. Recht bald schon hatte Steinbrück seinen Diederik-Samson-Moment und erklärte, dass die Rettung Europas Geld kosten werde. Und am Beispiel der surrealen CSU Forderung nach einer Pkw-Maut für Ausländer zeigte sich der Zwist in ihrer Koalition. Und auch die Liberalen bekamen an jenem Abend eine Spitze ab, als Merkel ihnen maliziös das »allervollste« Vertrauen aussprach und damit den Faden aufnahm, nach dem das vollste Vertrauen der Kanzlerin eigentlich als Vorstufe zur Entlassung gelten kann. So hatte sie gleich nach zwei Seiten ihre Partner verprellt. Sie wirkte genervt und machte taktische Fehler.

Es war ein unerwartetes Schauspiel. So müssen Tierfilmer empfinden, die sehr lange irgendwo ausharren, nichts passiert, und dann bewegt sich plötzlich etwas und ein Tasmanischer Teufel kommt aus dem Unterholz gekrochen. Ebenso selten ist es, einem Kandidatenduell beizuwohnen, bei dem wirklich etwas geschieht. Konnte nach all den Monaten, in denen sich so gar nichts bewegte, tatsächlich an eine auch nur minimale Verschiebung der Kräfteverhältnisses zu denken sein? Andererseits war dies das erste Mal, dass beide ohne Filter vor die Kameras traten. Hier zahlte sich ein Vorteil aus, den Steinbrück als Oppositionskandidat hatte: Er verfügte über wesentlich mehr Zeit zur Vorbereitung, die er genutzt hatte. Zuschauer sahen live, dass er kein Problembär war, der nicht unfallfrei durch zwei Sätze kam. Merkel hingegen kam mit ihren wohldosierten Sätzen nicht weit, musste sich, gerade von Anne Will, penetrante Nachfragen anhören. Sie fand keinen Ton, keinen Draht zu den Zuschauern und aus ihren improvisierten Sätzen nicht heraus. Geprobt hatte diese Situation niemand mit ihr. Wer wollte zu der mächtigsten Frau der Welt auch sagen: es ist Zeit, zu lernen, wie man vor einer Kamera agiert?

Sie kam sichtlich mit der sozialen Situation nicht zurecht. Nach den präzise vorgebrachten Punkten von Steinbrück und den kritischen Einlassungen der Moderatoren suchte sie nach einer höheren Warte, nach einer Möglichkeit, sich über das Getümmel zu erheben: »Wir sollten nicht immer alles in den düstersten Farben malen!« Es klang hier aber nicht nach der professionellen Distanz einer erfahrenen Therapeutin, sondern nach einer betulichen Realitätsverweigerung wie aus einer alten Illustrierten: Kinder, wo bleibt denn das Positive? Und der ungünstige Eindruck wurde noch dadurch verschärft, dass ihre Miene sorgenvoll wirkte, ihre Gestik fahrig, die ganze Frau ein einziges Fragezeichen. Sie bewies keinen Mut, sondern wich auch bei der Frage nach der Aufklärung des NSA-Datenskandals, einem klaren Bruch deutscher Grundrechte, aus und scheute sich, ein klares Wort zu Edward Snowden zu sagen. Sie murmelte etwas, es habe ja wohl Möglichkeiten gegeben, sich an andere Stellen zu wenden, statt an den »Guardian« – eine abstruse Vorstellung. Als hätte die NSA eine Art Ombudsmann für Fälle, in denen versehentlich die Mails und Kommunikationen der halben Welt abgehört worden wären. Dabei geht es in diesem Dienst ja genau darum. Es ist die Regel und keine Panne.

Steinbrück schaffte sein Abschlussstatement formvollendet, man hatte zuvor noch eine deutliche Sympathieerklärung von Raab registriert. Merkel gelang nach der für sie ungewöhnlich schwachen Vorstellung auch kein guter Ausstieg mehr. Mit ihren Formulierungen »Sie kennen mich« und »und nun wünsche ich Ihnen noch einen guten Abend« trieb sie es mit der Entpolitisierung des Bundestagswahlkampfs zu weit. Klassischerweise machte die Union in so einer Phase noch einmal ordentlich Angst vor den Kommunisten und spitzte die Alternative zu auf Freiheit statt Sozialismus. Selbst Konservative konnten nicht erfreut sein über eine Kanzlerin, die alle zu Bett schickt.

Das Duell endete nicht mit einem K.o., aber es hatte einen Unterschied bewirkt, der so deutlich ausfiel, wie es das in diesem Format in Deutschland zuvor nie gegeben hatte. Die politische Tektonik, die monatelang nicht die geringste Bewegung zugelassen hatte, war ins Rutschen gekommen. Jeder weiß aus dem Physikunterricht, dass es leichter ist, einen schweren Körper, der sich bewegt, noch etwas weiter zu bewegen, als ihn überhaupt in eine gleichmäßige gleichförmige Bewegung zu bekommen. Das war gelungen: Die Konstellation, die über Monate hinweg das öffentliche Leben bestimmt hatte, mit einer über den Dingen schwebenden, aber kompetenten und zugewandten Kanzlerin und einem lächerlichen, glücklosen Herausforderer, dem Dödel der Nation, war überwunden worden.

Damit fing ein ganz neues Spiel an, allerdings war es nun auch schon sehr spät. Nach den Wunschträumen der SPD-Spitze hätte es schon vor einem Jahr so weit sein können. Nun waren es gerade noch drei Wochen bis zur Wahl, zu kurz, um wirklich tief zu mobilisieren, aber immerhin.

Nach dem Ende der Übertragung lief ich etwas ziellos durch die Weiten der Halle, auch um einen Abgleich zu erhalten, ob die anderen Journalisten den Unterschied auch so deutlich wahrgenommen hatten. Plötzlich kam ein heller Schwarm auf mich zu, mit raschem Tempo. Es war die Kanzlerin, umgeben von einer gewaltigen, sie entschlossen bedrängenden Gruppe aus Kamerateams, Fotografen und Sicherheitsleuten. Das Gewusel hatte etwas Verbissenes, ich wich aus. Doch in die falsche Richtung, offenbar wusste Merkel gar nicht so genau, wohin es gehen sollte. Sie suchte jemanden. Ihre Büroleiterin Beate Baumann ging hektisch voraus und versuchte, die Richtung vorzugeben. Ich wählte, um auszuweichen, gerade die falsche Richtung, die ganze Gruppe kam immer näher. In deren Mitte wirkte Angela Merkel zugleich hyperaktiv und verloren. Ich stand mit dem Rücken zu Ursula von der Leyen, und genau dort wollte die Kanzlerin hin. Als sie ihre Kollegin endlich erreicht hatte, umarmten sich die beiden Frauen, und von meiner Warte sah es einen Moment so aus, als habe Merkel, ganz kurz Trost suchend, ihren Kopf an den Hals der anderen gelehnt.

Die Steinbrück-Entourage war unterdessen zu ihren Autos aufgebrochen, die ihrerseits losgefahren waren, um die Fahrgäste zu suchen. Wenige Minuten nach dem so erfreulich verlaufenen Duell liefen also sein Wahlkampfleiter, sein Medienberater Roland Fäßler, Klaus Staeck und ich im Regen über einen schwarzen Parkplatz und gingen die Sendung durch. Die beiden, die besonders intensiv das Duell vorbereitet hatten, waren einerseits erleichtert, sahen andererseits besonders kritisch die Punkte, die nicht optimal gelaufen waren. Hatte er nicht die Tendenz, zu schnell zu sprechen? Warum hatte er bei der Bemerkung von Merkel zu den geringen Pensionen der Beamten in Bundeswehr oder Justizvollzug nicht geantwortet: »Von denen redet natürlich niemand!« Oder »Das versteht sich doch von selbst?« Genau so hätte er es sagen sollen, sie sprachen es abwechselnd laut in die Nacht.

Klaus Staeck, der so viele Vorsitzende und Kandidaten aus nächster Nähe erlebt hat wie kaum ein anderer Sozialdemokrat, blieb cool. Er hat in diesem Wahlkampf allerdings auch eine Premiere erlebt: So viel Ablehnung aus dem eigenen Lager hatte er zuvor noch nie erfahren. Es ging um seine Postkarte, auf der Angela Merkel zu sehen war, wie sie Uli Hoeneß beim Champions-League-Finale im Wembley-Stadion die Hand schüttelt. Staeck hatte getextet: »Glückwunsch, Uli! Wir Steuern das schon.« Daraufhin hatte sich eine einhellige Front der Ablehnung gebildet, mit teils wirklich aggressiven Texten im »Spiegel« und in der »Süddeutschen Zeitung«. Man sah darin eine Bloßstellung von Hoeneß, die viele aufbrachte. Das dahinter stehende Problem, dass nämlich gegen Steuerkriminalität mitunter recht zahm vorgegangen wird, wurde gar nicht diskutiert. Alle, so schien es Staeck, waren auf Seiten des Fußballmanagers, kaum einer empörte sich über das Delikt. Sogar sein Zahnarzt, erzählte Staeck verwundert, könne im Kopf entwerfen, wie die Verteidigung des Angeklagten es schaffen könnte, die hinterzogenen Summen kleinzurechnen bis auf eine Höhe, in der ein Deal aus Nachzahlung und Bewährung möglich wäre. Es schien Staeck wie eine verkehrte Welt: Die Reichen konnten sich erfolgreich als Opfer gerieren, die angeblich kritischen Medien verteidigten sie und wandten sich gegen jene, die damit, wie es hieß, Politik machen wollten.

Steinbrück wurde im Radialsystem wie ein Held empfangen. Er hatte geliefert, was sich so viele von ihm versprochen hatten. Auch ich wollte ihm zu der glücklich verlaufenen Sendung gratulieren und lief frontal auf ihn zu – nur traute meinen Augen nicht. Es war zwar nicht mehr hell, und meine Brille war vom Regen beschlagen, aber als er näher kam, war ich mir sicher: Zum ersten Mal, seit ich ihn begleitete, seit dem Oktober des Vorjahres, sah ich Peer Steinbrück glücklich.

Beim Hinausgehen, es war nun schon Montagmorgen, ging ich ein paar Schritte mit einem Freund des Kandidaten. Der war auch glücklich, auch beschwingt, aber ihn beschlich eine Ahnung: »Wir müssen nun dafür sorgen, dass er nicht frech wird.« Den Misserfolg hatte er lange ausgehalten. Jetzt galt es, den Erfolg zu meistern.

12

FINGERZEIGE

Dass wir in die Zielgerade einbogen, merkte man an Geschichten wie der über den Erpresser und die philippinische Putzfrau der verstorbenen Schwiegermutter Steinbrücks. Ein ehemaliger Post-Vorstand und Bonner Mitbürger der Steinbrücks hatte den Kandidaten in einem Brief zum Rückzug aufgefordert, weil er Kenntnis davon hatte, dass die Steinbrücks einige Monate lang eine Putzkraft schwarz beschäftigt hatten. Wäre kein Wahlkampf gewesen und Steinbrück nicht Kanzlerkandidat, hätte diese verquere Sache nicht einmal eine lokale Zeitung interessiert. So aber prangte der ganze Vorgang auf der ersten Seite der Bild-Zeitung. Die Sozialdemokraten reagierten, als ob Watergate Zwo aufgedeckt worden wäre, und attackierten politische Gegner für solche üblen Tricks. Die Leser fragten sich, was denn nun schon wieder los sei. Das »Framing« des Kandidaten vom Jahresanfang, also die Prägung seines Bildes als eines notorischen Pannenverursachers, Polterers und politischen Problemfalls, hatte zwar nachgelassen, und seit dem Duell waren die Menschen mehrheitlich auch bereit, sich ihn noch einmal näher anzusehen, aber es war schon noch so, dass, sich alle Köpfe im Porzellanladen zu Peer Steinbrück drehten, wenn es irgendwo schepperte. Diese Geschichte war freilich besonders obskur. Natürlich wäre es fatal gewesen, wenn sich herausgestellt hätte, dass die Steinbrücks längere Zeit jemanden im Haus hatten, der schwarz beschäftigt war. Andererseits ist das in nahezu allen deutschen Haushalten schon mal vorgekommen, die Sache lag lange zurück, und es gab kein Indiz dafür, dass Steinbrück diese Dame auch nur je gesehen oder eine

Ahnung davon hatte, wer sie wie bezahlte. Und seine Frau stand ja nicht zur Wahl.

Später wurde bekannt, dass man in konservativen Kreisen schon länger von dem Vorwurf gewusst habe und womöglich gehofft hatte, diese Geschichte werde kurz vor der Wahl zu einem kaum zu kontrollierenden Thema.

Die reine Attacke wäre als Reaktion aber auch nicht ausreichend gewesen. Es half hier, dass die »Bild« gleich einen ausführlichen Bericht brachte, der den Vorgang der versuchten Erpressung skandalisierte und in der Sache ganz der Verteidigungslinie folgte: Steinbrücks verstorbene Schwiegermutter habe ihnen zum Umzug nach Bonn geschenkt, dass ihre Putzfrau für ein halbes Jahr einmal wöchentlich bei Steinbrücks saubermachen sollte. Die Angelegenheit blieb aber unter Journalisten ein Thema. Tage später, bei einem Abendessen in Würzburg, als ein Kollege ihn fragte, ob er also annehme, dass die Schwiegermutter ihre Putzhilfe schwarz beschäftigt habe, machte er keine langen Ausflüchte: »Das wird wohl so gewesen sein.«

Unmittelbar nach diesem Dialog besprachen sich die Journalisten noch einmal: Es sei doch ein Fehler Steinbrücks, dies eben einfach so zugegeben zu haben. Ein anderer aber meinte: Da wünscht man sich immer Politiker, die klar Auskunft geben und zur Wahrheit stehen, dann aber kritisiert man die taktische Schwäche der Kommunikation.

Der Fall war exemplarisch für die Flucht der politischen Debatte ins rein Symbolische. Genau genommen hatte Peer Steinbrück mit der Sache nichts zu tun, er war der Dame noch nicht einmal begegnet. Wer könnte schon wissen oder gar nachweisen, dass er wusste und billigte, dass seine Frau oder Schwiegermutter sie schwarz beschäftigte? Natürlich ist es auch nicht hinnehmbar, das die Ehefrau des Kandidaten jemanden schwarz beschäftigt, aber wo ist die Grenze? Wir haben keine Monarchie und kein präsidiales System, es gibt in der Bundesrepublik nicht die Institution einer First Lady und keinen Anspruch der Öffentlichkeit auf ein exemplarisches Verhalten, eine Vorbildfunktion auch noch der Familie eines Politikers. Aber wie sieht das konkret aus? Müsste sich der Mann von den Taten seiner Frau dramatisch distanzieren? Was mutet man einer Familie zu?

Solche Fälle kommen der tendenziell erschöpften und überforderten Urteilskraft der Zeitgenossen stets entgegen. Die riskanten Operationen wie etwa die Eurorettung kann man letztlich nie mit genügender Sicherheit beurteilen. Jede Meinung schwankt mehr oder weniger, für jeden Experten, der es genau weiß, gibt es einen Gegenexperten. Fälle von ziviler Verfehlung hingegen kann jeder und jede beurteilen. Hier haben wir ein Feld, auf dem die Leute sich auskennen und Maßstäbe entwickelt haben. Es ist auch keine neue oder illegitime Form der politischen Willensbildung. Die Französische Revolution wurde außer von den Ideen der Aufklärung und den objektiven Nöten der Leute auch vom Verlust des Vertrauens in die alte Ordnung befördert, dieser wiederum wurde maßgeblich vorangetrieben durch die Geschichten vom Hofe und teils erfundene, teils aber auch richtig gewertete Skandale. Insofern werden politische Beurteilungen privater Handlungen immer Teil der Willensbildung sein, allerdings liefert die Digitalisierung hierfür erschreckende neue Qualitäten. Bald kann jeder Klassenkamerad eines Politikerkindes, jeder Kollege und jede Exfreundin und jeder Exfreund zum Tippgeber werden oder seine Erkenntnisse ohne Umwege über Redakteure oder Verlage ins Netz stellen. Und dann obliegt es den Beschuldigten, die Vorwürfe zu entkräften. In einer allgemein wenig vertrauensseligen, ja paranoiden Öffentlichkeit wird gerne erst einmal das Schlimmste angenommen. So droht eine Fülle solcher Berichte die tiefer liegenden Themen zu überlagern. Etwas davon, vielleicht nur eine milde Vorstufe, haben wir in diesem Jahr gesehen. Die Steinbrücks sind eine normale deutsche Familie. Aber es gab schon gleich zu Beginn von Peer Steinbrücks Kandidatur den Drang, in ihnen und vor allem beim Kandidaten selbst eine Ungeheuerlichkeit zu finden. Zu entdecken, dass er in Wahrheit jemand ganz anderes sei. Ein korrupter Mensch, der dunkle Geschäftsverbindungen pflegt, der in Namibia eine Farm besitzt und Einheimische schindet, der eine abgründige Psyche und ein zweites Gesicht hat. Das ist ein Zeichen des verlorenen Vertrauens in die Politik, aber auch eine Art Selbsthass gemäß dem alten Groucho-Marx-Spruch: »Einem Club, der so einen wie mich aufnimmt, dem möchte ich gar nicht erst beitreten!« Einer, der an die Spitze unseres Staates gelangen möchte, mit dem kann etwas nicht stimmen.

Doch Steinbrück gehört einer vordigitalen Generation an und hat fast sein gesamtes Berufsleben im öffentlichen Dienst und in der Politik verbracht. Es ist exakt das Gegenteil von dem, was einer anstreben würde, wenn er reich werden will oder Strippen ziehen möchte.

Es gab von vorneherein wenig Aussicht auf Erfolg, bei ihm und seiner Frau etwas zu finden, und doch wurde es immer wieder versucht. Und wenn man dort nicht weiterkam, dann wurde bei seinen Mitarbeitern oder den Mitgliedern des Kompetenzteams geforscht. Wer in die Politik geht, hat zuvor ein nach allen denkbaren Kriterien makelloses Leben geführt zu haben. Im Gegensatz zu allen anderen Branchen wird hier eine Ausforschung und Ausdeutung betrieben, die völlig unberechenbar geworden ist. Wer würde schon melden, wenn ein Manager oder ein Sportler, ein Showstar, ein Künstler oder ein Model vor vierzehn Jahren die Putzfrau der Schwiegermutter inkorrekt abgerechnet hätte? Bei denen freut sich die Öffentlichkeit, wenn ihnen kriminelle Handlungen halbwegs leidtun. Politikern hingegen hält man bald noch vor, einer ihrer Mitarbeiter habe sich von einer Freundin unfein am Telefon getrennt oder in der Schule Hausaufgaben abgeschrieben.

Etwas anderes ist es wohlgemerkt, wenn es um dienstliche

Verfehlungen oder die Veruntreuung öffentlicher Mittel geht, der Skandal also einen direkten Bezug hat zum ausgeübten oder angestrebten Amt. Ich würde es auch noch bedenklich finden, wenn man schwere kriminelle Verfehlungen, auch akademischen Betrug nachweisen könne, also eine echte Täuschungsabsicht des Publikums, darüber hinaus die Mitarbeit bei Geheimdiensten oder eine geheime zweite Familie, wenn es also darum ginge, die Öffentlichkeit grob über sehr wichtige Dinge zu täuschen, die man auch im normalen sozialen Umgang als Hintergehung ansehen würde. Und eine besondere Stellung hat auch der Bundespräsident inne, insofern war Christian Wulff in der Tat nicht zu halten.

Bei Verfehlungen der Familie oder des sozialen Umfelds hingegen sollte man sich eine gewisse Lässigkeit angewöhnen, sonst begraben wir die parlamentarische Demokratie, die immer wieder viele Kandidaten braucht, unter einer Fülle von Hexenprozessen, in denen es um immer banalere oder intimere Themen geht.

Der Zirkus zog weiter. Kurz vor dem Einbiegen zu »Klartext Open Air« in Würzburg erkannte ich das große Zelt der Kollegen vom Zirkus Roncalli, direkt der SPD-Arena gegenüber.

Die war diesmal unter einer Brücke direkt am Mainufer errichtet worden, ein exzentrischer, vom Leben der Stadt seltsam weit entfernter Platz, als sei das hier eine leicht zwielichtige Kirmes oder eine Reptilienshow. Dennoch war die Stimmung gut, es roch nach Bratwürstchen, und auch die Musik stimmte. Man spielte den Wahlkampfsong »Ein Haus«, das klappte nicht immer bei den Veranstaltungen! Leider waren es recht wenige Zuschauer, verglichen jedenfalls mit den Scharen, die etwa 1986 zu Johannes Rau pilgerten oder elf Jahre später zu Fischer, Schröder und Lafontaine. Man merkt ziemlich gut, wenn ein Regierungswechsel in der Luft liegt: Dann sind die Marktplätze voll, die größten Hallen ausgebucht und es kommen mehr als die stadtbekannten Genossen und ihre Familien.

Steinbrücks Auftritt wurde unterdessen immer besser, hier und da brach sich auch der Übermut Bahn. Es gab nun auch, beim Thema Rente, Witze über das Gewicht von Sigmar Gabriel: Er selbst wolle es keiner über sechzigjährigen Pflegerin mehr zumuten, ihn zu tragen, und bei Gabriel wäre das wohl ein noch größeres Problem. Er machte Witze mit Christian Ude und baute den Part mit der Geisterbahn von Union und FDP noch aus. Die Kabarettanteile wurden immer länger, seine Reaktionen immer schneller und seine Virtuosität immer bemerkenswerter. Im Kopf rechnete er die Mehrkosten eines Pkw-Mautsystems gegenüber der KFZ-Steuer vor und surfte auf allen Themenwellen vom NSA-Skandal bis zu Syrien. Seine Standardsätze kommen jetzt mit bühnenreifer Perfektion, die Diktion ist mit Gesten unterstützt und mit Pausen durchsetzt. Der finale Appell, ihn zu wählen, kommt dann aber immer noch merkwürdig ironisch gebrochen daher: »Sie werden es mir nicht übel nehmen, wenn ich versuche, Ihnen nahe zu bringen ...«

In jenen Tagen fand zugleich die letzte Journalistenreise dieses Wahlkampfs statt. Dazu gab es ein »Das-Wir-entscheidet«-Abendessen im Bürgerspital zu Würzburg, einem traditionellen fränkischen Restaurant, in dem aber alles stimmte. Man war weit entfernt vom Chaos in Brüssel, es waren fast ebenso viele Journalisten da, der Kandidat hatte einen vernünftigen Platz und sogar ein Wasser vor sich stehen. Er eröffnete überraschend entschlossen, fast verbissen: Es sei absurd, anzunehmen, er werde am Wahlabend »leise Servus« sagen. Er bleibe vielmehr »im Fahrersitz«. Spötter hätten antworten können, die Nachricht sei ja wohl, dass er überhaupt im Fahrersitz der SPD-Geschicke sitze. Es sagte aber keiner, vielmehr bekam Steinbrück nun das gesamte seltsame Szenario in Frageform noch einmal vorgeführt: Er werde ja einer großen Koalition als Minister nicht mehr angehören. Es werde keine Tolerierung oder gar Koalition mit der Linken geben. Wozu also dann diese Betonung? Niemand hatte von ihm gehört, er wolle in der Fraktion oder gar an der Spitze der Partei eine große Rolle spielen. Ging es um einen ehrenwerten Abgang, den Job noch ordentlich zu Ende zu bringen, falls die Partei über eine große Koalition verhandeln musste?

Dieser grimmige Einstieg führte zu endlosen Spekulationen über Koalitionen, die Journalisten wollten von ihm hören, wie es ausgehen würde, wollten schon jetzt das Ende der Geschichte verraten bekommen und die Moral noch dazu. Er sollte jetzt eine Zahl nennen, nicht die, die er sich wünsche oder vermute, sondern die, die dann wirklich käme. Steinbrück sollte jetzt schon wissen, was keiner wissen konnte, weil die Kreuze noch nicht gemacht und viele Wähler noch nicht entschieden waren. Aber hier, im Bürgerspital zu Würzburg, wo es Schäufele gab und niemand sich mehr rühren konnte, hier sollte von ihm sofort die Zukunft verkündet werden. Nicht weil es so existentiell wichtig gewesen wäre, auch nicht, um es aufzuschreiben und zu veröffentlichen, sondern einfach, damit man es jetzt schon wusste und dann, am Sonntag, nach Dingen fragen konnte, die in der unbestimmten Zukunft liegen. Um die Unberechenbarkeit zu eliminieren, alles sollte eingepreist sein. Und sie wollten hören, ob er weinen werde, wenn es schlecht ausginge, oder jubeln, wenn ihm etwas gelänge.

Es wurde danach gefragt ob Sigmar Gabriel noch Vorsitzender bleiben könne, wenn es schiefginge, und nach der Rolle von Olaf Scholz und Hannelore Kraft. In diesem Zusammenhang hatte die »Welt« von Plänen berichtet, wie sich die Partei nach einer Niederlage reorganisieren könnte. Nun legte sich Steinbrück also mit dem anwesenden Journalisten dieses Blatts an und kritisierte, dass der Artikel, obwohl man ihn zweimal, in der Sonntags- und dann noch mal in der Montagsausgabe gebracht habe, keine harten Fakten enthalte. Der Journalist widersprach erwartungsgemäß und sagte, er habe sehr wohl Belege und mit maßgeblichen SPD-Oberen gesprochen. Steinbrück widersprach abermals und erklärte, er könne weder mit Scholz, Kraft, Gabriel, Steinmeier oder Nahles gesprochen haben. Der Journalist, der seine Quellen schützen darf, ja sogar muss, brauchte hier nur überlegen zu schweigen, schon nahm jeder an, die Genossen würden ihre Konflikte mal wieder über Durchstechereien an Journalisten regeln wollen. Und vor einem Saal voller Journalisten gilt die professionelle Solidarität zuerst einem Kollegen, zumal wenn der sich auf den Quellenschutz beruft. Egal, was man von dem Stück im einzelnen halten mochte. Fatalerweise war genau in diesem Augenblick der Pressesprecher Rolf Kleine nicht im Raum, sondern kurz draußen. Die Stimmung stieg, alle redeten durcheinander, es kam zu völlig absurden Dialogen. Steinbrück sah sich gezwungen, über den Platz von Frank-Walter Steinmeier in einem von ihm geführten Bundeskabinett zu sprechen, das aber hatte Dieter Wonka von der »Leipziger Volkszeitung« missverstanden. Er verstand, es habe noch niemand mit Steinmeier über seinen Platz in einer rotgrünen Regierung gesprochen. Da fuhr er hoch und wunderte sich, was das denn solle, wenn man nicht einmal mit Steinmeier gesprochen habe bislang undsoweiter. Steinbrück stellte also klar, dass für Steinmeier jedes Ressort in Frage komme, er müsse es sich nur aussuchen. Dann wurde abermals die Putzfrauenaffäre verhandelt. Statt das Thema zu übergehen oder für beendet zu erklären oder auf die Staatsanwaltschaft zu verweisen, stieg der Kandidat noch einmal in die Materie ein, die Journalisten dann folglich auch wieder.

Erst danach wechselte die Farbe des Abends, als Steinbrück von einer Begegnung in einem Supermarkt im Berliner Stadtteil Wedding erzählte, wo er nun wohnte. Da habe ihm eine Rentnerin, erstaunt, dass er selbst und allein einkaufen gehe, eine Flasche »Rotkäppchen«-Sekt geschenkt und beim Hinaus-

gehen bemerkt: »Der schmeckt übrigens gar nicht schlecht.«
Steinbrück sagte, er hätte diese Dame am liebsten umarmt.
Wieder eine Geschichte, die man zu Beginn des Wahlkampfs
nicht für möglich gehalten hätte: dass man ihm in einem armen
Stadtteil etwas schenkt, und schon gar nicht Steinbrücks emo-
tionalen und körperlichen Impuls.

Der kommende Vormittag sah ein kleines Besuchsprogramm
in einem Medienzentrum in Ludwigsburg vor. Warum er sich
dort nicht die berühmte Filmhochschule ansah, bleibt ein großes sozialdemokratisches Rätsel. Es war einer der absurderen
Besuche, wenig Kontakt zu Wählern, ein kurzer Termin auf
einem abgelegenen Areal, das früher mal Kaserne war. Ein Fo-
tograf hat dort sein Büro, ein netter Mann, dem Steinbrück auf
einem alten Sofa gegenübersitzt. Sie plaudern über dieses und
jenes, ein spezielles politisches Thema ergibt sich nicht. Der
Mann ist reizend, ein Musikfan und Menschenfotograf, offenbar ganz gut im Geschäft. Und er ist vertrauensselig. Ich stehe
hinter dem Schreibtisch, um von dort dem Gespräch zu folgen,
und kann, fein säuberlich auf Aufkleber notiert, seine PINS
und Logindaten für diverse Internetportale, darunter das seiner Bank, studieren. Steinbrück hat sichtlich Spaß an dem
Mann und auch an der Ziellosigkeit des Termins. Er stellt lä-
chelnd fest: »Sie sind ja ein Menschenfreund!« Als sei er auch
einer oder auf dem Weg dorthin. Irgendwann macht der Foto-
graf, der viel und gern redet, eine kleine Pause. Er möchte noch
etwas wissen: »Und wie geht's Ihnen zur Zeit?« In seinem bis
auf den letzten Fleck besetzten Zimmer, in dem zig Notiz-
blöcke gezückt sind, die Aufnahmegeräte laufen und sehr viele
Kameras im Einsatz sind, bricht ein riesiges Gelächter aus.
Der nächste Besuch ist der fragwürdigste. Zwei junge Männer
haben ein Buch, eine Art historischen Fantasykrimi à la Dan
Brown, veröffentlicht und dazu gleich Verlag und Filmfirma gegründet. Einer der beiden plappert unentwegt. Sie wollen ganz
oben einsteigen, träumen vom großen Ding mit der A-Liste von

Hollywood. Wenn man den selbstanpreisenden Monolog einmal kritisch hinterfragt, wird klar, dass sich seit drei Jahren nichts tut. Sie reisen mit dem Vorhaben von Messe zu Messe, aber weder sind Dreharbeiten in Sicht noch steht irgendeine Finanzierung. Es gibt einen Trailer für den Film, der im Frankreich der Vorzeit spielen soll, ich entdecke einen Schreibfehler auf einer Grabplatte. Sie packen dem Kandidaten eine Tüte mit Geschenken und Ware, also das Buch, die DVD und Hörbücher, einzelne Journalisten rufen respektlos: »Und noch 'ne Salami obendrauf.«

Das schöne Schwäbisch Gmünd erfreut auch bei frühherbstlichem Wetter mit dem berühmten historischen Marktplatz, auf dem uns schon das magentafarbene, mannsgroße heliumgefüllte Cocktailwürstchen erwartet, mit dem die SPD auf sich aufmerksam macht. Im Foyer hat sich etwas verschüchtert eine Bürgerinitiative versammelt, die gegen eine Stromtrasse kämpft. Ein Kind steht auch unter dem Transparent. Steinbrück geht direkt auf die Menschen zu und erklärt ihnen, dass er nicht auf ihrer Seite sei: Eine Industrienation brauche Energie, und die müsse auch über Land geleitet werden können. Später in der Veranstaltung wird er es noch einmal ausführlicher darlegen. Der örtliche Kandidat führt die manchmal abgehobenen, manchmal auch schlicht ratlosen Debatten über die politische Lage, in der die Koalitionsoptionen ein Eigenleben entwickeln, auf handfeste Realitäten zurück und lobt die SPD für die Akquisition der Landesgartenschau und den Bau eines neuen Tunnels vor einigen Jahren. Steinbrück gleitet fast zu perfekt durch den Nachmittag. Der Saal ist gut gefüllt, auch mit Schülern oder Studierenden. Steinbrück segelt mühelos von Thema zu Thema, so locker, dass er ohne größere Umstände statt von Schwäbisch Gmünd von Schwäbisch Hall spricht, als würde ihn die Geschwindigkeit des Nachmittags, die Lust an der eigenen Performanz und Virtuosität aus der Kurve tragen.

Man zuckt schon zusammen, wenn aus dem Publikum eine Frage kommt, die die Stimmung anheizen könnte, etwa: Was unterscheidet sie von Frau Merkel? Erleichterung, als er »der Anzug« antwortet. Später aber legt er noch mal nach: »Sie eckt nicht an, das ist bei mir etwas anders. Dafür bin ich nicht langweilig.«

Es ist ein Punkt, an dem ihm liegt, den er auch in kleiner Runde entwickelt hat: »Ich bin«, sagt er dann gerne, »besser als die Kanzlerin, wenn es darum geht, die Leute zu unterhalten, Reden zu halten, Zusammenhänge zu erklären.« Er findet es wichtig, nicht zu langweilen, nicht unbedingt um sich an sich selbst zu berauschen und auch nicht aus Pointen- oder Witzelsucht, sondern als eine Form der Höflichkeit. Wenn die Menschen schon gekommen sind, soll man sie zumindest auch amüsieren.

In jenen Tagen umrundete der Kandidat tausendmal die Säule mit dem einen Wasserglas und konnte den Eindruck haben, dass sich die Welt um ihn drehte oder, je nach Stimmung, dass er dazu verdammt sei, um die eigenen Achse zu laufen und die Fragen der Deutschen zu beantworten: Pflege, Rente, Verkehr. So wirkte er in der ARD-Wahlarena, der öffentlich-rechtlichen Version des amerikanischen Townhall-Formats, seltsam irritiert durch die Anwesenheit von zwei anderen Personen auf seinem runden Terrain, er zähmte nur mühsam seinen Impuls, direkt loszulaufen und alles zu umrunden. Die erste Frage war auch die kurioseste: Was er denn machen könnte, um das gefährliche, potentiell tödliche Problem der Geisterfahrer auf den Autobahnen zu unterbinden?

Mehr als eine ausführlichere Beschilderung fiel freilich auch dem hochtourigen Kandidaten nicht ein. Ich hatte persönlich gewettet, dass er noch eine Bemerkung zur bayerischen Landtagswahl und zum politischen Geisterfahrer Horst Seehofer bringen würde, aber die verkniff er sich. Im Unterschied zur Kanzlerin, die in der Arena sehr vorsichtig agiert und sich zig

Prüfaufträge notiert hatte, konnte Steinbrück zu allen Punkten etwas entwickeln oder versprechen. Da hat man es als Oppositionskandidat zwar leichter, aber insgesamt machte er eine gute Figur: kompetent, witzig und vor allem gefestigt und staatsmännisch.

Dann wurde es Donnerstagnachmittag. Im Büro las ich mich durch die Übersicht eines sozialen Netzwerks, in dem ich mit vielen anderen Journalisten verbunden bin. Der Chefredakteur des »SZ-Magazins« postete das Foto seines Titelbilds. Es ist nun das bekannteste Foto des Wahlkampfs. Ich hielt es in völliger Verkennung der Tatsachen für eine Montage. Die »Titanic« macht das regelmäßig, ich dachte an eine Komposition mit Photoshop. Auf der Reise hatte ich mit einem Freund, der für ein Magazin ein langes Steinbrückporträt zu schreiben hatte, eine Meinungsverschiedenheit. Meine Position fasste ich zusammen mit: »Er ist eben ein Gentleman.« Das hatte ich nun davon, ich ahnte das triumphierende Grinsen meines Freundes.

Wenn man sich das gesamte Interview aus der Reihe »Sagen Sie jetzt nichts« ansieht, wird die Geste noch einmal anders zu bewerten sein: Er gibt sich erstaunliche Mühe und reüssiert perfekt darin, eine Pose auf den Punkt zu bringen. Er schauspielert mit großer Genauigkeit, und diese krasse Geste wirkt in Kombination mit seiner Mimik auch wirklich besonders eindrücklich. Man konnte sie gegen die Merkel'sche Raute setzen, sagen, dass es »Rock'n'roll« sei, und sie war sicher dazu angetan, bei Jugendlichen zumindest Aufmerksamkeit zu erregen.

Wenn man den Wahlkampf freilich aus der Perspektive der Probanden des Instituts Rheingold betrachtete, war die Geste ein Fehler: Sie sahen einen Mann, der sich nicht im Griff hat, der nicht reflektiert, wie so ein Bild missbraucht werden kann, oder dem es egal ist, der bloß noch Punkte für Performanz und persönliche Ausstrahlung machen will. Es verstärkte den Eindruck der Unberechenbarkeit, die ja so vielen Männern seiner Generation zugeschrieben wird, es wirkte wie ein Ego-Trip.

Ich musste an den Spruch des Freundes denken: »Wir müssen nun aufpassen, dass er nicht frech wird.« Das Problem mit der Geste war, dass die Leute ihr entnahmen, dass Steinbrück selber den Glauben an seine Kanzlerschaft verloren hatte und sein Image für danach vorbereitete: nicht das eines Opfers, eines Losers, sondern das eines stolzen Kämpfers, der es, der ihn den anderen zeigt.

Er zeigte sich, indem er die, die ihn mit herabwürdigenden Namen belegten, gestisch beleidigte, als Subjekt seines Schicksals, und darin mochte er vielen gefallen, aber deutlich wurde auch, dass nicht »das Wir« entscheidet, sondern einer ganz allein.

So hatte er den Wahlkampf geführt, ihn durchgestanden und so wollte er ihn auch gestisch zeichnen. Es war seine Art, den Schadenszauber zu bannen, der aus ihm über Monate hinweg einen Dödel gemacht hatte. Leider sah es auch sehr nach Abschiedsgeste aus.

13

DIE SCHWARZE NACHT

Ich nehme, um am Tag der Bundestagswahl ins Willy-Brandt-Haus zu gelangen, denselben Eingang wie immer, wie ein Jahr zuvor, als es zu der improvisierten Dichterlesung kam. Diesmal stehen da Bauzäune, eigentlich das Übliche in Berlin, ich finde eine Lücke und bin drin. Als ich das Foyer schon fast betreten habe, holt mich eine Dame ein, die mir die ganze Zeit gefolgt sein muss. Sie trägt eine kleine Einkaufstüte in der Hand, der dunkle Pullover und die Stoffhose weisen sie aber als jemanden aus, die für eine Wachfirma arbeitet.

Ich hatte gar nicht mitbekommen, dass auf der anderen Seite des Gebäudes ein zentraler Eingang eingerichtet worden war und bin mir keiner Schuld bewusst. Dennoch werde ich – die Dame ist sichtlich stolz, einen Regelverstoß verhindert zu haben – von ihr zu einem Kollegen und von diesem dann weiter gereicht wie ein Pokal. Am Ende der Kette wartet ein kleiner Stand, an dem ich nach ausführlicher Prüfung der Personalien ein grünes Bändchen bekomme. Wenige Augenblicke später sitze ich, eben noch der Eindringling, im Büro des Kanzlerkandidaten. Man merkt, dass er in den letzten Wochen nicht da war. In einer Ecke stapeln sich Kartons, auf dem Tisch liegen Mappen mit Briefen. Sein engster Kreis hat sich versammelt, alle halten die Köpfe gesenkt und streicheln ihre Smartphones. Der Blick aus dem Fenster ist noch trister: Verbaute Sicht mit trostlosen Wohnblocks, ein hellgrauer Sonntaghimmel. Auf der Straße hört man einen Autocorso mit viel Gehupe. Jemand vermutet, das sei vielleicht die Union? In der Hauptstadt kursierten die Zahlen seit 15.30 Uhr, sogenannte *exit polls*, also Umfragen bei Wählern, die gerade ihre Stimme abgegeben hatten. Sie waren nicht gut. Steinbrück selbst fehlte in seinem Zimmer. »Der ist bei Sigmar«, sagte jemand, dann schwiegen wieder alle. Zu diesem frühen Zeitpunkt gab es noch die Möglichkeit, auf eine Dynamik der Resultate zu hoffen. Jemand hatte die Zahl von 29 Prozent aufgeschnappt, man sprach von einer steigenden Tendenz, aber sie blieb ein Gerücht. Nach kurzer Recherche wurde klar: Die 9 war bloß eine verdrehte 6, ein Tippfehler. Eine fiese Erkenntnis kroch langsam unter dem Türspalt hindurch: Am Ende eines Jahres intensiven Wahlkampfs stand dieses Team, stand der Kandidat vor einem Desaster.

Wie einem Fluchtimpuls folgend, machte sich die kleine Truppe auf den Weg in das sechste und höchste Stockwerk des Willy-Brandt-Hauses. Dort befindet sich der einzig akzeptable Raum dieses absurden Gebäudes, die Vorstandsebene mit Glasdach und großen Fensterflächen. Hier standen noch mehr Gäste und Unterstützer herum und waren noch ratloser. Blieb die Hoffnung, dass das Ergebnis noch auf wenigstens ehrenrettende 28 Prozent kletterte. Klaus Staeck, der selbstverständlich auch bei diesem Abend wie bei so vielen Siegen und noch mehr Niederlagen dabei war, wusste es besser: »Im Laufe eines solchen Abends verlieren wir eher. Mal dazugewinnen, das gibt es nicht.« Er machte dazu die Miene, die Sisyphos gemacht haben muss, als er sah, wie der herabrollende Stein an Fahrt gewinnt. Die teuflische Tücke der Sache, der Fluch dieses Wahlkampfs waren aber mit dem schlechten Ergebnis noch nicht beendet. Es würde nicht nur das zweitschlechteste Ergebnis in der Geschichte der Sozialdemokratie sein, eingefahren in einem Jubiläumsjahr, es würde genau genommen sogar noch etwas schlimmer kommen.

Im großen Saal, in dem sich ansonsten der Parteivorstand versammelt, hatten sich das Kompetenzteam und die Familie Steinbrück zusammengefunden und sprachen dem Büffet zu.

Gertrud Steinbrück hatte die Parole ausgegeben: »Essen hilft!«
Sie konnte schon augenrollend vorbeten, welche Schwächen
man ihrem Mann in endlosen Analysen attestieren würde, wie
man im Nachhinein Gründe dafür finden würde, dass es schon
immer absehbar war. Mit hochgezogenen Augenbrauen, ge-
schockt von so viel Feindseligkeit, sprach sie über Artikel, die
den Charakter ihres Mannes negativ schilderten, in denen sich
die Journalisten gewissermaßen über ihn stellten und nicht
seine politischen Vorschläge oder seine Auftritte kritisierten,
sondern den Menschen.

Peer Steinbrück tat abermals, was er ein Jahr zuvor aus Günter Grass' »Tagebuch einer Schnecke« vorgelesen und was ihm
über das Jahr geholfen hatte, angesichts der sich unter seinen
Füßen auftuenden Abgründe: Er bewegte sich vorwärts. Seine
Frau bekam ihn nur einmal kurz zu fassen, sprach ihm Mut und
Trost zu, dann folgte ihr Mann wieder seiner unsichtbaren Um-
laufbahn. Es schien nicht so, als habe ihn das Ausmaß der Niederlage wirklich überrascht, er blieb auch in dieser Lage gefasst.
Weder vergoss er Tränen, noch suchte er die Schuld bei anderen. Er behielt sich auch jetzt noch im Griff, kein Anflug von
Depression. Vielleicht baut sich ein extrem hoher Adrenalinpe-
gel, der über Wochen angestiegen ist, auch nur sehr langsam ab.

Die Analyse auf den Fluren war selbstkritisch und differen-
ziert: Die schweren Fehler wurden ganz am Anfang des Wahlkampfs gemacht, in den allerersten Wochen. Dann brauchte
man zu viel Zeit, um aus diesem Tal wieder herauszukommen,
und machte dabei weitere Fehler. Schnell hatte sich ein un-
günstiges Bild von Peer Steinbrück festgesetzt, es vergingen
Monate, bis es revidiert werden konnte. Dann folgten die Aus-
einandersetzung mit dem Parteivorsitzenden und die Tränen
auf offener Bühne. Erst sehr spät hatte sich der Wahlkampf
stabilisiert.

Unterdessen war das Bild des Kandidaten in einen Rahmen
gespannt, und es sah nicht gut aus. Die ruhe- und trostbedürf-

tigen Deutschen beobachteten einen Mann, den sie nicht sehr gut kannten und der sich zunächst verhedderte. Steinbrück blieb in der gesamten ersten Hälfte seines Wahlkampfs isoliert, auch weil die Themen und Angebote überlagert waren vom Interesse an seiner Person, er stand ihnen im Weg. Im Gegensatz zu einer in der SPD und auch in seinem Umfeld weit verbreiteten Meinung war er nicht zu früh, sondern zu spät zum Kandidaten ausgerufen worden. Fast zehn Jahre hat Angela Merkel gebraucht, um sich eine politische Basis zu erarbeiten. Ihren ersten Wahlkampf überließ sie Edmund Stoiber, im zweiten enttäuschte ihr Ergebnis schwer. Trotz der sprichwörtlich schnelllebigen Zeiten brauchen die Wähler lange, bis sie Vertrauen entwickeln und bereit sind, es jemandem zu schenken.

Die Berliner Runde jenes Abends war eine Fortführung der letzten Wochen des Wahlkampfs. Es wurden erneut vor allem Geisterthemen beleuchtet, die keine große Relevanz hatten für die Zukunft des Landes, sondern die Abschattung waren von ganz alten Untoten. Es ging erneut um die Pkw-Maut für Ausländer, um das Betreuungsgeld und die diabolische Qualität der Linken, es war – Rabenmütter gegen Hausfrauen, freie Fahrt für freie Bürger, alle Wege des Sozialismus führen nach Moskau – ein Halloween vor der Zeit. Keines dieser Themen war wichtig, die, die es waren – die deutsche Stellung in Europa, die Frage, wer die Bankenrettung bezahlen soll und wie die Grundrechte der Deutschen in der digitalen Kommunikation geschützt werden sollen – wurden nicht angesprochen.

Im großen Saal im sechsten Stock musste wieder an den Fernsehgeräten gefummelt werden, die Flachbildschirme liefen leicht asynchron, aber es regte keinen groß auf. Von besonderer oder gar nachhaltiger Teilhabe der im sechsten Stock Versammelten am Geschehen auf dem Schirm konnte nicht mehr die Rede sein. Von den katastrophalen 26 Prozent der nachmittäglichen Prognose waren noch mal weitere Zehntel abgeblättert, nun stand die Zahl da wie eine böse lechzende Fratze. Die, die noch einigermaßen klaren Verstandes und wachen Sinnes waren, konnten nicht aufhören, zu weinen. Jemand hatte eine Flasche selbstgebrannten Sliwowitz organisiert. Jene, die am engsten mit Steinbrück zusammengearbeitet hatten,waren heiser und hatten rote Augenlider. Der Berater war fast tonlos, sein Fuß immer noch angeknackst. »Ich konnte da nichts mehr machen«, murmelte er.

Merkel sprach auf allen Bildschirmen gleichzeitig. Ein leicht verwittert aussehender Künstler blinzelte planlos durch seine Brille und flüsterte dann mit perfektem Gefühl für den unpassenden Zeitpunkt Klaus Staeck ins Ohr: »Du, Klaus, die macht das echt gut.«

Von den SPD-Größen war niemand zu sehen, da sah es aber noch so aus, als ob die Union eine absolute Mehrheit gewonnen hätte. Dies war Steinbrücks Party, und der wäre in solch einem Fall ja nur noch einfacher Abgeordneter gewesen. Selbst das Aus für die FDP, eine Entwicklung, die schon so oft prophezeit und nie eingetreten war, vermochte nur kurzfristig Schadenfreude zu mobilisieren und Trost zu spenden. Im innersten Kreis war auch von den Kosten des Mittelfinger-Fotos im Magazin der »Süddeutschen« die Rede. Mal geschah das mit Galgenhumor, als alle sich darauf verständigten, fortan ohne Worte zu sprechen, mal aber mit deutlicher Kritik an diesem Bild. Einige schoben die Verantwortung der Tatsache zu, dass man das Foto auf der Titelseite abgedruckt hatte. Aber alles andere wäre ja unprofessionell gewesen. Nicht der trägt die Verantwortung, der so ein Bild druckt, sondern der, der sich in einer solchen Pose aufnehmen lässt.

Ich bin mir sicher: Es kostete jene paar Prozent, die durch die ganz am Schluss erzeugte Dynamik, das in den Fernsehauftritten erarbeitete, kompetente Image, noch hätten gewonnen werden können. Gerade die Unentschiedenen hatten nach dem

Duell einen guten Eindruck von Steinbrück, aber die Mittelfingergeste verstärkte wieder ihre Zweifel an dem Kandidaten. Deren Stimmen fehlten dann zu einem zumindest respektablen Ergebnis.

Doch es kam ja schlimmer als schlimm. Eine absolute Mehrheit für die Union wäre ein deutliches historisches Signal gewesen. Die Sozialdemokraten und Peer Steinbrück hätten nach Hause gehen und nach dieser Demütigung eine Phase der Kontemplation anschließen können. Doch der Wähler traf eine Entscheidung von nie dagewesener Komplexität. Denn die historische Gewinnerin konnte keine Mehrheit bilden, genau genommen war die Mehrheit im Parlament sogar gegen sie. Es fehlten Merkel ganz wenige Sitze zur Mehrheit. Um diesen schmalen Winkel in den Sitzverteilungsdiagrammen ging es. Sollte die Sozialdemokratie deswegen noch einmal zur Regierungspartei werden? Ohne große parlamentarische Hausmacht, mit einem lächerlichen Ergebnis?

Am späteren Abend dann, als sich verfestigte, dass die Union nicht alleine regieren konnte, bevölkerten Personenschützer aus diversen Bundesländern die Flure. Sie sicherten Treppen, Aufzüge und Zwischentüren, immer stand jemand mit einem anderen diskret zusammen. Peer Steinbrück war in grimmigem Weitermach-Modus, spielte Szenarien durch, berechnete Proporzfragen und entwarf Pläne. Einmal öffnete er die Tür zum großen Saal und entdeckte in der ersten Reihe zwei seiner Kinder und seine Frau. Er legte die Hand aufs Herz und machte eine weit ausholende Geste, aber er schien in Gedanken weit weg, schon im Morgen. Journalisten hatten so oft geschrieben, dass er sich nach durchlittenem Wahlkampf zu Filmen, Büchern und Vorträgen zurückziehen werde, aber diesen Eindruck machte er nicht. Er erinnerte mich eher an einen Juraprofessor meiner Universität, der einmal in einem Alpentunnel in einen schweren Autounfall verwickelt war. Als es ihm gelungen war, sich aus dem Wrack zu befreien und auch seiner

Begleiterin herauszuhelfen, waren, angesichts des immensen Blechschadens, seine ersten Worte: »Ich glaube, ich brauche jetzt ein Taxi.«

Womit geht nun die Reise weiter, das ist im politischen Schockzustand die brisante Frage, die keinen Aufschub duldet. Wohin, das kann man später klären, wenn man unterwegs ist. Und wer nach dem Wozu fragt, hat schon verloren.

Die Last der Politik – immer ist was, immer Termine – kann im Schock auch ein Vorteil sein: Es geht fast immer weiter. Auch wenn man weder in der Exekutive noch in der Legislative sitzt, ist der Terminkalender übervoll. Wenn man gar Minister ist oder Fraktionsvorsitzender, gehört man zu den Säulen der Gesellschaft, ist beinahe täglich im Fernsehen und erfreut sich echter Macht und eines privilegierten Zugangs zu Informationen. Man weiß einfach mehr über mehr Leute und das schneller als alle anderen.

Und nun stand diese Möglichkeit im Raume. Es war, als habe jemand die Tür zu einer Bäckerstube geöffnet, aus der nach einer harten Nacht die Düfte der ersten Backwaren entwichen. Man konnte sehen, wie sich die Stimmung veränderte, weil eine Beteiligung an der Regierung plötzlich möglich schien. Aber es erhoben sich gleich Warnungen davor, sofort bei den warmen Brötchen zuzugreifen. Das Schicksal der FDP stand drohend vor Augen. Zwar hatte die Kanzlerin schon auf dem Geburtstagsfest der Partei in Leipzig einladend gezeigt, wo die Limousinen parken. Aber es wäre auch fatal, die im Wahlkampf offenbar gewordenen, schweren Probleme der Partei nun durch Betriebsamkeit und die dann nötige Solidarität mit den Regierungsmitgliedern zuzudecken.

Das Wahlergebnis hatte aber noch einen weiteren, teuflischen Dreh: Im neuen Bundestag, der nach einhelliger Meinung aller Zeitungen Merkels endgültigen Triumph repräsentierte, lag die Mehrheit woanders, nämlich, um einen Ausdruck von Willy Brandt zu gebrauchen, »diesseits der Union«. Er sagte das in

Bezug auf eine Koalition mit den Grünen, die damals noch als nicht akzeptabel galten. Heute ist die Linkspartei in diese Rolle verbannt. So war selbst der aufrecht demokratische Satz: »Der Souverän will nun mal Angela Merkel« ohne große Trost-wirkung. Denn ins Parlament hatten die Deutschen mehrheit-lich Abgeordnete geschickt, die Merkel nicht zur Kanzlerin wählen wollten.

Es war das totale Desaster. Nichts war erreicht. Die SPD fand sich, nach einem harten Jahr und einer unverblümten De-mütigung im Griff ihrer alten Gespenster: Die Sozialdemo-kraten haben sich historisch immer auch in Abgrenzung zu den Kommunisten definiert. Selbst der treue Staeck würde weg-bleiben, wenn er als Flüchtling aus der DDR erleben müsste, wie seine Partei eine Koalition mit der SED-Nachfolgepar-tei eingeht. Und eine Partei der exekutiven Exzellenz, die für einen reibungslosen Ablauf der Staatsgeschäfte sorgt, für etwas sozialen Ausgleich und die manch diskrete Reform auf den Weg bringt, wird nicht mehr Stimmen bekommen als die 25 Prozent jenes Abends.

Beim Hinausgehen nach einem der bedrückendsten Abende meines Lebens entdeckte ich etwas Glänzendes auf einem der Stehtische: Dort lagen speziell angefertigte Flaschenöffner aus Stahl aus. Um den eigentlichen Öffner war eine kleine Kette montiert und ein Spruch von Peer Steinbrück stand drauf: »Hätte hätte Fahrradkette«. Es war seine schlagfertige Ant-wort auf eine der vielen Vorhaltungen gewesen, damals ging es um den Slogan, der schon mal woanders verwendet worden war.

»Turn weakness into strength« – Pannen zugeben und ge-rade diese Offenheit zu neuer Stärke ummünzen, das hatte nicht geklappt. Eine verunsicherte Bevölkerung wollte nicht zu den trickreichen Schwachen gehören, sondern sich auf Seiten der gelassenen Starken wissen. Sie würden die unübersicht-liche Welt dann schon ordnen. In diesen Zeiten wollten alle auf

Seiten der Sieger sein, auch wenn es bei den Losern geistrei-
cher zugehen mochte.

An den Stehtischen draußen vor dem Willy-Brandt-Haus
standen Kollegen und tranken noch ein Bier. Es war windig und
spät, wir plauderten über den Abend und die allgemeine Lage,
als Manuela Schwesig aus dem Kompetenzteam an uns vorbei-
lief, dicht gefolgt von einem grellen Scheinwerfer und einer lau-
fenden Kamera. Dieser Wahlkampf war zu Ende, ein anderer
hatte begonnen.

14

VORWÄRTS WOHIN?

Sollen, obwohl das Recht Europas eine solche Unterscheidung verbietet, ausländische Autos auf deutschen Autobahnen eine Maut bezahlen? Sind Steuern gut oder schlecht? Haben die Grünen in ihrer Entstehungszeit in den frühen achtziger Jahren des vergangenen Jahrhunderts in manchen Kommunen und Landesverbänden eine zu hohe Toleranz gegenüber Pädophilen gezeigt? Wenn Sozialdemokraten sagen, sie würden mit der Linkspartei nicht koalieren, lügen sie dann? Brauchen wir in den Kantinen des Landes ab und zu einen Tag, an dem nur vegetarische Gerichte angeboten werden?

Das waren die sogenannten inhaltlichen Komplexe, die es am Ende eines langen Wahljahres in den Zieleinlauf schafften. Die Euro-Krise war kein Thema mehr, die Verletzung der grundgesetzlich geschützten Rechte durch Geheimdienste und private Internetfirmen war keines, nicht die Außenpolitik und schon gar nicht der Klimaschutz, trotz des x-ten Jahrhunderthochwassers in wenigen Jahren. Kulturelle Themen fehlten völlig, selbst die Digitalisierung, ein alle Branchen, alle Lebensbereiche erfassender Wandel von der Dimension der industriellen Revolution, kam nicht vor.

Die in den letzten Wochen verhandelten Spezialthemen schienen mir wie Testmails, die die EDV-Abteilung verschickt, um gewisse Funktionen zu prüfen. Sie kamen daher wie echte Botschaften, aber sie enthielten keinen Inhalt und waren gefahr- und rückstandslos zu löschen. Es waren Übungsfragen, wie man sie im Deutschunterricht formuliert, wenn die Schüler die dialektische Erörterung lernen sollen. Man hätte mit demselben Recht über die Frage diskutieren können, ob in Deutschland wieder Wölfe heimisch werden sollen, ob es sinnvoll ist, den Führerschein schon mit 16 machen zu dürfen, oder ob Jura ein Schulfach sein sollte. Es sind Themen, über die man sich unterhalten kann, die aber vor allem durch große gesellschaftliche Irrelevanz glänzen.

Solche Scheindebatten waren in Wahrheit ein Beleg für die von Stephan Grünewald analysierte tiefe Verunsicherung der Deutschen. Seine Einschätzungen vom Sommer, während unseres Skype-Gespräches zwischen San Francisco und Frankfurt, erwiesen sich als die besten Prognosen. Im Grunde hatte er das Ergebnis vom 22. September perfekt vorhergesagt. Die Wähler wollten eine große Koalition mit einer sehr starken Frau als Herrin im Hause.

Die Deutschen operierten wie in dem berühmten Beispiel des amerikanischen Psychologen Daniel Kahneman: Ein Mann möchte sein Geld in Aktien anlegen. Er ist kein Profi, kennt sich nicht besonders gut aus. Ihm ist klar, dass es schon eine große Anstrengung braucht, um die Gesundheit und die Aussichten eines Unternehmens abschätzen zu können. Er macht sich Gedanken und spaziert durch die Straßen. Irgendwann während des Spaziergangs bildet sich sein Entschluss: »Ich werde Aktien der Firma Ford kaufen.« Was war geschehen? Laut Kahneman hat das Hirn eine komplexe und tendenziell überfordernde Frage – welches Unternehmen bietet langfristig gute Renditeaussichten? – unbewusst durch eine wesentlich leichter zu beantwortende Frage ersetzt: Welches Auto gefällt mir?

Solche Verschiebungsprozesse macht unser Gehirn andauernd, und die getroffenen Entscheidungen sind nicht unbedingt falsch. Ab und zu aber, beispielsweise vor einer Bundestagswahl, ist es die Aufgabe der zur Wahl stehenden Menschen, die Probleme und Alternativen, den großen, komplizierten Rahmen darzustellen. In diesem Jahr aber unterstützte die Union nach Kräften den für sie günstigen Verschiebungsprozess: Die Zeiten sind kompliziert, es gibt keine Patentrezepte. Also überlegen Sie doch mal, wem Sie vertrauen können, wer sympathisch ist und wen Sie kennen. Angela Merkel sagte im Fernsehduell: »Sie kennen mich.« Das war die Zauberformel.

Welche Punkte hätten zur Sprache kommen müssen? Sie hängen alle mit einem einzigen Problem zusammen, das der »Economist« in seiner Ausgabe vor der Wahl auf dem Titelbild darstellte: Man sah einen stolzen Löwen, der den Westen oder die freie Welt symbolisierte, der auch ordentlich brüllte, aber vergessen hatte, seine Zahnprothese aus dem Wasserglas zu nehmen. Die Karikatur bezog sich auf Syrien, aber sie war eine präzise historische Beobachtung. Dies wurde abermals durch den Gastbeitrag von Wladimir Putin in der »New York Times« problematisiert: Was ist an euch, fragte er die amerikanischen Bürger, in moralischer Hinsicht eigentlich noch so außergewöhnlich? Anders formuliert: Wofür haltet ihr euch?

Die Frage richtet sich an den gesamten Westen, und sie ist völlig berechtigt. Dem Erstarken anderer Weltregionen, das schon oft beschrieben wurde, entspricht die Erlahmung unserer eigenen moralischen Kräfte. Putin kann dies umso frecher fragen, als sein Land Edward Snowden Asyl gewährte, der tapfer den systematischen Gesetzesbruch durch amerikanische Geheimdienste dokumentierte.

Es stellt sich angesichts vieler solcher Entwicklungen schlicht die Frage, ob wir den in der Nachkriegszeit formulierten Idealen von internationaler Friedens- und Menschenrechtspolitik, einer humanen Gesellschaft und der universellen Gültigkeit von Menschen- und Bürgerrechten noch gerecht werden oder ihnen überhaupt noch anhängen.

Es scheint doch eher so, als würde die Welt in Einflusssphären mehr oder minder freundlicher Oligarchen zerfallen, gegen deren rohstoff- und finanzgestützte Macht die angeblich schwachen Staaten Europas kaum noch etwas auszurichten vermögen. Folglich versuchen sie es auch gar nicht erst. Zwar erhebt sich hier und da schwacher Protest, wenn ein Film- oder Showstar in Tschetschenien vor dem grausamen Caudillo Ramsan Kadyrow auftritt, aber eigentlich hat sich längst ein abgeklärter Werterelativismus etabliert. Was soll man gegen die Schwulendiskriminierung in Russland und was gegen die Grausamkeiten der chinesischen Regierung unternehmen? Schließlich sind wir, wenn man den gesamten Westen beleuchtet, oft genug kaum besser

Besonders erschütternd ist die Rückkehr der Folter. In einem seiner wichtigsten Essais hat Michel de Montaigne die Folter als unzivilisiert und unmenschlich beschrieben und ihre Abscheulichkeit festgestellt. Der gesamte Fortschritt der Aufklärung, der Humanisierung des Strafrechts und somit unserer ganzen Gesellschaft lässt sich an der Ächtung der Folter und überhaupt an der Behandlung von Gefangenen ablesen. Es ist auch in Deutschland ein Punkt, der tief in die private Familiengeschichte reicht: Die deutschen Kriegsgefangenen wurden von den Alliierten in der Mehrzahl ganz gut behandelt, sagen wir: besser als erwartet. Sie wurden nicht gefoltert. Das vermittelte die sehr prägende Lektion, dass militärische, später wirtschaftliche Stärke nicht mit Grausamkeit und Folter einhergehen muss, eine Einsicht, die zum festen Bestandteil der bundesdeutschen Nachkriegsidentität wurde. Dass verbündete Regimes wie das des Schahs in Persien, dem heutigen Iran, in Chile und Südafrika foltern ließen, war ein wesentlicher Antrieb für die Proteste in den sechziger und siebziger Jahren. Es befeuerte auch die oft weit an der Realität vorbei argumentierenden Proteste gegen die Haftbedingungen der RAF-Mitglieder in Stuttgart-Stammheim. Als Wesenskern des westlichen Ideals galt: Wir foltern auch jene nicht, die gegen uns gekämpft haben oder entsprechende Pläne hegten.

Heute ist dieser alte und edle, symbolisch hochwirksame Bestandtteil der westlichen Identität kaum noch erkennbar: Seit den Anschlägen vom 11. September 2001 ist Folter ein routinemäßiger Bestandteil der sogenannten Terrorbekämpfung geworden. Es werden keine Streckbänke und Ähnliches benötigt, heute quälen sogenannte Verhörspezialisten ohne größeren Blutverlust. Das wird nicht in Deutschland gemacht, nicht von deutschen Beamten – entsprechende Vorwürfe konnten jedenfalls nicht bewiesen wurden. Aber als Teil der westlichen Wertegemeinschaft obliegt es uns, darüber zu reden.

Dies ist ein Punkt, an dem der Westen seine Geschichte und Ideale verrät und aus einer Mischung aus Zögern, Unsicherheit und Bequemlichkeit einmal Erreichtes wieder aufgibt. Die Öffentlichkeit hat diese gut dokumentierten Entwicklungen ohne größere Aufregung zur Kenntnis genommen, die Angst vor einem Terrorangriff sitzt tief. Aber Folter macht uns nicht sicherer, auch das hat Montaigne schon gewusst.

In dem bemerkenswerten Roman »Limassol« des israelischen Autors Yishai Sarid ist der Protagonist ein Beamter des Geheimdienstes, der mit der Vernehmung von möglichen Zeugen betraut ist. Die ist längst zu einer stumpfen und brutalen Routine geworden: fesseln, bedrohen, die Familie bedrohen und oft genug auch Schläge. Er schreit die Männer an, die gar nicht selbst beschuldigt sind, sondern vielleicht etwas wissen könnten über einen Selbstmordattentäter: »Du dachtest, wir machen so was nicht? Wir sind längst genau so wie ihr.«

Man kann diese Szene getrost vom lokalen Kontext lösen, der Satz bleibt wahr: Der Unterschied zwischen den westlichen Staaten und den Gaunerstaaten bei der Behandlung verdächtiger Personen und der Überwachung von allem und jedem ist kaum noch zu erkennen.

Wir erlebten auch eine dramatische Ausweitung der Geheimdienstbranche und zwar in jeder Hinsicht. Ganz praktisch schon in ihrer Anzahl: Eine Recherche der »Washington Post« vor einigen Jahren ergab, dass der Öffentlichkeit nur ein Teil der Dienste überhaupt bekannt ist. Es gibt Geheimdienste in allen Waffengattungen des Militärs und Geheimdienste der Geheimdienste. Die Zahl der dort Beschäftigten lässt sich nur schätzen, aber sie ist ebenso beachtlich wie die Größe der von solchen Stellen als geheim eingestuften Flächen und Gebäude. Die parlamentarische und richterliche Kontrolle ist dort kaum möglich, auch gar nicht erwünscht.

Und dann wurde in diesem Jahr durch die Aufklärung Edward Snowdens deutlich, wie sehr die Digitalisierung den Interessen der Dienste entspricht. Ihr Zugriff auf Mails, Datenverkehr und Telefonate ist nahezu unumschränkt. Und, das ist das Frappierende an den Aktionen, sie tun es nicht verschämt oder besonders heimlich, wie man es noch aus den Zeiten der Abhörskandale kannte. In den Snowden-Dokumenten fand sich auch der stolze Bericht des britischen Geheimdienstes über die Aktionen, die während des G-20-Gipfels in London im März 2009 durchgeführt worden waren. Dort ist zu lesen, dass die Verbindungsdaten der Gipfelteilnehmer, also der Regierungschefs der G-20-Länder und ihrer Minister, auf einer 40 Quadratmeter großen Videoeinwand dargestellt wurden, in Echtzeit. Und ein früherer NSA-Chef ließ sich seinen Arbeitsplatz nach dem Vorbild der Kommandobrücke des Raumschiffs Enterprise anfertigen. Sie rufen »Auf den Schirm!« und spielen Zukunft. Und nun, da diese Dinge enthüllt wurden, müssen die Enthüller das Gefängnis fürchten, nicht die, die das von den Bürgern in sie gesetzte Vertrauen missbrauchten.

Diese Entwicklungen haben den Rechtsstaat, wie er sich in der Nachkriegszeit entwickelt hat und behaupten konnte, unterhöhlt. Mehr und mehr sehen die Deutschen die Welt als Arena, in der robuste und rohe Kräfte walten, wie sie möchten, ohne große Rücksicht auf die Gesetze von Staaten, die sich ständig schwächer machen, als sie sind. Und das gilt nach wie vor auch in Bezug auf die großen Finanzinstitutionen, die auch fünf Jahre nach der Krise kaum reguliert sind und immer noch über ein großes Erpressungspotential verfügen.

Es stellen sich also besorgniserregende und brisante Fragen zu unserer Identität, in nahezu allen Bereichen. Gilt wieder das Recht des Stärkeren oder bestehen wir auf der zivilisatorischen Einhegung der Kräfte? Sind wir eine objektiv alternde Gesellschaft oder eine, die sich bloß alt und schlapp fühlt?

Man fragt sich das auch auf einem Feld, das in diesem Wahlkampf ebenfalls völlig unberücksichtigt blieb, der Kultur. Im Bewahren und Restaurieren sind wir groß, im Feiern von zahlenmystisch überhöhten Jahrestagen und im Gedenken, aber die neu errichteten Gebäude, die neu gestalteten urbanen Flächen sind von erdrückender Mutlosigkeit. Und so geht es zu in vielen Branchen, auch in den Geisteswissenschaften. Fast meint man, dem Land wäre es am liebsten, insgesamt als Weltkulturerbe Bundesrepublik Deutschland geschützt und von dem Zwang, die eigene Zukunft erfinden zu müssen, befreit zu werden.

Daran zeigt sich noch etwas anderes, nämlich ob wir in unserem öffentlichen Diskurs die Fähigkeit haben, wichtige Themen von unwichtigen zu unterscheiden. Verlieren wir uns in einer anomischen Dissonanz angeblicher Aktualitäten? Können wir in unserem hypertrophen, kaum regulierten, kaum besteuerten globalen Starsystem noch unterscheiden, wer durch seine künstlerische, sportliche oder musikalische Leistung die Verehrung des Publikums wirklich verdient, oder verehren wir einfach alle, die berühmt sind, weil sie berühmt sind?

Das ist schließlich eine Frage an die Medien, die sich der Logik der Maximierung des Maximalen kampflos ergeben: Interessant ist der Sieger, ist das, was die meisten sehen wollen, sind die Gedanken, die die meisten haben und die, wenn sie oft genug verbreitet wurden, dann von den Nutzern in eigenen Worten zurückkommen, als Beleg, dass das Thema wirklich die Leute bewegt. Es entstehen Filter und dann Blasen, niemand tritt mehr einen Schritt zurück, um zu prüfen, ob das, was alle groß melden, auch wirklich groß ist.

Und genau das sah man im Bundestagswahlkampf 2013: Kaum eines der wirklich brisanten Themen wurde angesprochen, stattdessen gerieten mehr oder weniger zufällig ausgewählte Fragen in den Fokus. Die Logik der digitalisierten Medien ist ganz darauf orientiert, das Gesuchte, Gewünschte und woanders schon groß Gebrachte zu erkennen und so zu optimieren, dass möglichst viele Nutzer möglichst lang dranbleiben. Wohin die Reise geht, erkennt man bei einem aufmerksamen Besuch der am meisten besuchten Informationswebsite der Welt, dailymail.co.uk. Hier finden wir wie in den ersten Zeitungen der frühen Neuzeit lauter Geschichten über Schicksalsschläge und Missgeschicke. Alles wird anhand von Personen erzählt, die wie in einer modernen Commedia dell'Arte immer die gleichen Rollen spielen: Sexsüchtige Lehrerin, fette kinderreiche Sozialbetrügerin, armes weißes Mädchen als Opfer asiatischer Gangs, jedes Ressentiment wird in einer Fortsetzungsgeschichte bedient. Armut und Kriminalität spielen eine große Rolle, die Ursachen dafür, die großen Trends der britischen Gesellschaft finden sich nicht mehr darin. Europa ist immer absurd, britische Politik immer schmutzig oder lächerlich, der kleine Mann stets bedroht von Krebs und Kriminalität, allein die königliche Familie und die glorreiche Vergangenheit bieten Trost. Und es ist sehr gut gemacht, so, dass man immer weiter lesen möchte, obwohl man sich anschließend schlecht fühlt, als sei man stets der Dumme, dabei noch verunsichert und zaghaft.

Es ist nutzeroptimierte Unterhaltung und basiert auf der Annahme, dass der Nutzer nicht aus seiner weltanschaulichen Komfortzone herausgeholt werden möchte. Er möchte, so die Unterstellung, nicht erfahren, welche politischen Äußerungsmöglichkeiten ihm zur Verfügung stehen, sondern seine Vorurteile bestätigt finden und ansonsten in gemütlicher Passivität über eine absurde, bunte Welt staunen.

Die mediale Begleitung des Bundestagswahlkampfs war ein Vorgeschmack auf Zeiten, in denen es auch bei uns so zugeht. Weil die Favoritin keine Themen vorgab, sich und uns keine Aufgaben stellte, hatten die Inhalte es schwer. Die Menschen wollten ihr einfach folgen, und die Vorstellung, dass Angela Merkel nur deswegen nichts sagt, weil sie keinen Widerspruch, keine Enttäuschung erzeugen, sondern schlicht ihre Macht festigen möchte, klang wie Paranoia. Wer keine Latte auflegt, kann beim Sprung auch keine reißen. Aber haben wir dann noch einen echten Wettkampf?

Letztlich ist es die Aufgabe der bürgerlichen Gesellschaft, ein Interesse an den großen Themen zu formulieren und die Standards einzuklagen.

Die parlamentarische Demokratie, der Rechtsstaat, die pluralistisch verfasste Medienlandschaft sind mindestens ebenso in Gefahr wie der Sozialstaat, aber nur der fand ab und zu Beachtung in diesem Wahlkampf. Es ist, als seien wir zu schwach oder zu abgeklärt, zu eingeschüchtert oder zu ängstlich, um zu verteidigen, was einmal erreicht war. Das sollte nicht so bleiben.

Der Mann, den ich rund ein Jahr lang immer wieder getroffen habe, hat auch nicht alle diese Punkte angesprochen. Aber er operierte immerhin nach einem rationalen, transparenten und konsistenten Prinzip: Er sprach Probleme an, analysierte ihre Ursachen und Bezüge, machte Vorschläge zu ihrer Lösung und beschrieb auch, mit welchen Mehrheiten er das wollte. Er operierte noch mit den Methoden und Begriffen der kritischen Nachkriegsgesellschaft, pflegte keine strategische Kommunikation und berechnete, bevor er etwas unternahm, nicht immer seinen Vorteil. In diesem Sinne war sein Wahlkampf altmodisch, aber man kann nicht behaupten, dass wir etwas Neues und Besseres zur Verfügung hätten.

Wie wäre mein Urteil ausgefallen, wenn ich ihn aus der üblichen Distanz beobachtet hätte? Wäre ich auch auf die leichten Lösungen verfallen und darauf, den Grund für die Misere bei Personen zu suchen? Sie bieten es ja auch an, schimpfen bereitwillig auf Abwesende oder legen ihre Seele zur Deutung frei. Aber wie so oft, wenn man sich etwas näher und länger anschaut, fällt das Urteil ganz anders aus als erwartet. Ich habe beschrieben, dass das Interview vom Dezember 2012, welches neben vielen anderen Passagen auch die eine über das zu geringe Kanzlergehalt enthält, ein schwerer Fehler war. Erst nach Monaten hat sich Steinbrück davon erholt, es hat ihn sehr viel gekostet. Aus der Distanz, ohne nähere Anschauung, hätte ich die Schuld daran, außer dem Kandidaten, dem damaligen Pressesprecher gegeben. Doch bei einem langen privaten Gespräch lernte ich diesen besser kennen und erfuhr von den schönen und ehrenwerten Aufgaben, die ihn zu jener Zeit im Privaten bewegten und die in kein Buch gehören. Er stieg in meinem Ansehen, während mein Vertrauen in meine Urteilskraft aus der Ferne schwand.

Bemerkenswert ist, was ich alles nicht gesehen habe: kaum Machtspiele, keine übergroßen Egos, keine chauvinistischen oder unbeherrschten Attitüden, kein Dominanzgehabe und kein Lästern über andere. Vielleicht haben sie das immer genau dann sein lassen, wenn ich dazukam, Indizien dafür gibt es aber keine.

Es ist noch nicht allzu lange her, da war es kaum möglich, mit Politikern zu reden, ohne dass sie auf die eigene Leistung noch auf dem entlegensten Feld verweisen mussten: beim Kindergeburtstag und beim Kegeln die Ersten, die jüngsten Vorsitzenden eines Vereins, die besten Athleten, die kräftigsten Trinker und die tierischsten Tiere. Das ist vorbei. Ich habe auch nicht die Spur von Zynismus erlebt, keine Verachtung der Wähler oder der Parteibasis, schon gar nicht des politischen Gegners. Ich halte es für eine unzulässige Simplifizierung, die Schuld an dem schlechten Wahlkampf und dem demütigenden

Ergebnis unter den Spitzengenossen zu suchen. Es lagen, das kann man nicht verschweigen und viele Genossen haben es mir im Vertrauen auch bestätigt, Welten zwischen dem handwerklich nahezu perfekten Wahlkampf der Union und dem trial-and-error-Verfahren der Sozialdemokraten und Grünen. Inhaltlich vermied die Union jede Festlegung und vieles war von den Sozialdemokraten geklaut, aber mit den Augen professioneller Wahlkämpfer gesehen, waren die großen Zugewinne verdient: Ihre Fernsehspots spielten in einer ganz anderen Liga als jene der Sozialdemokraten und der Grünen, ihr Wahlprogramm war besser strukturiert, und die Plakate sahen viel besser aus.

Wir erkennen darüber hinaus ein Zeichen der Zeit: Eine größere Erfolgsaussicht hätte mehr Erfolg zur Folge gehabt. Unter diesem Gesichtspunkt wäre es effektiver gewesen, zunächst einmal gar nichts auszuschließen, weder die große Koalition noch Rotrotgrün. Es wäre zugleich politisch unaufrichtig gewesen und hätte dem widersprochen, was die Wähler immer von der Politik erwarten, aber es hätte mehr Prozente gebracht, weil es den Lawineneffekt der öffentlichen Meinung genutzt hätte. Die Genossen und dann die Journalisten und dann die Wähler, sie alle wollen Chancen maximieren und schlagen sich früh auf die Seite des präsumtiven Siegers. Die Frage ist, wer es sich dennoch antun soll, eine politisch redliche Alternative zu formulieren und zu verkörpern?

Der letzte Termin war ein Fest, das Sommerfest des »Seeheimer Kreises« in der SPD-Bundestagsfraktion. Es fand im Garten der Parlamentarischen Gesellschaft gleich hinter dem Reichstag statt. Das Wetter war ebenso komplex wie die politische Lage: Warm, aber nicht schön, heftiger Nieselregen, bei dem man dennoch gut im Freien stehen konnte. Es hatte etwas vom ersten Treffen der Schüler nach den großen Ferien: Manche Parlamentarier waren neu, andere verließen das hohe Haus nach vielen Jahren. Steinmeier und Gabriel hielten Reden, beschworen den Zusammenhalt und wiesen auf die Kanzlerin. In allen anderen Parteien hatte es an diesem Tag dramatische Entwicklungen gegeben, die Spitzen der Grünen und der FDP waren zurückgetreten. Einzig die Sozialdemokraten waren bewegungslos in ein unerlöstes Zwischenreich verbannt. Die Zeit stand still für sie, jede Bewegung hätte das komplizierte Kartenhaus ihrer internen Machtbeziehungen bedroht. Eigentlich stellte sich an jenem Abend exakt die gleiche Frage wie ein Jahr zuvor: Große Koalition oder Rotrotgrün? Die von Peer Steinbrück verfolgte rotgrüne Option hatte sich erwartungsgemäß erst einmal erledigt. Aber er war immer noch da. Eine ebenso erwartungsgemäß defekte Tonanlage zerhackte seine kurze Ansprache. Seine Stimme, die mich nun schon im Traum verfolgte, wehte durch Wolken von Nieselregen zu mir herüber. Er rezitierte, und ich erkannte sofort, was es war: »Wenn dir die Schuhe mit Schwermut besohlt worden sind und Grauwacke deine Taschen beutelt.« Keine Ahnung, wie Peer Steinbrück eingeführt hatte, dass er nun dieses Gedicht zitieren würde. Es lagen Epochen zwischen dem Wahlkampf, den Grass für Willy Brandt führte, und dem heutigen Abend. Hinzu kam, dass Grass das Gedicht nicht für den Wahlkämpfer geschrieben hatte, sondern für seinen Sohn. Den Grass-Kindern gelten im Buch die schönsten, aber auch die aufschlussreichsten politischen Passagen. An anderer Stelle erklärt er ihnen: »Denn die Sozialdemokraten, Kinder, sind Leute, die kaum an ihre eigenen Leistungen, doch mit diffuser Leuchtkraft an ihre weitergehenden Resolutionen glauben.« An jenem Abend hatte es sich fast umgedreht: Die Spitze der Partei, die Fraktion glaubten fest an ihre Kompetenz, nicht aber an weitergehende Resolutionen, der Wähler hatte ja auch klargemacht, was er von dem langen Weltrettungsprogramm hielt. Steinbrück kam zum Schluss des Grass-Gedichts: »Beginne dich zu bewegen, dich vorwärts zu bewegen.« Das gab erleichterten Applaus, weil er immerhin andere Worte und andere Bilder vorgetragen hatte als das dieser Tage ununterbrochen wiederholte Bild vom Ball, der »im Feld der Kanzlerin« liege. Aber es war dennoch nicht leicht, etwas mit dem Dichterwort anzufangen: Wo ist, wenn man ein einer Weggabelung steht, eigentlich vorwärts? Und wer würde die Richtung weisen?

Steinbrück hatte eine wichtige Passage unterschlagen, die mit der Pause. Grass schreibt: »dann – Fränzeken – nach einer Pause, die lang genug ist, um peinlich genannt zu werden, dann stehe auf und beginne dich zu bewegen ...«. Die SPD hatte aber keine Pause eingelegt, schon gar keine lange, sondern im Gegenteil den Stillstand auch nur einer Sekunde vermieden.

Die Stimmung auf dem Fest war vielleicht gerade deswegen verhalten fröhlich. Hier feierte der rechte Flügel der Fraktion, man war einverstanden mit der staatstragenden Örtlichkeit im Schatten des Reichstages. Es könnte ja bald schon weitergehen. Eine Regierungsbeteiligung mit einigen Ministern, das bedeutet Dutzende schöner Stellen und Positionen. Und sie vermittelt das, was Sozialdemokraten am meisten brauchen: einen Stein, um ihn den Berg hinaufzurollen, auf dass er wieder herabstürze. Es gäbe immer Themen, Krisen, Streitpunkte und dazu passende Termine, Reisen und Fernsehauftritte. Aber die Distanz zu den Höhen, den ewigen Themen des Wahlprogramms, würde nahezu absurde Dimensionen annehmen. In einer großen Koalition würde es nur um wenige Stellschrauben einer im wesentlichen abwartenden, wie stets »auf Sicht fahrenden« Exekutive gehen. Von den hehren Zielen der Beendigung von Not und Gewalt war das ewig weit entfernt. Das erinnerte an den Janosch-Klassiker »Oh, wie schön ist Panama!« Man beschwört mittelamerikanische Gefilde, kommt aber nicht aus dem Zimmer. Es passte, das am Ende dieses Wahlkampfs nichts passte. Das Ergebnis war wie die heliumgefüllten Cocktailwürstchen in den Fußgängerzonen, auf denen Dialog-Box stand, die aber weder eine Box waren noch über eine

Vorrichtung zur dialogischen Betätigung verfügten. Es war der von Anfang an wahrscheinliche Fall eingetreten, dass eine große Koalition möglich war. Vorbereitet aber war man darauf ebenso wenig wie auf die seinerzeit ebenso wahrscheinliche Kanzlerkandidatur von Peer Steinbrück. Obwohl es tapfer und logisch hieß, man wolle erst die Sachfragen beleuchten und sich beraten, war es bereits in den ersten Minuten nach dem Wahlergebnis um mögliche Personalkonstellationen gegangen. Alles andere wäre auch unmenschlich.

Und es gab immer noch Europa. Bereits um kurz nach 18 Uhr und dann noch mal anderthalb Stunden später hatten sich der französische Staatspräsident François Hollande und sein deutschsprachiger Premierminister Jean-Marc Ayrault bei Sigmar Gabriel gemeldet. Ihr Wunsch war derselbe wie der anderer sozialistischer und sozialdemokratischer Parteien in Europa, sogar von manchen konservativen Europäern: Beteiligt euch an der Bundesregierung und helft uns, die deutsche Austeritätspolitik zu beenden und die Not zu lindern.

Einzelne Mitarbeiter der Parteizentrale hatten den Blick auch schon fest auf den Europawahlkampf gerichtet, wenn Martin Schulz vielleicht der Spitzenkandidat würde. Die Dynamik half, die Dimension der Gefahren zu ignorieren, wie bei einer Bergwanderung. In diesem Sinne war das Grass-Gedicht sehr passend. Es wurde dazu Kölsch gereicht, eine Brauerei war Sponsor des Festes, wie auch die Berliner Kneipe namens »Ständige Vertretung«, deren Inhaber Friedel Drautzburg seinerzeit der Fahrer und Begleiter von Grass auf Wahlkampftour gewesen war. Drautzburg saß an jenem Abend in Ehren ergraut, aber vergnügt zechend an langen Tischen.

Einen Bus hatte ich bei dieser Tour nicht gebraucht, aber immerhin hatte ich, als Hommage an die Schnecke, zum Transport und zur Aufbewahrung der Textdateien einen USB-Stick in Gestalt eines kleinen, weißblauen VW-Bully benutzt. Ich war, bei mancher Nostalgie angesichts der damaligen Aufbruchsstimmung, auch erleichtert über die modernen Zeiten: Der Wahlkampf zu Grass' Zeiten war wirklich ein Kampf gewesen. Mehrfach erhielt er Morddrohungen und fürchtete um das Leben seines Spitzenkandidaten Willy Brandt. Ein Mann, ein Veteran der SS, hatte sich auf dem Kirchentag, während Grass auf dem Podium saß, in aller Öffentlichkeit das Leben genommen. Dass Grass ebenfalls Mitglied der SS gewesen war, das erwähnte er in dem Buch, in dem er sich ausführlich mit dem Selbstmörder beschäftigte, freilich nicht. Der Bundestagswahlkampf 2013 war dagegen eine höfliche Angelegenheit. Auch hatte ich zum großen Glück nicht vor häuslichen Verhältnissen, einer sich auflösenden Ehe, zu flüchten, wie der Grass der frühen siebziger Jahre. Ich habe, vielleicht auch deswegen, nur einen Bruchteil der Termine beobachtet, die Peer Steinbrück absolviert hat, und hatte dennoch das Gefühl, oft von zu Hause weg zu sein. Wahlkampf ist ein eigener Modus, ein spezieller Ort des Lebens, eine Provinz mit weiten Bereichen großer Tristesse und seltenen Dorfplätzen des Glücks. Ich war als Beobachter privilegiert, konnte mich beliebig ein- und wieder ausklinken, wurde ohne Arg, aber auch ohne jedes Versprechen meinerseits zugelassen. Ich hätte keinen schlechten Spruch, kein dunkles Geheimnis verschwiegen, niemanden geschont. Ich habe alles so aufgeschrieben, wie ich es erlebt habe.

Beim Umherstreifen über das feuchte Fest der ratlosen Genossen traf ich sie fast alle wieder, die ich in jenem Jahr getroffen und gesprochen hatte. Innerlich fragte ich mich, wie sie das Buch finden würden, von dem außer dem Lektor noch niemand eine Zeile zu Gesicht bekommen hatte, ob ich manche zu harsch, andere womöglich zu freundlich porträtiert habe.

Es bleibt eine ehrliche Hochachtung vor der körperlichen, kommunikativen Form des Kandidaten, vor der konzisen Arbeit seines engeren Teams, es bleibt ein Staunen über die Filterblasen der Medien und die Ratlosigkeit einer einst großen Partei. Mein Bild dafür ist eines aus meiner Heimatstadt, aus

Saarbrücken. Eine der Parteigrößen dort ist Elke Ferner, die sich wegen ihrer knallroten Haare und der entsprechenden Gesinnung auf Plakaten »die rote Elke« nennt. Sie fährt einen Dienstwagen, der sich folglich »das rote Elkemobil« nennt und entsprechende Aufkleber und Schriftzüge trägt. Die Farbe des Autos aber ist blau.

Bevor ich das Fest verlasse, drehe ich eine letzte Runde und gerate vor der Bühne in einen kleinen Auflauf. Drei oder vier aufgekratzte, elegante junge Frauen umringen einen leicht überforderten Peer Steinbrück. Sie möchten ein iPhone-Foto mit ihm, und da ich gerade auftauche, werde ich zum Spontanfotografen ernannt. Es blitzt, die Gruppe ist laut, die Frauen lachen wie verrückt und Steinbrück versucht mehr schlecht als recht, sein gutes Fotogesicht zu machen. Alle werden nass, der Rasen ist schon ganz glitschig, die kleine Gruppe hält sich aneinander fest, alle schwanken hin und her. Steinbrück versucht, auch aus einer gewissen Verlegenheit, was er mit diesen kichernden Fans eigentlich reden soll, zu erklären, wer ich nun wieder sei, aber das interessiert natürlich niemanden. Danach bewege ich mich, wie so oft in diesem Jahr zitiert, vorwärts, in Richtung Ausgang, leicht nostalgisch nach dem, was dieser Wahlkampf auch hätte sein können, und überlasse den Mann, umringt von weiblichen Fans, seinem Schicksal: Peer Steinbrück, ehemaliger Kanzlerkandidat und frischgebackene Berliner Celebrity.

Nils Minkmar
Mit dem Kopf durch die Welt
Ganz persönliche Geschichten aus der Normalität
Band 18191

Weil Standardwerke die Welt nicht mehr erklären können, ergründet Nils Minkmar in persönlichen, so witzigen wie ernsthaften Geschichten die modernen Kerngebiete des Normalen: Politik, Kunst, Religion, Tod und das Leben im Großraumwagen.

»In seiner Mischung aus Beiläufigkeit,
hoher Komik und dem tiefen Ernst der Erkenntnis
ist dieses Buch perfekt. Den Bedeutungshubern und
-huberinnen, den vielen empörten Texttrompetern, ihnen
allen dreht Minkmar dabei eine lange Nase. Feinere Essays
über das Jetzt finden wir hier gerade nirgends.«
Alexander Gorkow, Süddeutsche Zeitung

Das gesamte Programm gibt es unter
www.fischerverlage.de